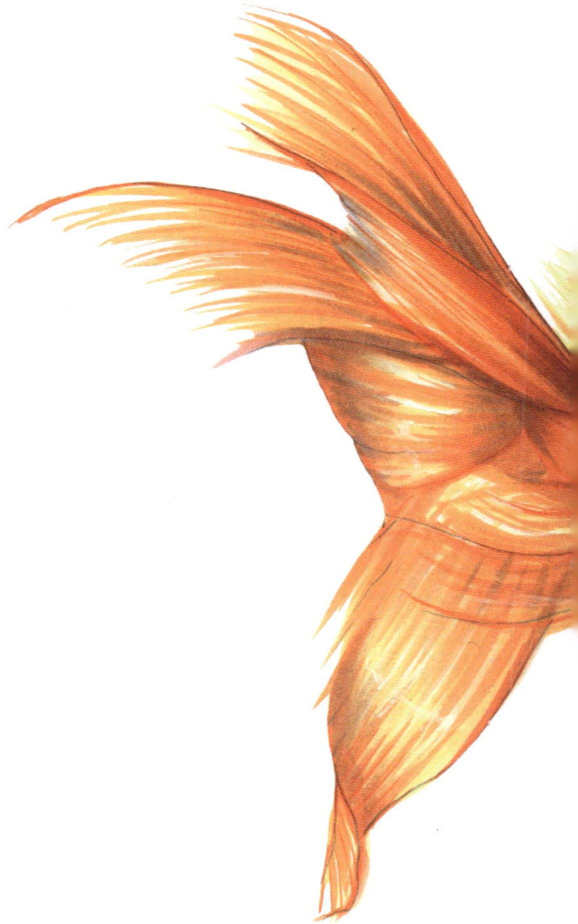

Yunuyei

Alles über COPIC Marker

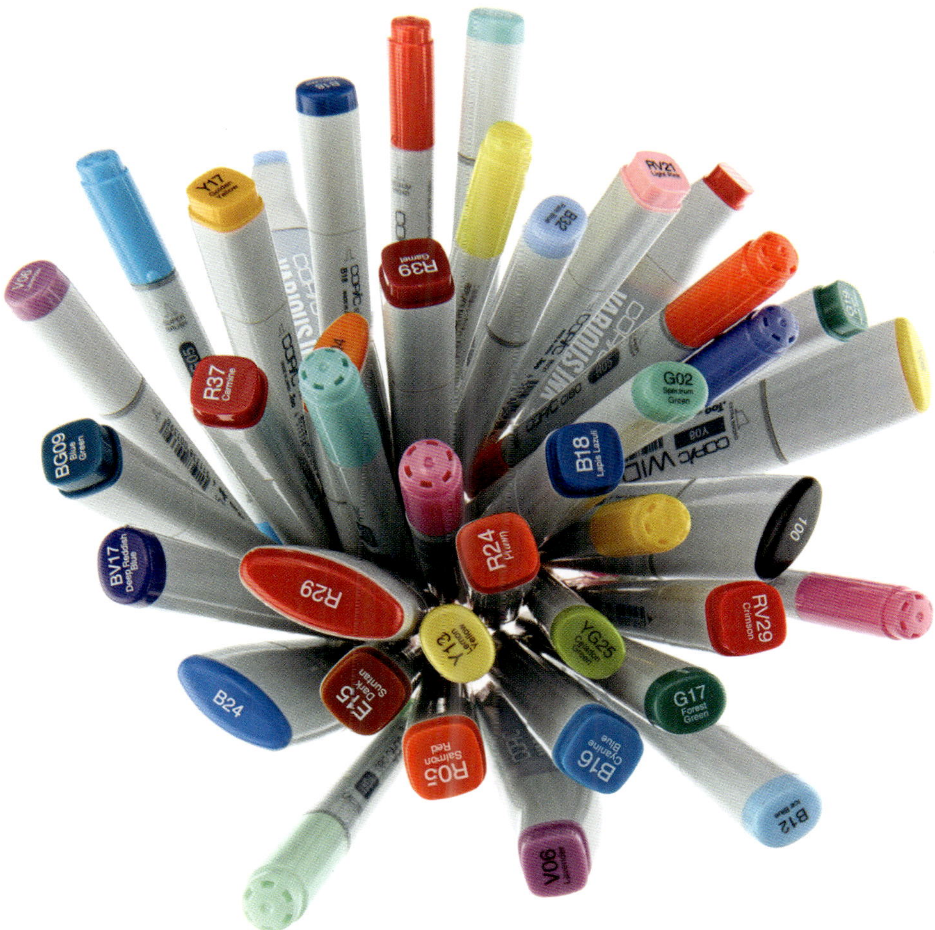

Grundlagen, Techniken
und Motive

Inhalt

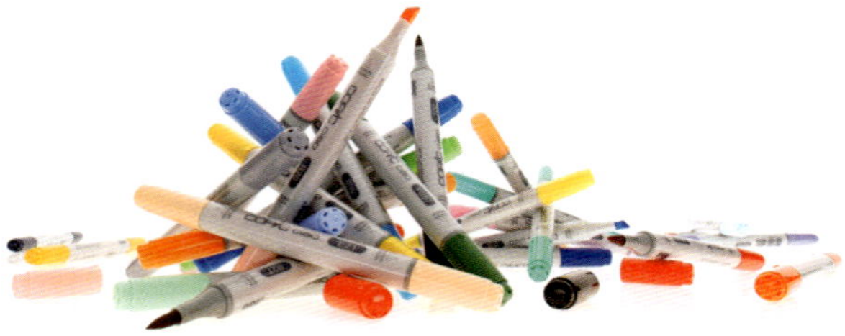

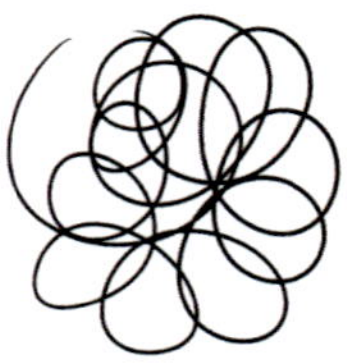

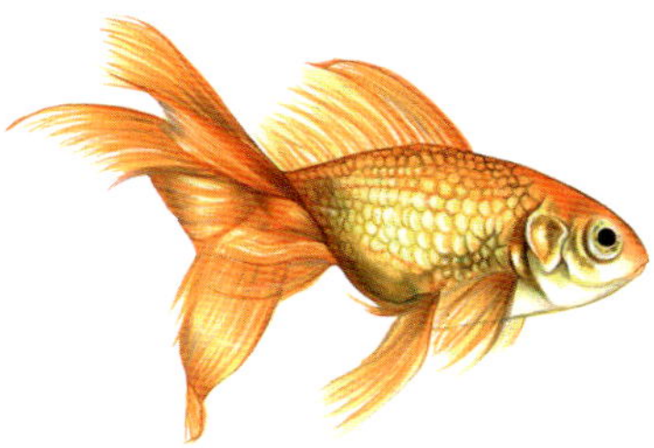

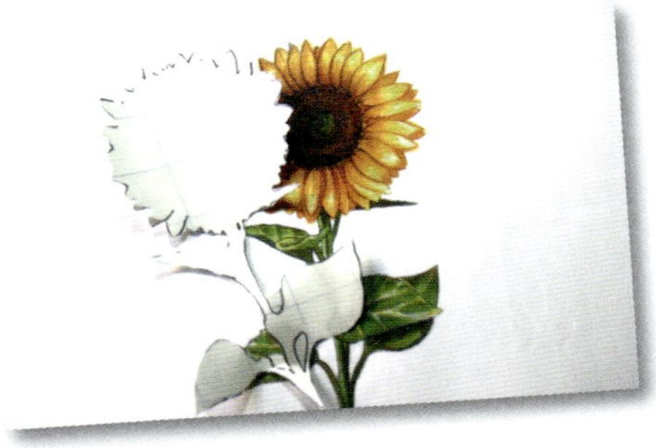

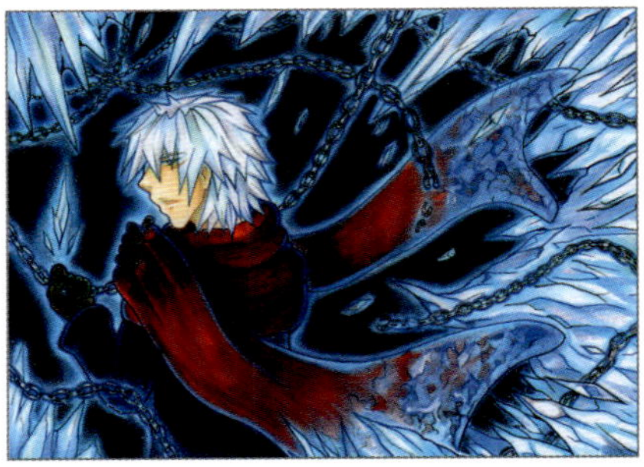

Online-Videos

Die Videos zu diesem Buch stehen in Ihrer Digitalen Bibliothek unter **www.topp-kreativ.de/digibib** nach erfolgter Registrierung zum Anschauen bereit. Den Freischalte-Code finden Sie im Impressum.

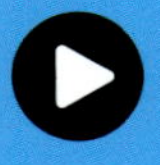

Dieses Symbol zeigt Ihnen, wo ein Video zur Verfügung steht.

Liebe Leserinnen und Leser, liebe COPIC Freunde,

ich freue mich sehr über Ihr Interesse an COPIC Markern und an diesem Buch. COPIC Marker sind ein beliebtes Medium für Künstler und Kreative aus ganz unterschiedlichen Bereichen, ob bei Architekten, Designern, Mangazeichnern oder Scrapbookern – die professionellen Layoutmarker sind überall zu finden.

So stand ich beim Schreiben dieses Buches vor der großen Herausforderung, ein Werk zu schaffen, das für COPIC Künstler und Interessierte aus einer Vielzahl von Stil- und Interessengruppen hilfreich und informativ ist. Als COPIC Instruktorin gebe ich seit einigen Jahren Workshops und mache Vorführungen zum Thema Zeichnen und Kolorieren mit diesem wunderbaren Medium. Meine gesammelten Erfahrungen als Künstlerin und Kursleiterin habe ich in dieses Buch mit einfließen lassen. Hier finden Sie alles über den richtigen Umgang mit den Markern und ihre vielfältigen Anwendungsmöglichkeiten. Neben Tipps und Tricks für Einsteiger, bietet es auch zahlreiche Themen für Fortgeschrittene, die vielen Künstlern immer wieder Schwierigkeiten bereiten.

Sinn und Ziel dieses Buches ist es nicht, Ihnen eine exakte Anleitung zu geben, wie Sie etwas zu kolorieren haben, sondern es soll Ihnen als Ratgeber und Inspirationsquelle für den Einstieg dienen, für bestimme Themengebiete oder auch bei Problemen. So lassen sich alle Techniken dieses Buches modifizieren und auf verschiedene Zeichenstile anwenden.

Jeder Künstler ist anders und entwickelt im Laufe der Zeit seine ganz eigene „Handschrift“ und Vorgehensweise. Nehmen Sie dieses Buch als Inspiration, um neue Techniken kennenzulernen und um Ihren persönlichen Stil weiterzuentwickeln. Sollten Sie alle Themengebiete meistern, wird Ihnen kaum noch ein Motiv Schwierigkeiten bereiten.

Als Autorin und Künstlerin freue ich mich natürlich auch über Ihr Feedback und hoffe, dass Ihnen das Buch eine große Hilfe sein wird.

Ihre

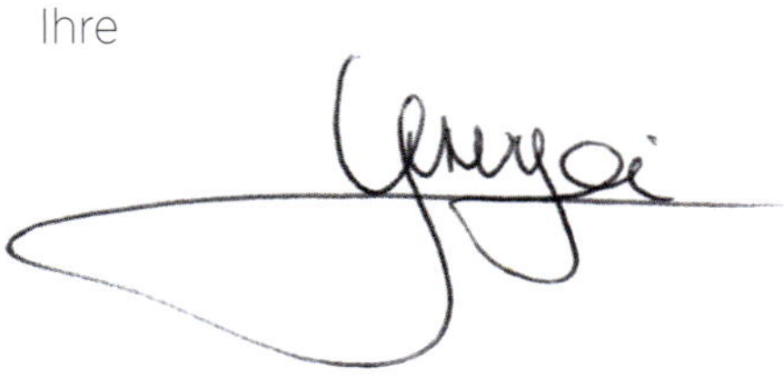

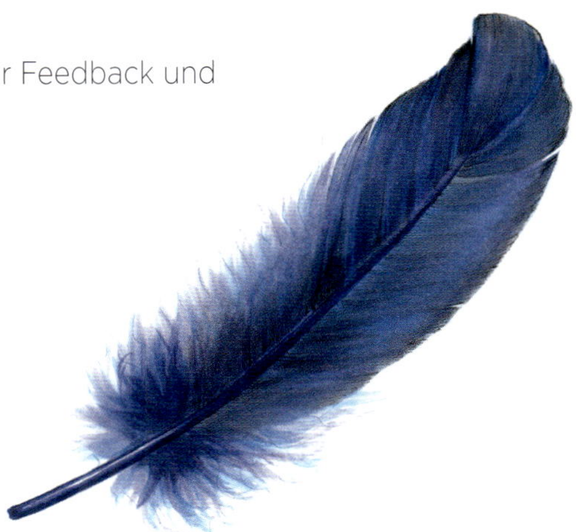

Materialkunde

Zu Beginn stellt sich Ihnen vielleicht die Frage, was genau ein COPIC Marker ist. Dabei handelt es sich nicht um einen einfachen Filzstift, sondern um einen Faserstift auf Alkoholbasis. Im Gegensatz zu Filzstiften kann man mit diesen lasierend arbeiten, Farben mischen, kombinieren und Farbverläufe erzeugen. Zudem sind die Farben wasserfest.

COPIC Marker stammen aus Japan und sind die Marktführer unter den Alkohol-Layoutmarkern. Jedoch unterscheiden sich COPIC Marker in vielerlei Hinsicht von anderen Anbietern:

Zum einen haben COPIC Marker mit 358 Farben die größte Farbauswahl und ein einzigartiges Farbsystem, mit dessen Hilfe sich Farben ganz einfach kombinieren lassen.

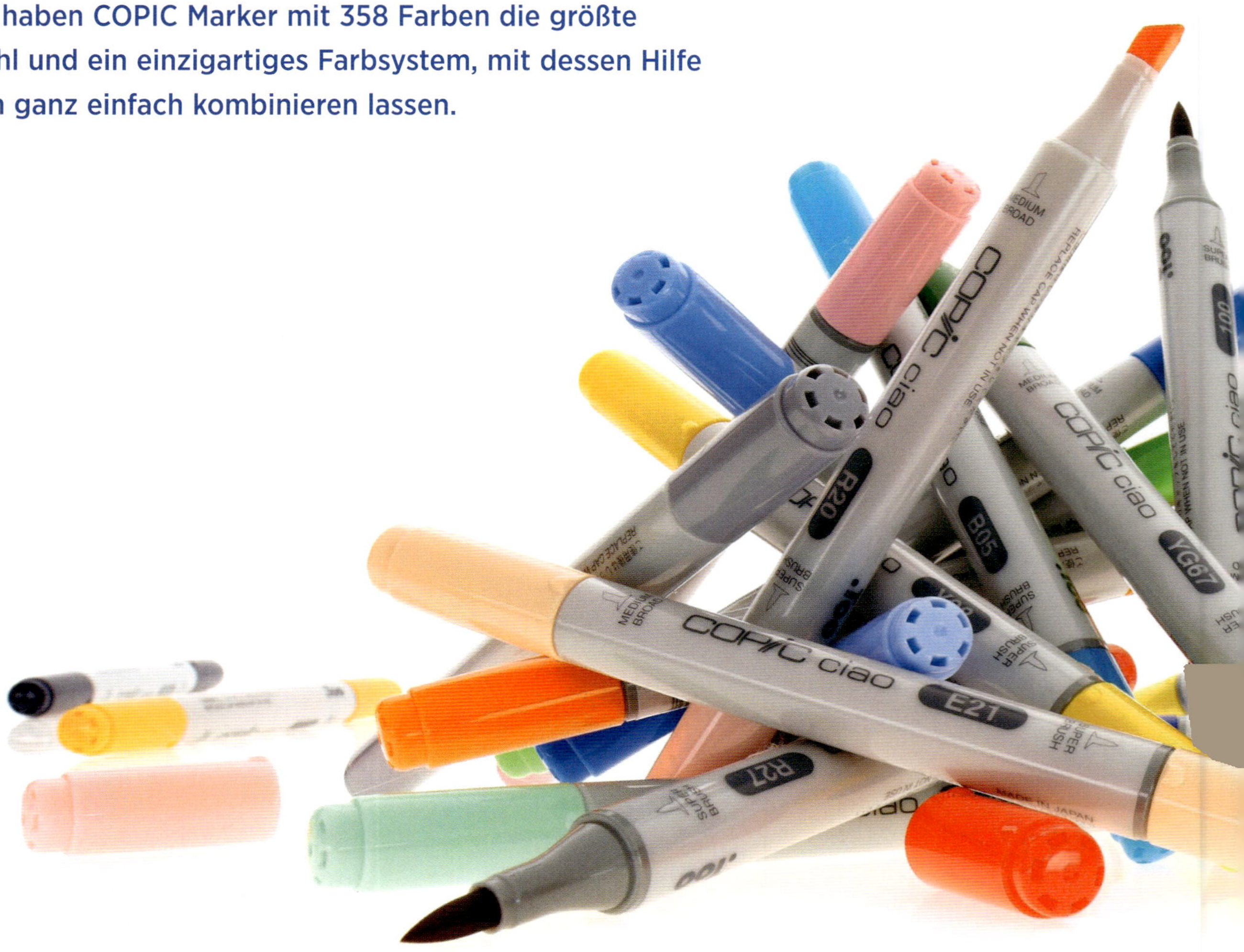

Zum anderen zeichnen sie sich durch ihre hohe Qualität und einzigartige Konstruktion aus. So sind die Marker nicht nur nachfüllbar, sondern auch einzelne Elemente wie beispielsweise die Spitzen lassen sich austauschen. Das gewährleistet eine nahezu unbegrenzt lange Lebensdauer. Zudem entsprechen die Farbkappen dem Farbinhalt – eine Eigenschaft, die sich bei vielen anderen Alkoholmarkern leider nicht findet.

Des Weiteren punkten COPIC Marker nicht nur mit vier verschiedenen Modellen, die für unterschiedliche Bedürfnisse ausgelegt sind, sondern bieten im Gegensatz zu anderen Stiften auch eine Fülle von nützlichem und hochqualitativem Zubehör wie Airbrush, Reinigungsmittel, Ersatzspitzen und vieles andere mehr.

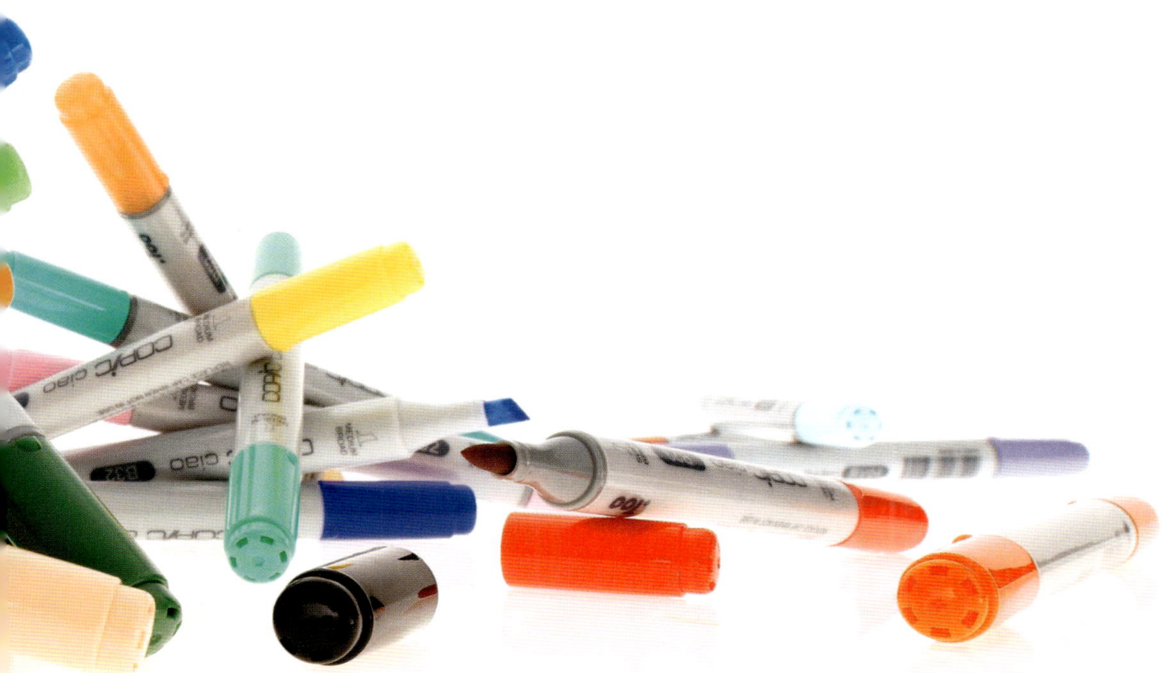

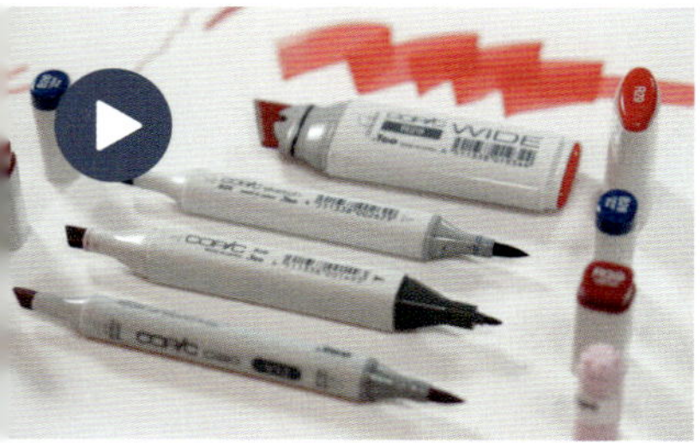

Die Wahl des richtigen Markers

Der Einstieg in die Welt der COPIC Marker kann am Anfang ein wenig verwirrend sein – gibt es doch verschiedene Modelle: Den COPIC classic, den COPIC sketch, den COPIC ciao und den COPIC WIDE.

Diese vier Typen unterscheiden sich hinsichtlich ihrer Verarbeitung, enthalten aber alle die gleiche Farbe und sind untereinander kombinierbar.

Bevor man seine COPIC Marker Kollektion startet, sollte man sich dennoch genau überlegen, welches Modell am besten für einen geeignet ist. Um Ihnen die Entscheidung zu erleichtern, finden Sie hier einen Überblick über die verschiedenen Modelle und ihre Eigenschaften.

INFO

COPIC ciao, sketch und classic haben zwei unterschiedliche Spitzen. Wo welche zu finden ist, erkennen Sie auch ohne Beschriftung auf den ersten Blick: Beim Übergang zur Kappe mit der feineren Spitze befindet sich ein dunkelgrauer Rand.

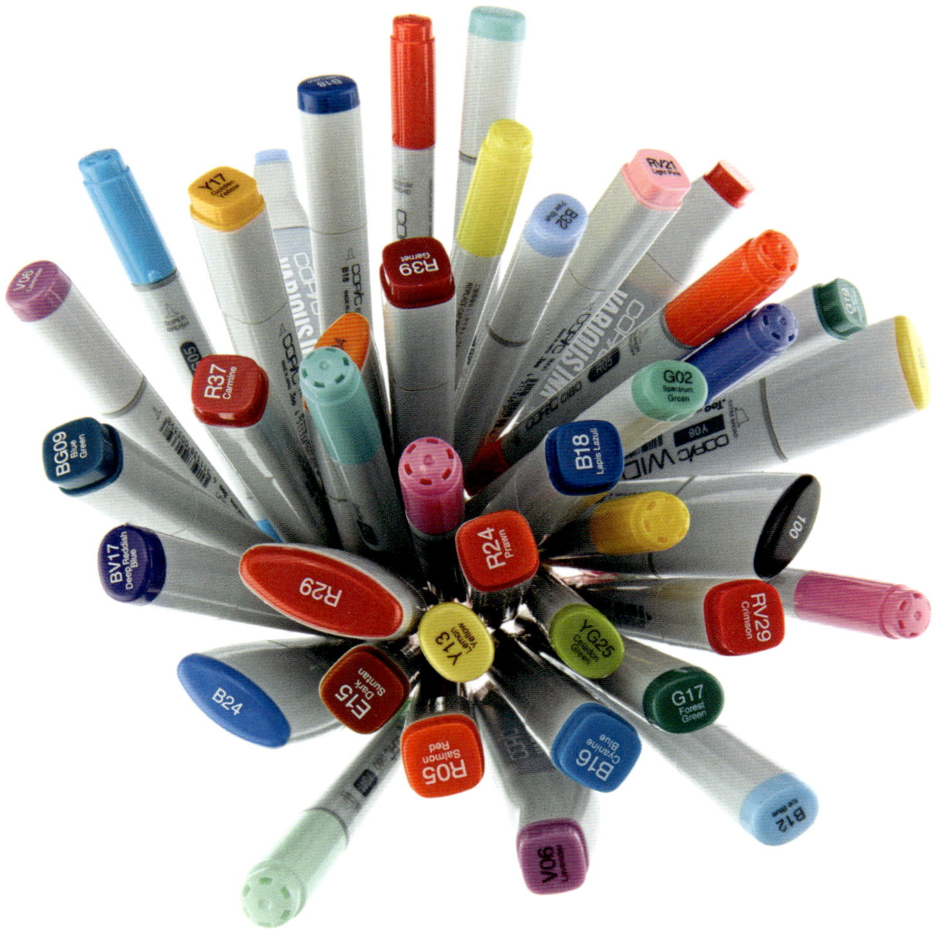

Der COPIC ciao

Der COPIC ciao ist der preisgünstige Allrounder unter den COPIC Markern. Er ist mit einer universell einsetzbaren, mittelbreiten Spitze und einer Pinselspitze ausgestattet. Den COPIC ciao gibt es in 180 Farben und er kann mit einer einzigen VARIOUS INK Nachfüll-Flasche bis zu 16x wieder aufgefüllt werden.

INFO

- 180 Farben
- Brush + Medium Broad Spitze
- Kleiner Tank
- Besonders geeignet für Illustratoren, Stempelkünstler, Scrapbooker, Manga- und Comiczeichner

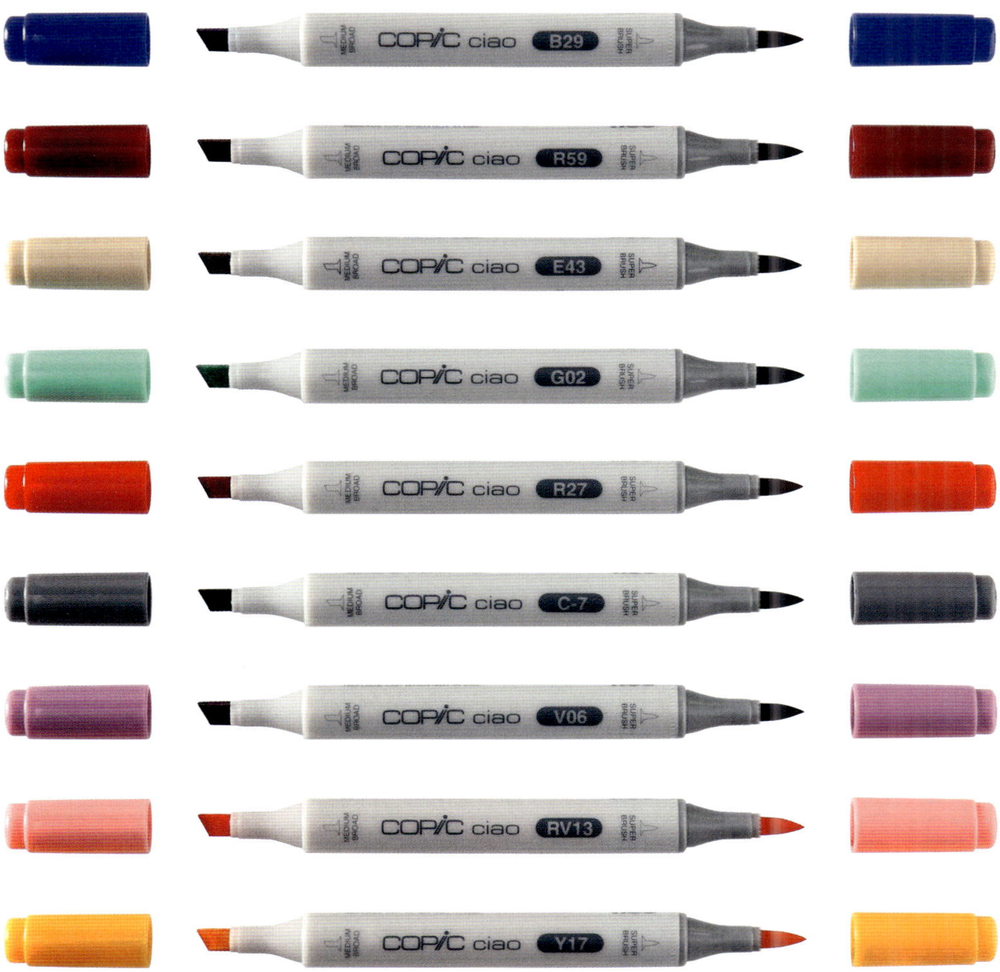

FAKTEN

- 214 Farben
- Super fine + Medium Broad Spitze (austauschbar, 9 verschiedene Spitzenarten)
- Großer Tank
- Besonders geeignet für Architekten, Gestalter und Designer

Der COPIC classic

Der COPIC classic Marker zeichnet sich besonders durch seine Markerspitze und seinen großen Tank aus. Zudem lassen sich je nach Bedürfnis unterschiedlichste Typen von Spitzen einsetzen, was den classic Marker sehr flexibel macht. Er ist in 214 Farben erhältlich und kann mit einer Flasche VARIOUS INK bis zu 8x nachgefüllt werden.

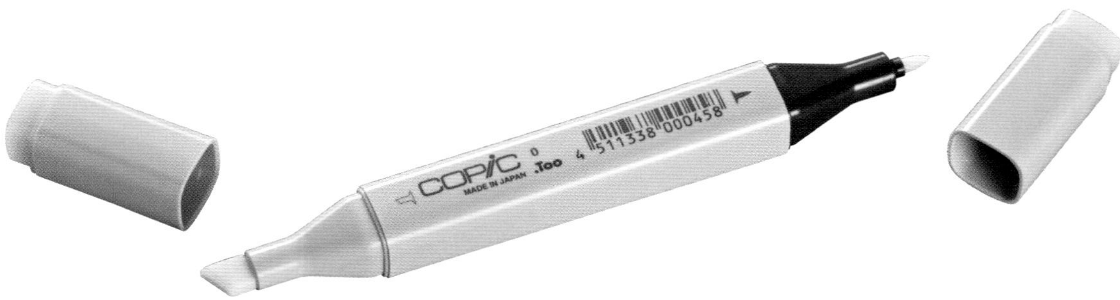

FAKTEN

- 358 Farben
- Mittelgroßer Tank
- Super Brush Spitze + Medium Broad Spitze (beide austauschbar)
- Besonders geeignet für Illustratoren, Stempelkünstler, Manga- und Comiczeichner

Der COPIC sketch

Der COPIC sketch mit 358 Farben ist der Marker mit der größten Farbpalette. Der COPIC sketch zeichnet sich durch seine „Super Brush" Pinselspitze und seine ergonomische Form aus. Seine Spitzen lassen sich jederzeit austauschen und erlauben ihm somit eine lange Lebensdauer. Der Fülltank ist mit 3,8 ml wesentlich größer als der des COPIC ciao und kann mit einer VARIOUS INK Flasche bis zu 12x nachgefüllt werden.

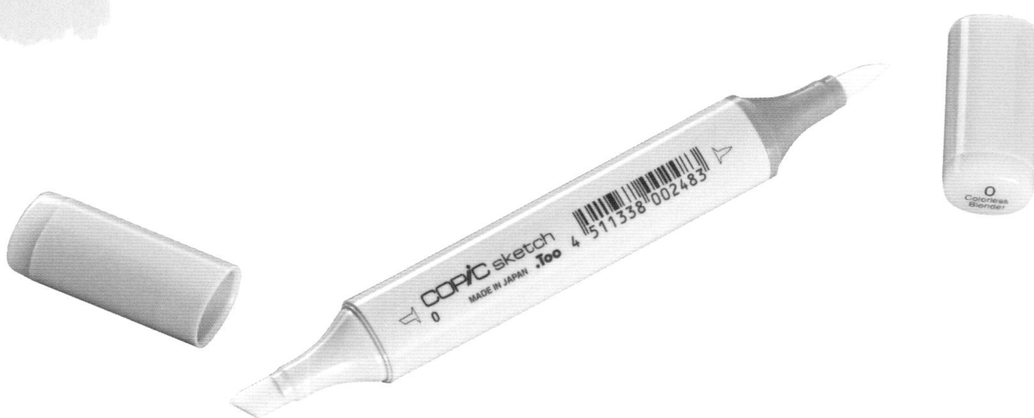

COPIC WIDE

Der COPIC WIDE ist das jüngste Modell der COPIC Marker. Er ist der erste Marker mit einer superbreiten 21 mm Spitze. Die Spitze ist 3x so breit wie die des klassischen COPIC Markers. Sie ist sehr fest und erlaubt dennoch einen weich fließenden und vor allem gleichmäßigen Farbauftrag. Je nachdem wie man den Marker hält, lassen sich neben den superbreiten auch mittelbreite und feine Linien ziehen. Ein wesentlicher Vorzug für das Ton-in-Ton-Arbeiten mit nur einem Marker. Insbesondere die Möglichkeit, mit dem COPIC WIDE großzügig und schnell angelegte Flächen (Hintergründe) mit Strichdetails kombinieren zu können, ist besonders hervorzuheben. Der COPIC WIDE ist in 36 Farben erhältlich und lässt sich mit einer Flasche VARIOUS INK bis zu 6x nachfüllen.

FAKTEN

- 36 Farben
- 21 mm WIDE Spitze (austauschbar)
- Größter Tank
- Besonders geeignet für Kalligraphie und Designs

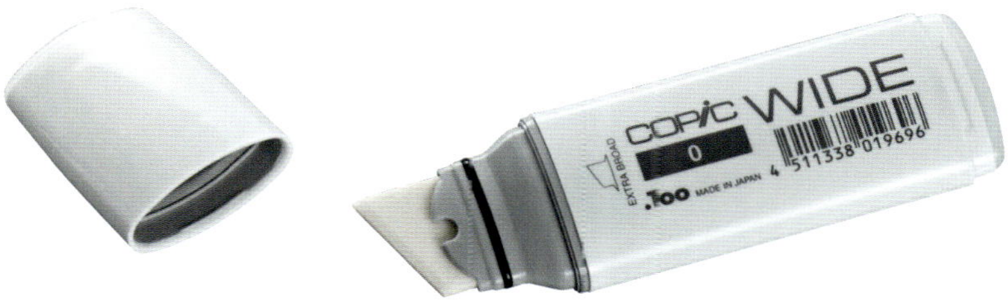

VARIOUS INK

Mit den VARIOUS INK Flaschen können COPIC classic, COPIC sketch, COPIC ciao und COPIC WIDE Marker bis zu 16x (je nach Modell) farbidentisch wieder aufgefüllt werden. Es sind insgesamt 357 VARIOUS INK Farben (plus einem neutralen Blender) erhältlich. Zur einfachen Identifizierung eines Farbtons sind die Kunststoffkappen entsprechend eingefärbt und mit eingravierten Farbcodes versehen. VARIOUS INK erfüllt jedoch noch weitere Funktionen: Durch die Einfärbung von Ink Absorber Tamponaden können nahezu streifenfreie Hintergründe realisiert werden. Außerdem lassen sich VARIOUS INK Farbtöne mithilfe einer Leerflasche untereinander mischen. So können neue und individuelle Farben kreiert werden.

FAKTEN

- 358 Farben
- Zum Nachfüllen von COPIC Markern – pro Flasche bis zu 16 Nachfüllungen
- Auch geeignet für Effekte und Hintergründe (mit Zubehör)

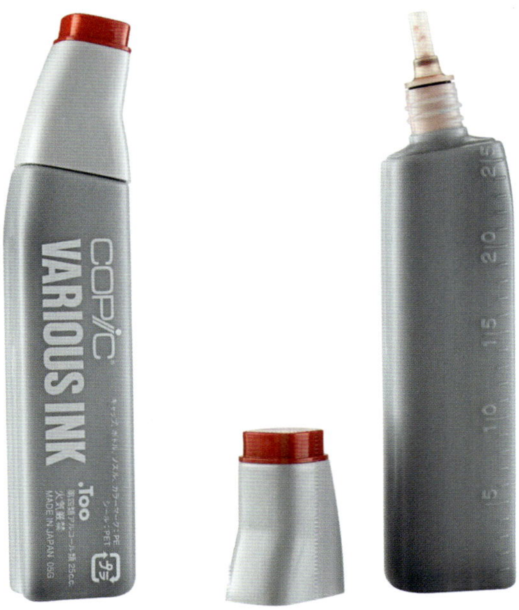

COPIC MULTILINER

COPIC MULTILINER sind die perfekte Ergänzung zu COPIC Markern. Es handelt sich hier um Fineliner, die sich besonders für das Zeichnen von Konturen, Skizzen und Strichen eignen. Die MULTILINER haben eine wasserfeste Pigmenttusche, sind resistent gegen UV-Licht und bluten auch bei mehrmaligem Übermalen mit COPIC Markern nicht aus. Es gibt drei Modelle des COPIC MULTILINERs:

FAKTEN

- 9 Farben
- Erhältlich in 6 Strichbreiten
- Einwegstift

COPIC MULTILINER Classic

Er ist der Klassiker unter den MULTILINERn: Erhältlich in Schwarz, in 6 verschiedenen Strichbreiten von 0,05 bis 1,0 mm sowie zwei spezifischen Pinselspitzen (small + medium).

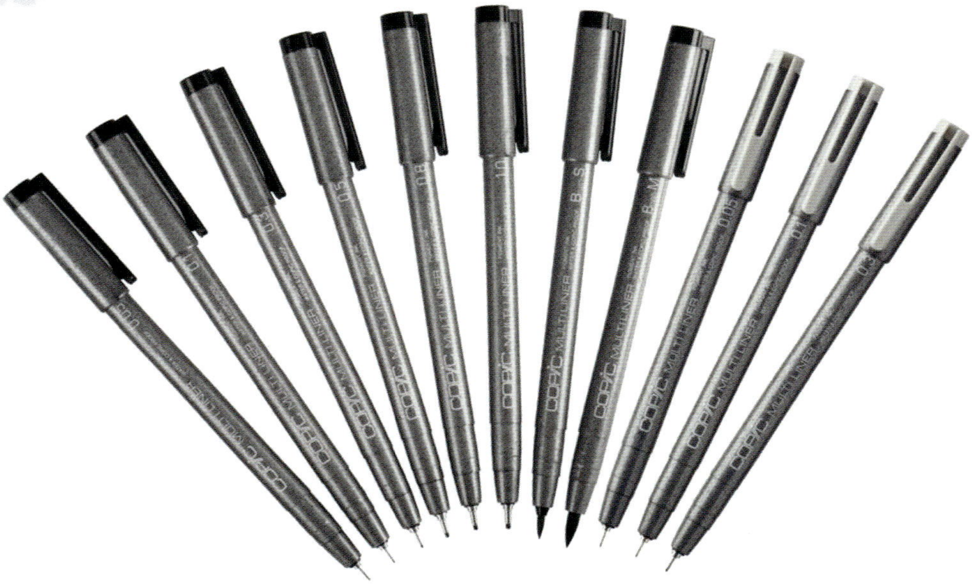

Die vier feinsten Strichstärken (0,05 mm, 0,1, 0,3 + 0,5 mm) werden zusätzlich in 8 weiteren Farben angeboten: Brown, Cobalt, Pink, Wine, Sepia, Warm Gray, Cool Gray und Olive. Im Gegensatz zum MULTILINER SP Modell sind Tank und Spitzen allerdings nicht nachfüllbar.

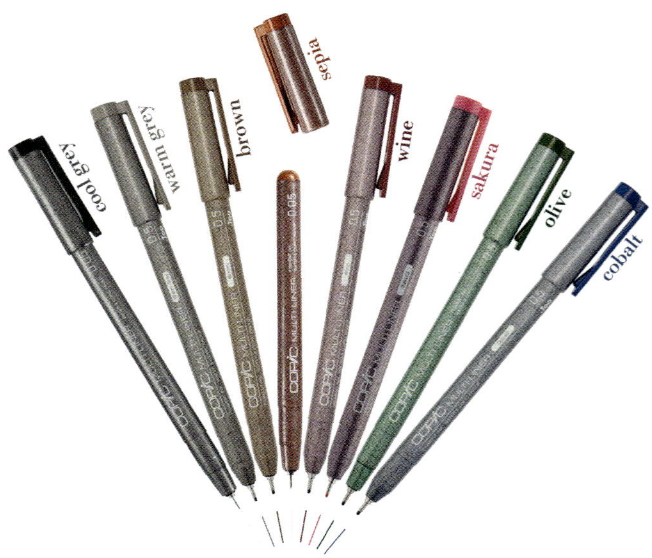

COPIC MULTILINER SP

Der COPIC MULTILINER SP zeichnet sich durch seinen mattierten Aluminium-Body, den 10 auswechselbaren Spitzen sowie den separat austauschbaren Tuschepatronen aus. Dies garantiert Wirtschaftlichkeit und liefert zudem einen konstruktiven Beitrag zum Umweltschutz.

FAKTEN

- Schwarz
- Erhältlich in 10 Strichbreiten
- Tank und Spitzen austauschbar

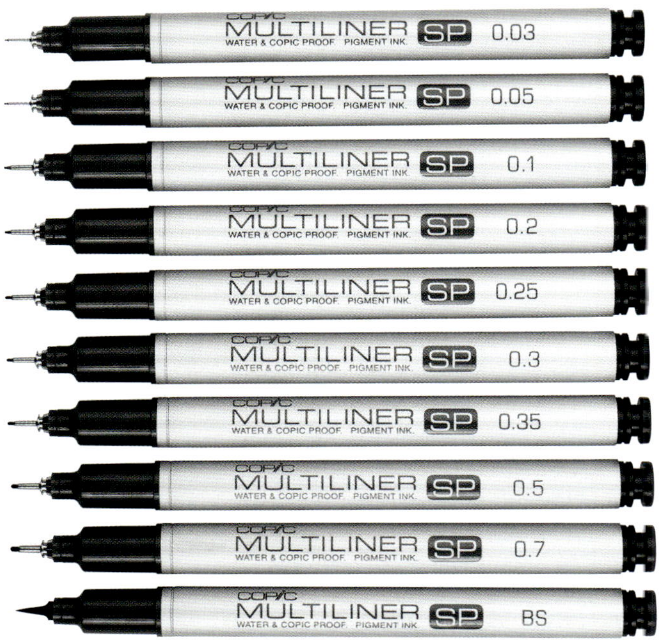

COPIC MULTILINER SP Colour

Der COPIC MULTILINER SP Colour ist eine farbige Variante des MULTILINER SPs. Es gibt ihn in 2 Strichstärken (BS + 0.3 mm) sowie in 12 Farben. Auch bei diesem Modell sind Spitzen und Tuschepatronen auswechselbar.

FAKTEN

- 12 Farben
- Erhältlich in 2 Strichbreiten
- Tank und Spitzen austauschbar
- Erhältlich in Cobalt, Sky Blue, Purple, Yellow, Orange, Wine, Turquoise, Olive, Pink, Red, Sepia, Cool Gray

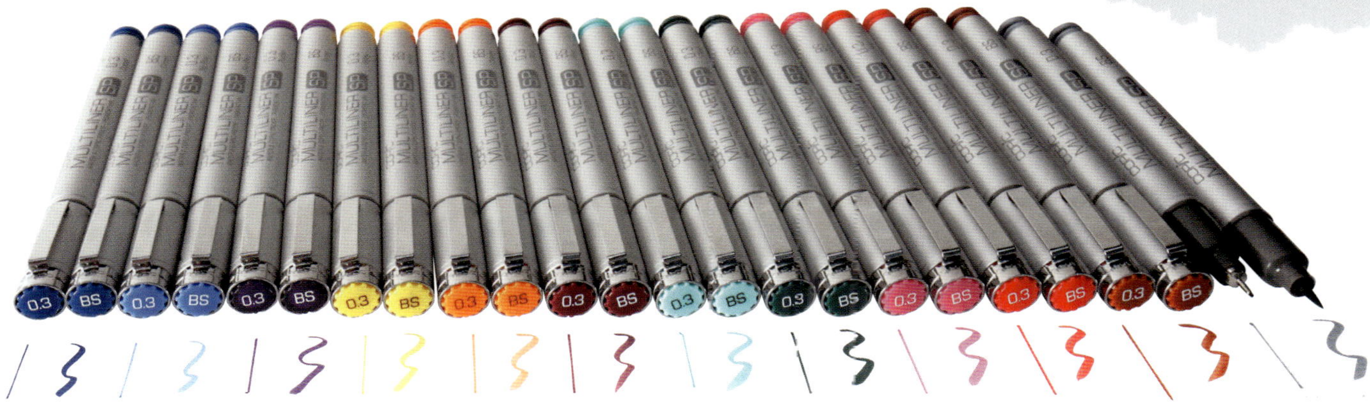

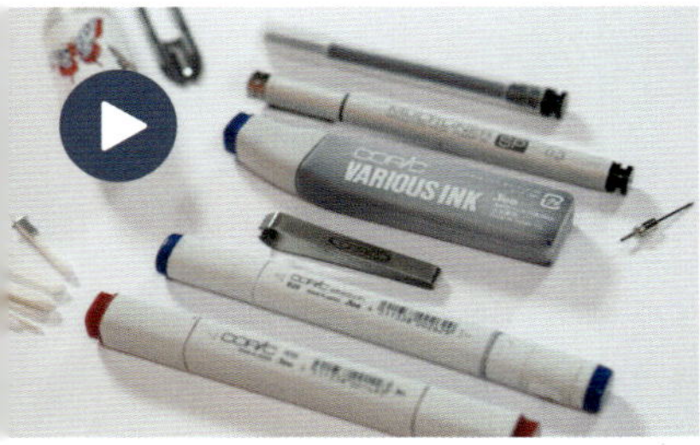

Reinigung & Nachfüllen von COPIC Markern

COPIC Marker haben eine nahezu unbegrenzte Lebensdauer, dafür bedarf es aber der richtigen Pflege. Dazu gehört die Reinigung, das Austauschen von Spitzen sowie das Nachfüllen der Farbe.

Reinigung

Gerade COPIC Marker in dunklen Farben neigen aufgrund der höheren Pigmentdichte zum Verschmutzen. Wenn sie nicht gereinigt werden, kann das dazu führen, dass die Kappe den Stift nicht mehr richtig verschließt und der Marker austrocknet.

Zum Reinigen können Sie entweder den COPIC Cleaner oder den COPIC Activator verwenden. Beide enthalten eine Flüssigkeit, die COPIC Farbe anlöst.

Die Flüssigkeit träufelt man am besten auf ein Wattepad, ein Papiertuch oder ein Wattestäbchen und umfährt damit sanft die verschmutzten Stellen.

Zur Reinigung der Kappen eignet sich besonders der COPIC Activator. Diesen sprüht man direkt in die Kappe und wischt diese dann mit einem Wattepad oder einem Papiertuch aus.

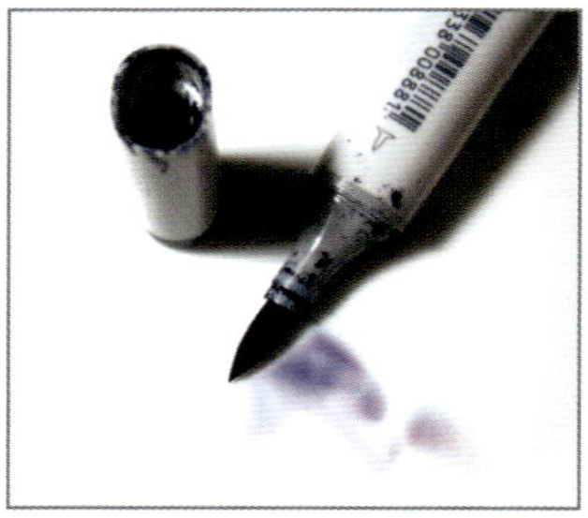

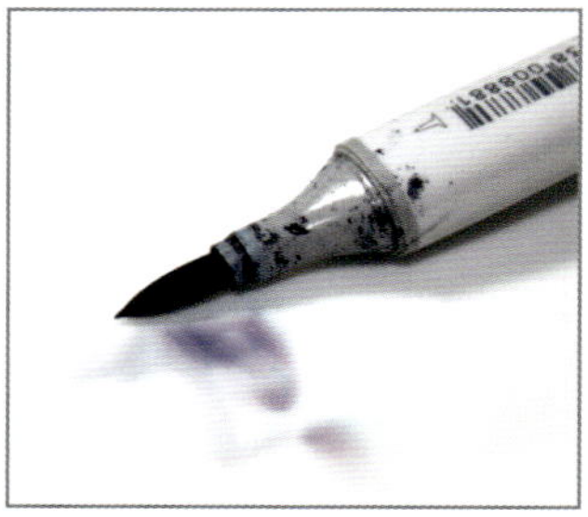

Sieht Ihr Marker so aus, sollte er unbedingt gereinigt werden.

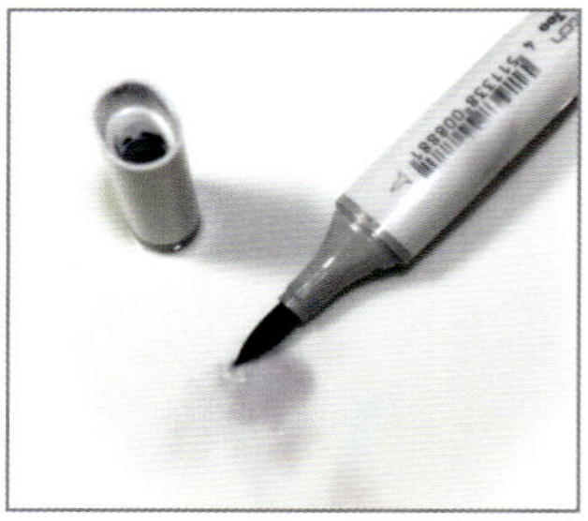

COPIC sketch, nachdem er gereinigt wurde.

Bei reich pigmentierten Farben kommt es zudem gelegentlich zu einer Verschmutzung der Spitze. Dies merkt man daran, dass die Farbe leicht „schmierig" wirkt. Schuld daran ist häufig eine nicht sachgerechte Lagerung. Senkrecht gelagert sammeln sich Pigmente in der Spitze und „verkleben". Also die Stifte am besten liegend aufbewahren! Falls es doch einmal passiert, hilft ein wenig von der Cleaner-Flüssigkeit. Diese träufelt man auf einen Teller und wälzt die Spitze sanft darin. Dadurch lösen sich die Pigmente und der Marker ist wieder einsatzbereit.

Austauschen der Spitzen

Ein großer Vorteil von COPIC Markern ist, dass fast alle Elemente austausch- und ersetzbar sind. Falls einmal die Spitze defekt ist oder Sie eine andere benötigen, können Sie diese einfach austauschen.

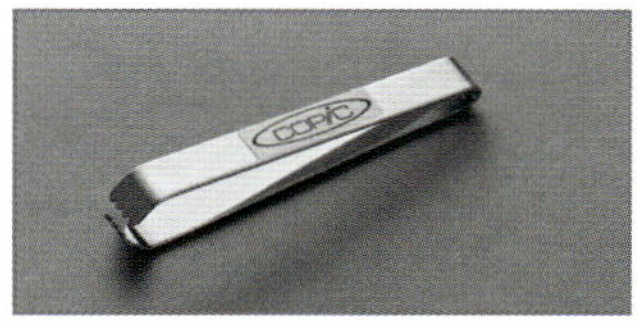

Dazu eignet sich am besten die COPIC Pinzette. Im Gegensatz zu gewöhnlichen Pinzetten hat diese kleine „Krallen", die das Abrutschen verhindern und die Spitze nicht beschädigen.

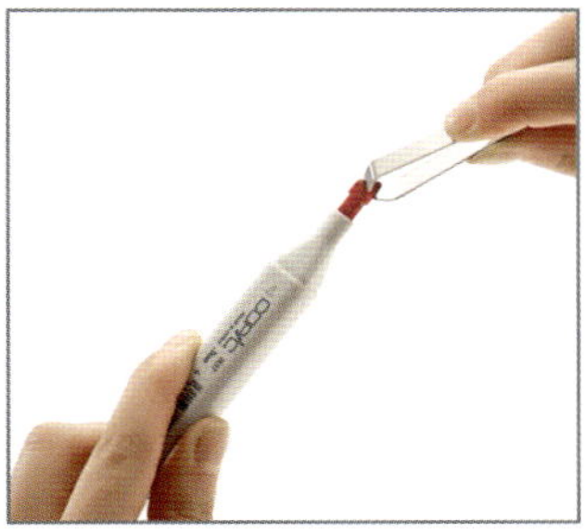

So geht's: Einfach die Spitze am Übergang zum Marker fassen und vorsichtig herausziehen.

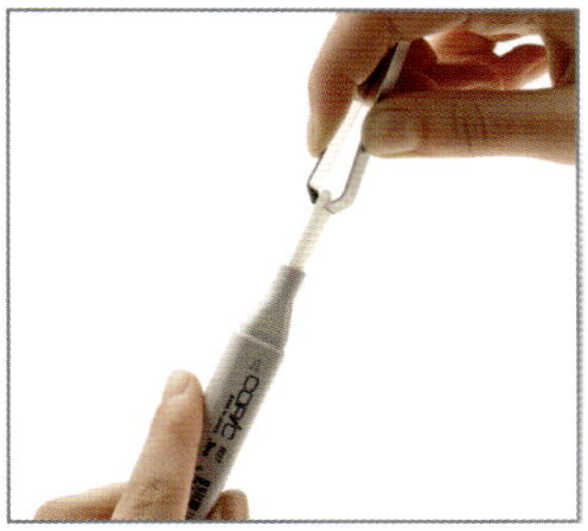

Die neue Spitze vorsichtig am Hals fassen und sanft in den Marker einschieben.

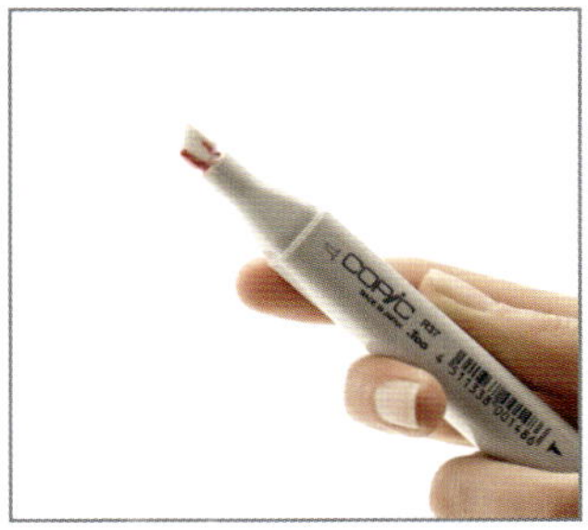

Die Spitze saugt dann langsam die Farbe aus dem Kern und ist wieder einsatzbereit, sobald sie komplett farbig ist.

Austauschen und Nachfüllen von COPIC MULTILINERN SP

Der COPIC MULTILINER SP ist gegenüber dem Classic-Modell um einiges teurer. Allerdings handelt es sich bei ihm um eine einmalige Anschaffung, da Tank und Spitzen austauschbar sind.

HINWEIS

Achtung: Es gibt zwei verschiedene Tankgrößen! Eine für Multiliner in der Stärke 0,03 bis 0,1 mm und eine für die Stärke von 0,2 mm bis Brush.

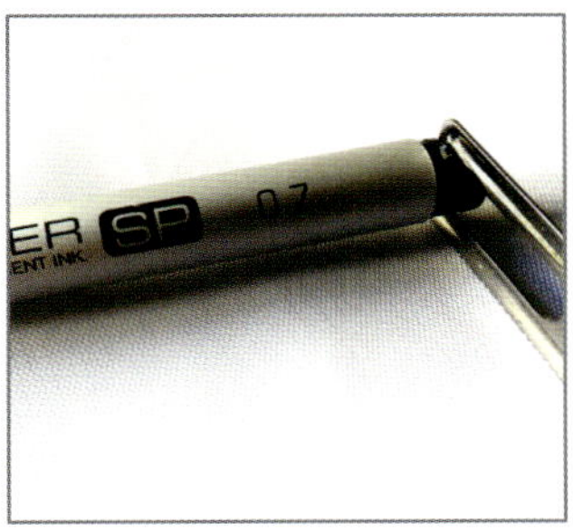

Zum Austauschen eignet sich am besten der SP Changer. Um den Tank auszutauschen, schieben Sie die lange Seite des Changers zwischen die beiden Rillen des farbigen Endstücks des MULTILINERs SPs und ziehen ihn dann vorsichtig heraus.

Auf die gleiche Weise wird der neue Tank eingesteckt.

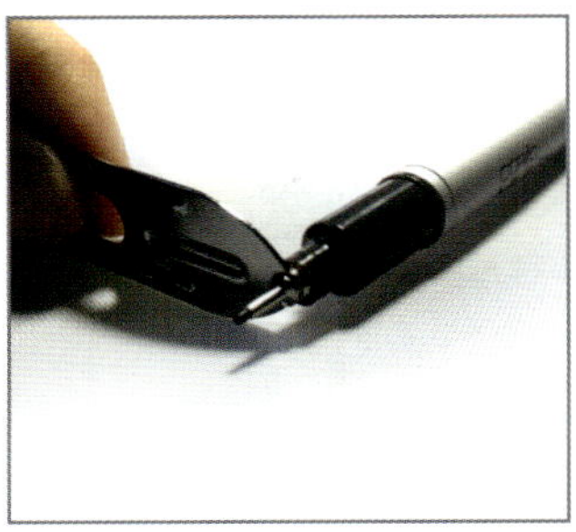

Zum Austauschen der Spitzen wird die kürzere Seite des Changers eingesetzt. Diese hat eine kleine Kerbe, die zwischen Stifthals und Spitze eingeführt wird, um die Spitze dann sanft aus dem MULTILINER herauszudrücken.

TIPP

Um den Vorgang zu beschleunigen, halten Sie den Marker mit der neuen Spitze senkrecht nach unten. So läuft die Farbe nach unten und die neue Spitze nimmt schneller die Farbe auf.

Nachfüllen von COPIC Markern

Es gibt zwei Techniken zum Nachfüllen von COPIC Markern:

Die **erste Technik** besteht darin, dass man den COPIC Marker in einem 45°-Winkel horizontal hält und die Farbe langsam auf die breitere Spitze des Markers träufelt. Durch die leicht schräge Haltung fließt die Farbe hinab zum Kern.

Der Vorteil an dieser Technik ist, dass sie auch unterwegs leicht und ohne weitere Materialien angewendet werden kann. Allerdings dauert sie wesentlich länger als die folgende Technik.

Für die **zweite Technik** benötigen Sie die COPIC Pinzette und ggf. ein Papiertuch für den Fall, dass Farbe austritt.

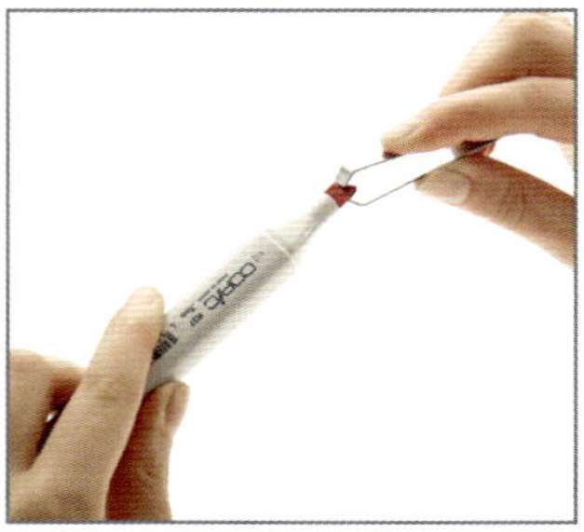

So geht's: Öffnen Sie den COPIC Marker auf beiden Seiten und ziehen Sie dann die breitere Spitze mit der Pinzette heraus.

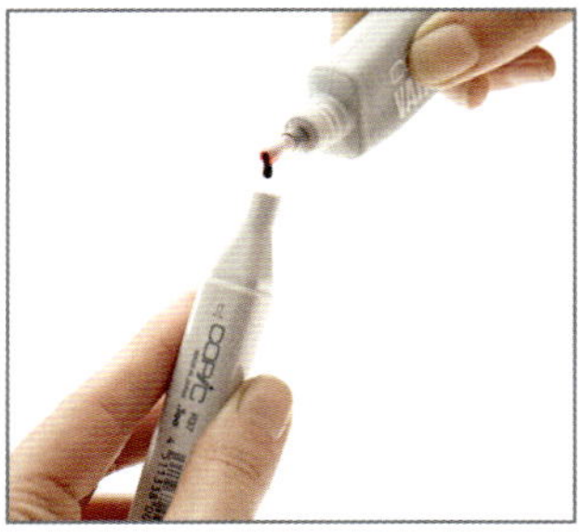

Anschließend träufeln Sie vorsichtig die Farbe in die Öffnung ein.

Sobald die Spitze des COPIC Markers wieder eine satte und glänzende Farbe hat, ist er komplett gefüllt. Achten Sie bei dieser Technik unbedingt darauf, dass die Farbe langsam einläuft. Falls sich eine Blase bildet, hilft es leicht gegen den COPIC zu klopfen, um die Blase zu lösen. Erst dann kann weitere Farbe eingefüllt werden, andernfalls läuft der Marker über. Keinesfalls sollten Sie den Hals der VARIOUS INK Flasche direkt in den Marker einstecken. Da der Kern des Markers nur langsam Farbe aufnimmt, läuft sie leicht über, wenn zu schnell eingefüllt wird.

Das Farbrad

COPIC Marker zeichnen sich durch ein einzigartiges Farbsystem aus. Um das COPIC Farbsystem zu verstehen, hilft ein Blick auf das COPIC color wheel, auf dem alle 358 Farben abgebildet sind.

Das Farbrad ist in 15 verschiedene Sektionen aufgeteilt. Diese Sektionen stellen die verschiedenen Farbfamilien dar und sind mit ein oder zwei Buchstaben gekennzeichnet, die diese repräsentieren.

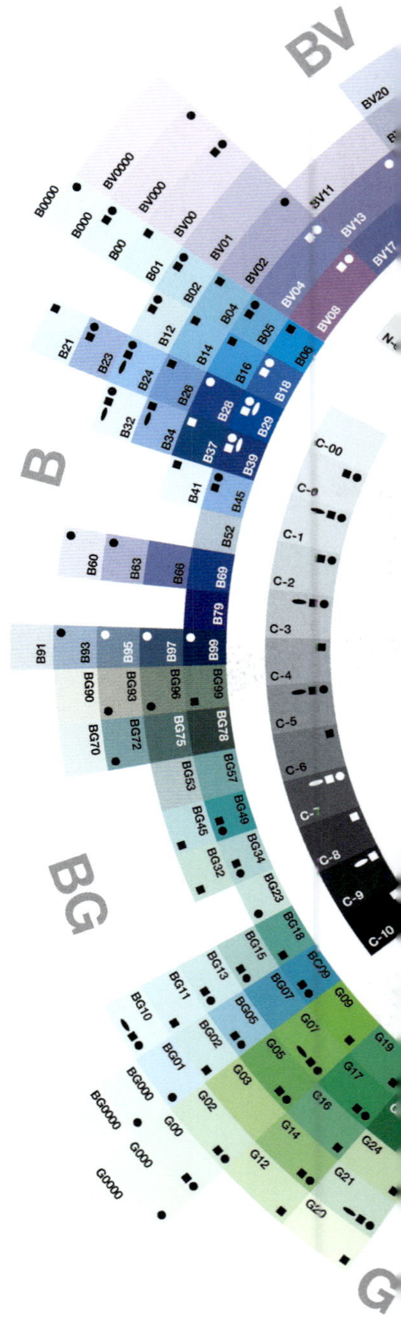

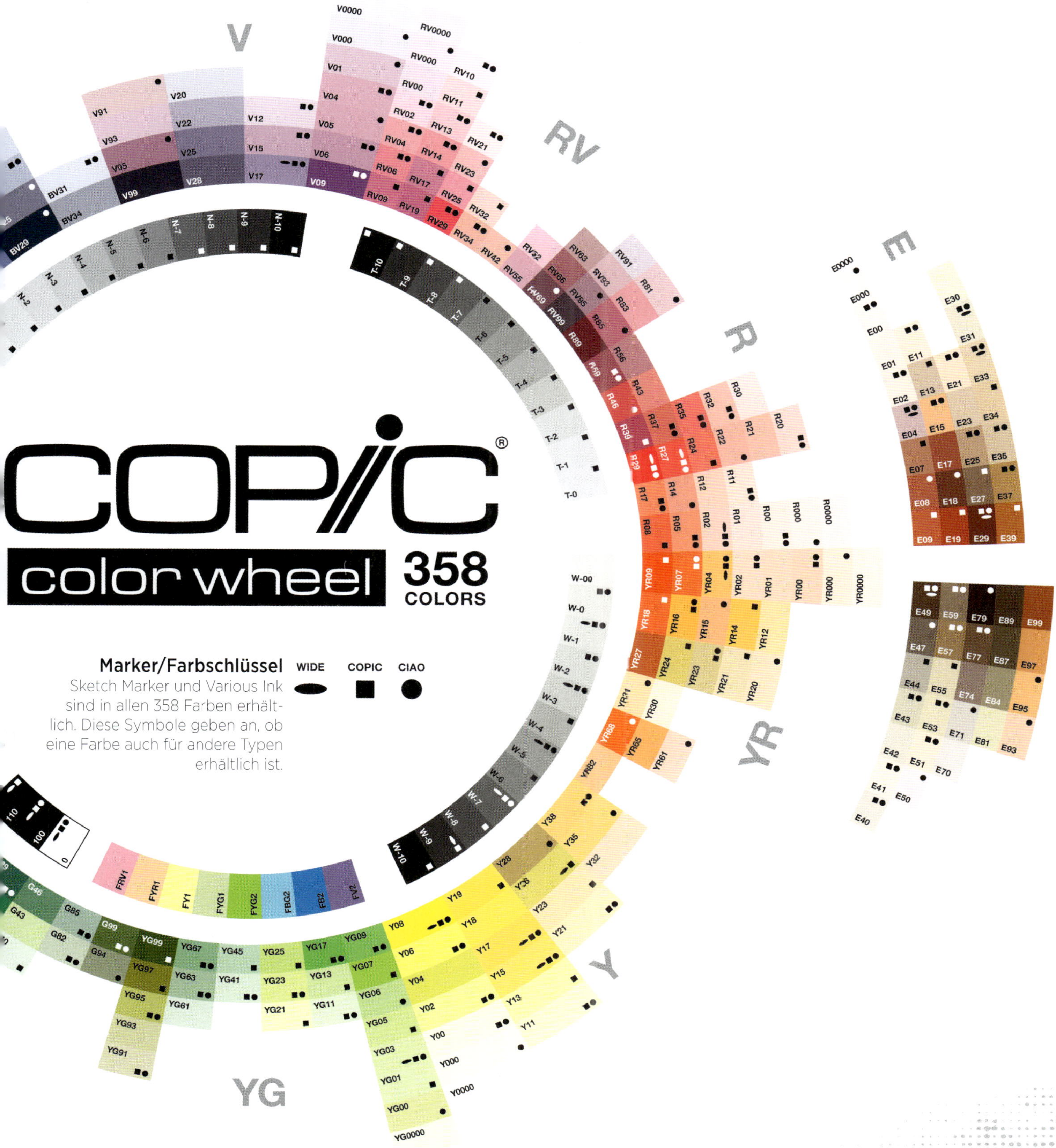

Marker/Farbschlüssel

Sketch Marker und Various Ink sind in allen 358 Farben erhältlich. Diese Symbole geben an, ob eine Farbe auch für andere Typen erhältlich ist.

WIDE	COPIC	CIAO
⬬	■	●

INFO

Die jeweiligen Buchstaben sind Abkürzungen für folgende Farbfamilien:

Y = Yellow
YG = Yellow Green
YR = Yellow Red
R = Red
RV = Red Violet
V = Violet
BV = Blue Violet
B = Blue
BG = Blue Green
G = Green
E = Earth
C = Cool Gray
T = Toner Gray
W = Warm Gray
N = Neutral Gray

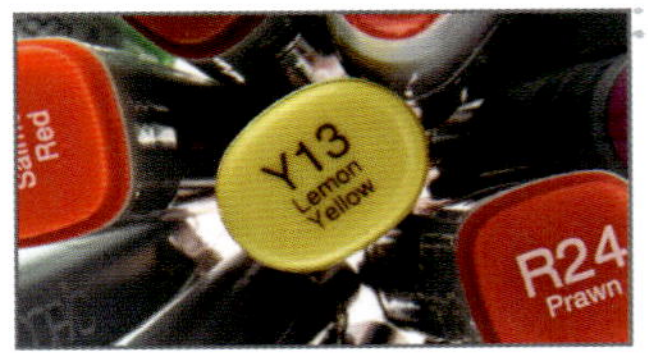

Diese **Buchstaben** finden Sie nicht nur auf dem Farbrad, sondern auch auf jedem einzelnen COPIC Marker. So gehören zum Beispiel COPIC Marker, die mit dem Buchstaben Y anfangen, der Farbfamilie Yellow, also Gelb an.

Neben dem Buchstaben, der uns die Farbfamilie verrät, findet sich auf jedem Marker auch eine Zahlenkombination sowie ein Farbname.

Die **Zahlenkombination** ist dabei nicht willkürlich gewählt. Jede Kombination besteht aus zwei Ziffern, wobei uns die erste Ziffer die Farbgruppe (Blending group) und somit die Reinheit und die zweite Ziffer, die Farbabstufung, also die Helligkeit bzw. Dunkelheit der Farbe verrät.

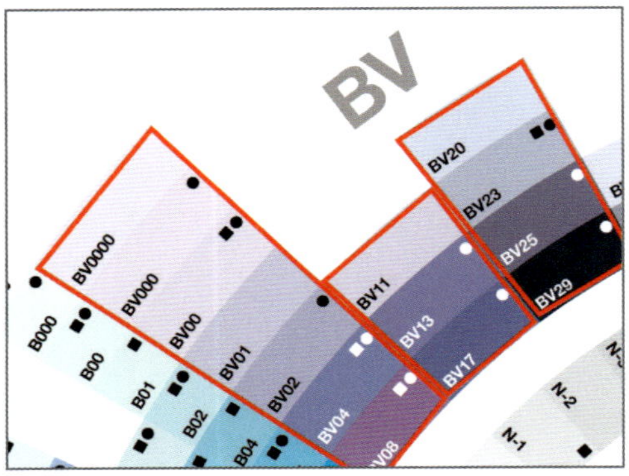

Das Farbrad ist in verschiedene **Farbfelder** aufgeteilt, die überwiegend strahlenförmig angeordnet sind. In der Mitte des Farbrads befinden sich vier graue Laufbahnen.
Diese sind keineswegs zufällig angeordnet, sondern finden sich unter den jeweiligen Farbfamilien, denen sie beigemischt sind. So ist z. B. C (Cool Gray) Violet und Red Violet beigemischt, Warm Gray Yellow Green und Green usw.

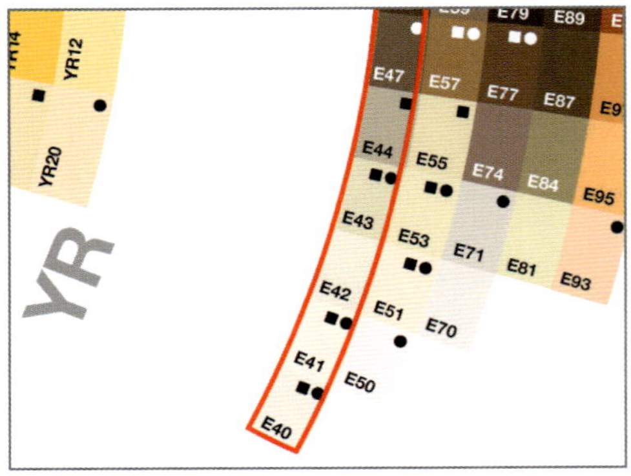

Eine Ausnahme davon stellen die Erdtöne E da. Sie sind aus verschiedenen Tönen gemischt und genau wie die Grautöne laufbahnenförmig angeordnet.

TIPP

Natürlich werden für den perfekten Farbverlauf nicht alle Farben einer Gruppe benötigt. So können Sie problemlos 1 bis 2 Nummern auslassen. Bei den Grautönen empfiehlt es sich z. B. nur ungerade oder gerade Nummern innerhalb einer Farbfamilie zu kaufen, z. B. Warm Gray 0, 2, 4, 6, 8, 10 oder 1, 3, 5, 7, 9.

Wenn Sie sich die **Strahlen** des Farbrads genau ansehen, erkennen Sie, dass die erste Ziffer auf jedem Strahl gleich ist. Jeder Strahl steht also für eine Farbgruppe. Sie wissen nun, dass die erste Ziffer für die Reinheit der jeweiligen Farbgruppe steht. Wie bereits erwähnt, verrät uns die zweite Nummer die Helligkeit der Farbe innerhalb des Strahls bzw. der Farbfamilie.
Je heller der Farbton, desto niedriger die Ziffer (beginnend bei 0) und je höher die Ziffer, desto dunkler der Farbton (endend mit 9). Das bedeutet, dass 0 bis 9 innerhalb ihrer Gruppe bzw. ihres Strahls den perfekten Farbverlauf bilden. Dies ist auch sehr gut auf dem Farbrad zu erkennen. Je näher die Farbe beim Zentrum steht, desto höher ist die zweite Ziffer und desto dunkler ist sie.

Eine Ausnahme von dieser Regel bilden die Erd- und Grautöne. Diese sind laufbahnenförmig angeordnet und ihr Farbverlauf ist im bzw. gegen den Uhrzeigersinn angeordnet.

Beispiel

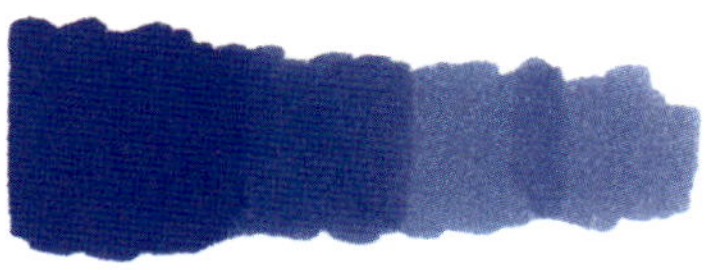

B29-B26-B24-B23

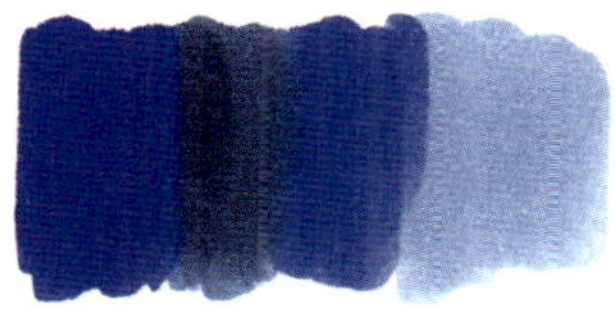

B29-B97-B26-B93

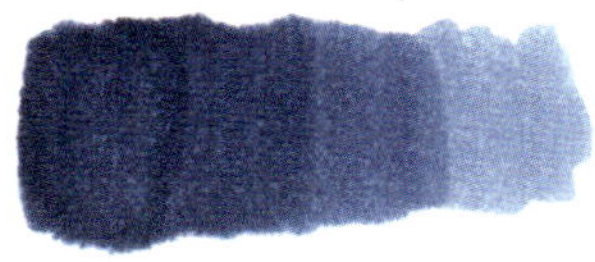

B99-B97-B95-B93

B29 und B26 passen sehr gut zusammen, da sie beide derselben Farbfamilie (Blue) und derselben Farbgruppe (Gruppe 2) angehören. B26 ist innerhalb dieser Gruppe eine mitteldunkle Farbe (6) und B29 die dunkelste (9). Zusammen mit B23 und B24 lässt sich ein perfekter Farbverlauf erzeugen.

B29 und B97 harmonieren nicht miteinander, obwohl B97 eine hellere Farbe (7) ist, da B97 einer anderen Farbgruppe (9) angehört und einen wesentlich höheren Grauanteil hat. Dasselbe gilt für B26 und B93, somit lässt sich mit B29-B97-B26-B93 kein harmonischer Farbverlauf erzeugen.

B99-B97-B95-B93 bilden dagegen einen perfekten Farbverlauf, da sie alle der Farbfamilie B und Farbgruppe 9 angehören.

Dennoch sollte das Farbrad Sie nicht davon abhalten, andere Farbgruppen miteinander zu mischen. Allerdings muss man dann ein wenig experimentieren, ob die Farben miteinander harmonieren und einen guten Verlauf bilden. Bei meinen Farbempfehlungen im Buch finden sich viele Farbkombinationen, die aus unterschiedlichen Farbgruppen bestehen.

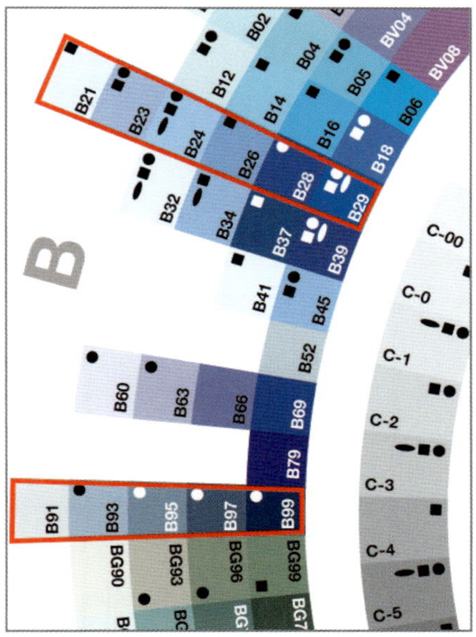

Zusammenfassung

- Jede COPIC Farbe hat einen eigenen Namen und eine Buchstaben-Zahlenkombination.
- Die Buchstaben kürzen die jeweilige Farbfamilie ab.
- Die Ziffern sind getrennt voneinander zu betrachten.
- Die erste Ziffer steht für die Farbgruppe. Je höher die Ziffer, desto höher der Grauanteil der Gruppe.
- Die zweite Ziffer steht für die Helligkeit/Dunkelheit der Farbe innerhalb der Farbgruppe. Je heller die Farbe, desto niedriger die zweite Ziffer – je dunkler die Farbe, desto höher die Ziffer.
- Farben, die derselben Farbfamilie und Gruppe angehören, passen perfekt zusammen.

Papier

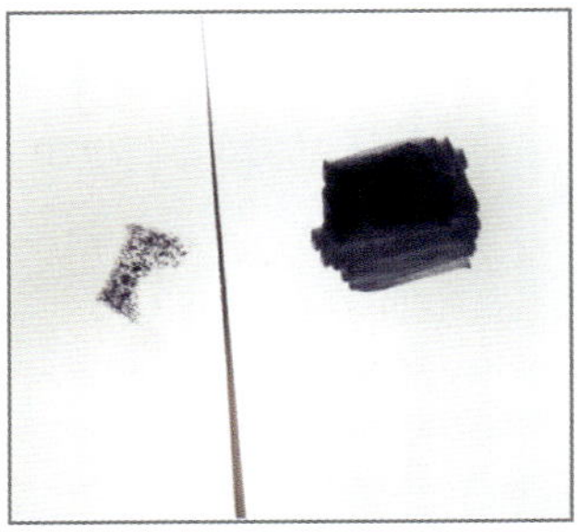

Mit COPIC Markern lässt sich auf so gut wie jeder Papiersorte zeichnen. Von gewöhnlichem Kopierpapier rate ich Ihnen jedoch ab, da die Farbe darauf nicht nur „durchschlägt" und „ausblutet", sondern auch der Farbverlauf nicht immer optimal ist.

Welches Papier am besten für COPIC Marker geeignet ist, lässt sich nur schwer beantworten, da dies vom eigenen Geschmack sowie der Zeichentechnik abhängt.

COPIC Marker verhalten sich auf jedem Papier ein wenig anders. Deshalb empfehle ich Ihnen, möglichst viele Papiersorten auszuprobieren, um so den persönlichen Liebling zu finden. Im Folgenden finden Sie eine Auswahl der beliebtesten Papiersorten.

Layoutpapier

FAKTEN

- 70 bis 80 Gramm schwer
- Outlines einfach durchpausbar
- Farbe blutet weder aus, noch schlägt sie durch
- Sparsamer Farbeinsatz
- Bedingt für Mixed Media geeignet

Eine brillante Farbwiedergabe und optimalen Farbverlauf garantieren Layout- und Markerpapiere, die speziell für das Malen mit Alkoholmarkern entwickelt wurden. Ein weiterer Vorteil dieser Papierart ist, dass die Farbe nicht durchschlägt oder ausblutet, da das Papier auf der Rückseite eine spezielle Beschichtung hat, die genau das verhindert.

Allerdings ist die Rückseite eben wegen dieser Beschichtung nicht gut bemalbar und kaum von der Vorderseite zu unterscheiden. Dafür verrate ich Ihnen einen beliebten Trick: Zeichnen Sie einfach mit einem Bleistift ein kleines X auf die Rückseite der Blätter.

So sieht es aus, wenn Layoutpapier aus Versehen auf der Rückseite bemalt wird.

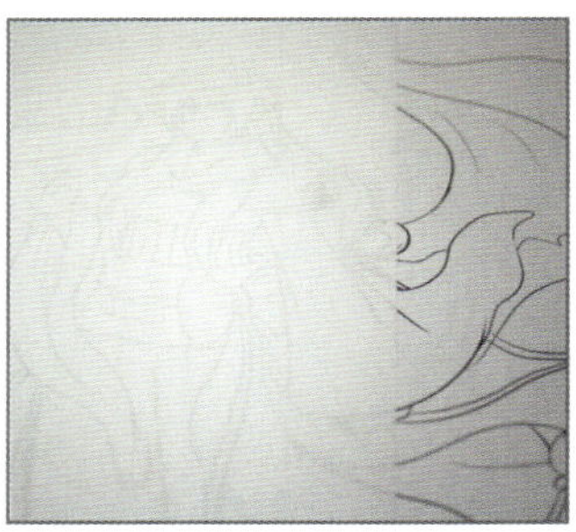

Layoutpapier ist so dünn, dass sich Vorzeichnungen auch ohne Leuchttisch durchpausen lassen.

Aufgrund der „zarten" Beschaffenheit des Papiers sollte man vermeiden, auf diesen direkt zu skizzieren und zu radieren, da man so leicht die Beschichtung zerstören kann. Auch für Mixed-Media-Techniken ist es nur bedingt geeignet.

Es gibt ein umfangreiches Angebot dieser Papiersorte von verschiedenen Anbietern. Hier finden Sie eine Liste der bekanntesten Layoutpapiere:

- COPIC Marker Pad von transotype
- Perfect Colouring Paper von transotype
- Hahnemühle Manga Layout Illustration Paper
- Canson XL Markerblock
- Schoellershammer Markerpapier
- Hahnemühle Layout Block
- ZEICHEN-CENTER EBELING my Markerpad
- COPIC Paper Selections No. 1 und No. 2 (Japan-Import)

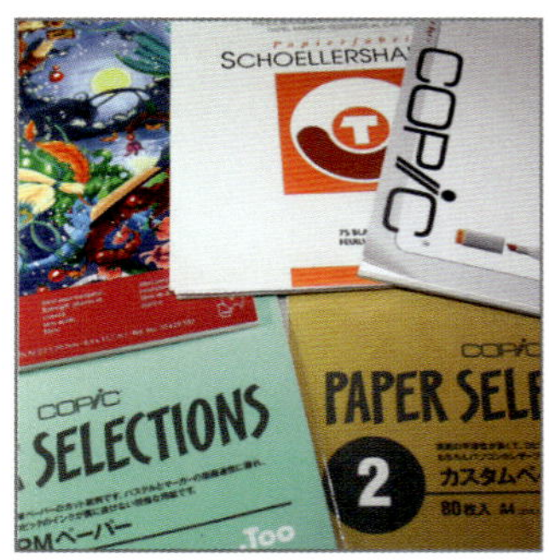

Aquarellpapier

Aquarellpapier ist bei Mixed-Media-Techniken wie der Kombination von Aquarell, Buntstiften und COPIC Markern besonders beliebt. Allerdings ist Aquarellpapier sehr saugstark und entzieht deshalb dem COPIC Marker überdurchschnittlich viel Farbe.

Mixed-Media-Papier

Mixed-Media-Papiersorten sind, wie der Name schon sagt, für die Kombination mehrerer Medien gedacht. In Kombination mit COPIC Markern sind besonders Pastelle, Buntstifte und Aquarellfarben sehr beliebt.

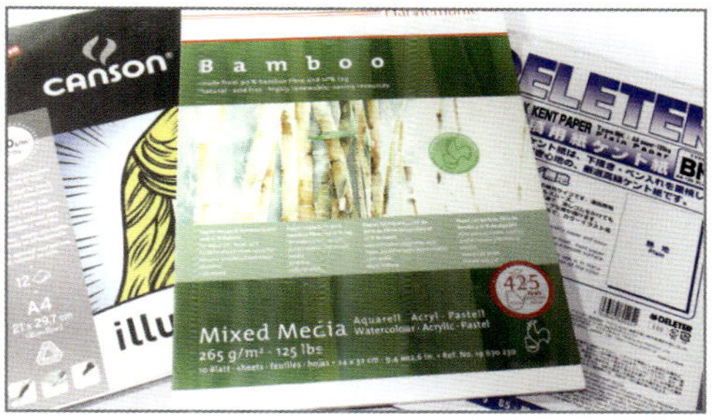

Zeichenkarton

Auch im Bereich der stärkeren Papiersorten gibt es einige, die für COPIC Marker besonders geeignet sind. Der Vorteil bei stärkerem Papier ist, dass es wesentlich robuster als Layoutpapier ist und sich zum Basteln eignet. Deshalb ist diese Papiersorte sehr beliebt bei Scrapbookern und Stempelkünstlern.

Zeichenkarton eignet sich zudem hervorragend für die Kombination von Markern mit Buntstiften und Pastellkreiden. Von flüssigen Farben, wie Aquarell und Tusche, ist jedoch abzuraten, da die Oberfläche sehr glatt ist.

Leider gibt es auf dem deutschen Markt nur wenige Zeichenkartons speziell für Alkoholmarker bzw. COPIC Marker. Diese haben ähnliche Eigenschaften wie Layoutpapier: Sie sind sehr sparsame Papiersorten und beanspruchen nur wenig COPIC Farbe. Die Farbe schlägt auch nicht durch und im Gegensatz zu Layoutpapier sind beide Seiten bemalbar. Der bekannteste Zeichenkarton für COPIC Marker ist das Perfect Colouring Paper von transotype.

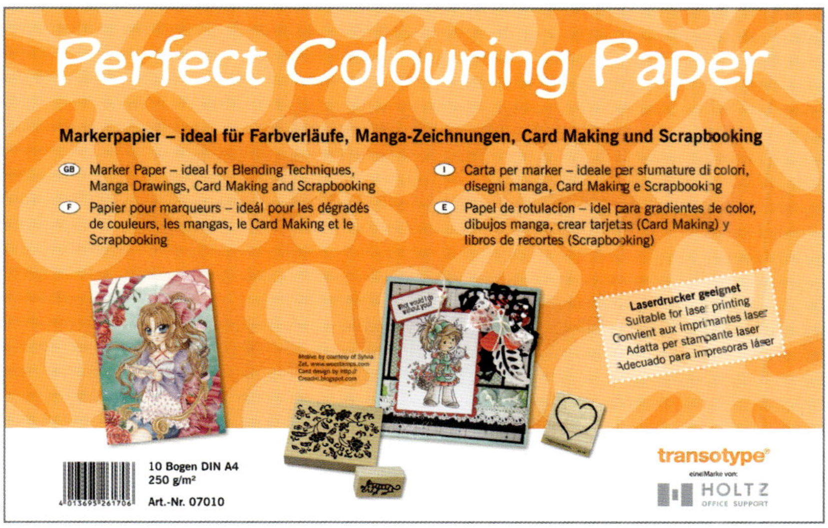

FAKTEN
Aquarellpapier

- Schweres Papier
- Saugt den COPIC schnell leer
- Farbe schlägt ggf. durch
- Hervorragend geeignet für die Kombination von Aquarell-, Wasser- und Tuschefarbe mit COPIC Markern

FAKTEN
Mixed-Media-Papier

- 135 bis 250 Gramm schwer
- Beansprucht je nach Papier wenig bis viel COPIC Farbe
- Farbe schlägt ggf. durch
- Bedingt geeignet für die Kombination von Aquarell-, Wasser- und Tuschefarbe mit COPIC Markern
- Sehr geeignet für die Kombination von Buntstiften, Pastellkreide und anderer Medien mit COPIC Markern

FAKTEN
Zeichenkarton

- 180 bis 250 Gramm stark
- Geeignet für Marker, Buntstifte und Pastellkreide
- Je nach Papier schlägt die Farbe wenig oder gar nicht durch
- Beansprucht je nach Papier wenig bis viel COPIC Farbe

Zubehör

Für COPIC Marker gibt es eine Fülle von nützlichem und wichtigem Zubehör. Da bei dieser Menge an Material leicht der Überblick verloren gehen kann, finden Sie hier eine kurze Zusammenfassung der wichtigsten Materialien.

Austausch-Spitzen

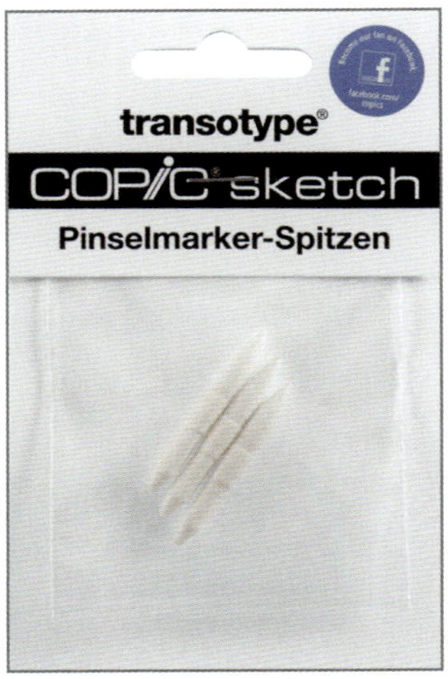

Austausch-Spitzen gibt es für den COPIC classic, COPIC sketch, COPIC WIDE sowie für den COPIC MULTILINER SP.

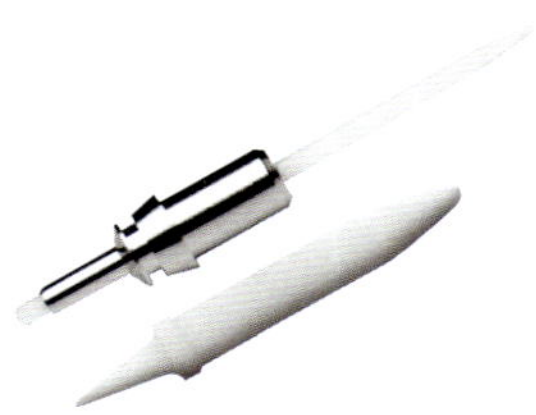

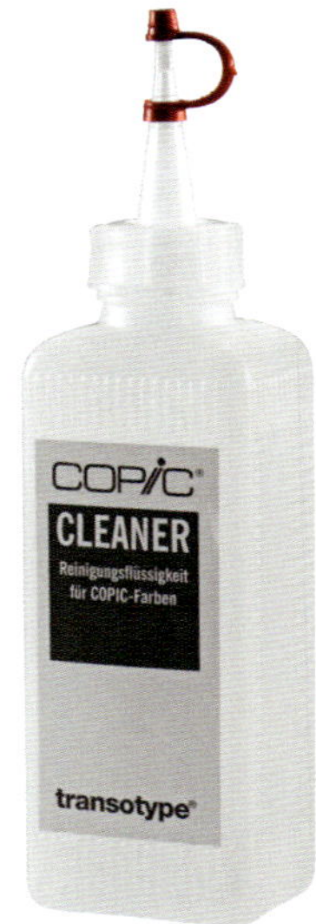

COPIC Cleaner

Zur Reinigung von COPIC Markern.

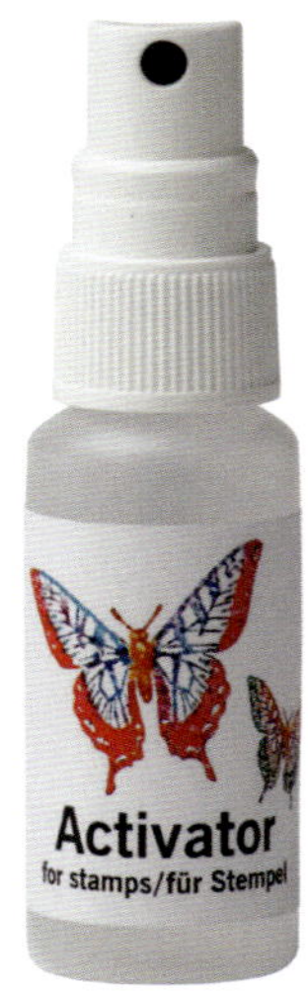

COPIC Activator

Mit der Blenderflüssigkeit in der Sprühflasche lässt sich angetrocknete Markertinte auf kolorierten Stempeln ruckzuck wieder auffrischen. Inhalt: 30 ml. Auch für Effekte und zur Reinigung von COPIC Markern geeignet.

COPIC Opaque White

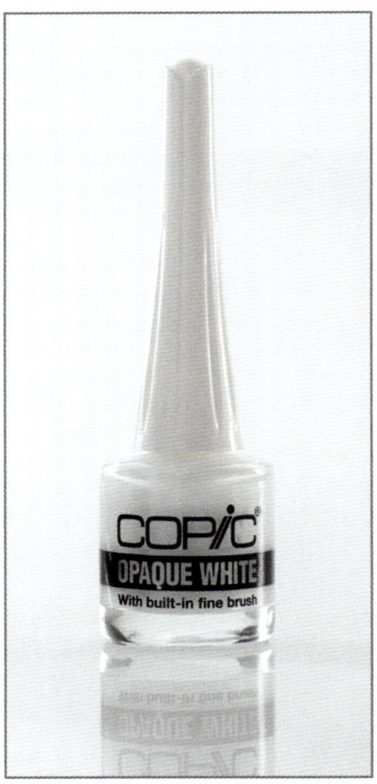

COPIC Opaque White, zum Aufhellen und Setzen von Lichtern, für lebendige und interessante Effekte in Marker-Illustrationen.

COPIC Pinzette

Zum Austauschen und Herausziehen der Spitzen.

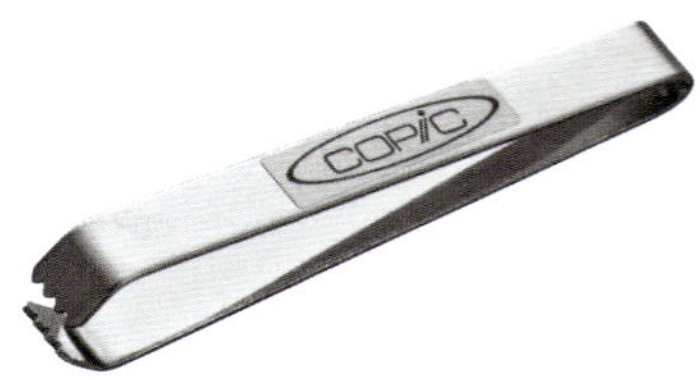

MULTILINER SP Changer

Zum einfachen Auswechseln der Spitzen und Nachfüllpatronen.

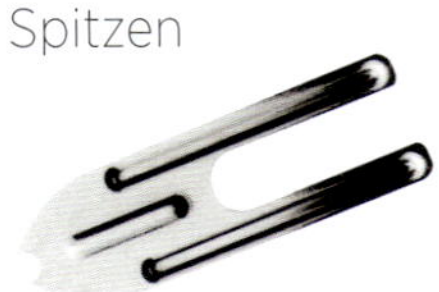

COPIC MULTILINER SP Nachfülltank

Der MULTILINER SP bietet separat austauschbare Tuschepatronen.

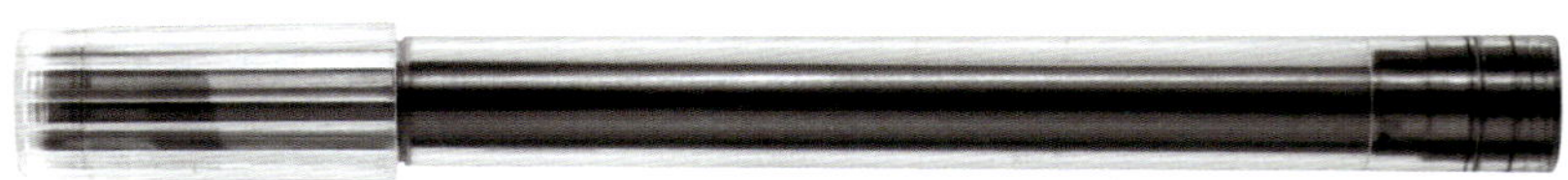

COPIC Airbrush

Das COPIC Airbrushing Layoutsystem ist das perfekte Mittel, um auf einfache Weise Airbrush-Effekte wie z. B. Verläufe und Halbtöne in Layouts und Illustrationen zu integrieren. Airbrushing mit COPIC ist praktisch: Der Marker wird einfach in den Air Grip (Spritzaufsatz) gesteckt, direkt an die Druckluftdose D60 oder mithilfe des Air Adapters und Verbindungsschlauchs an Air Can 180 angeschlossen – und schon kann's losgehen. Der Anschluss an einen Kompressor ist ebenfalls möglich. Für den Farbwechsel werden die Marker einfach nur umgesteckt. Das System ist umweltfreundlich: Das Treibgas für die Air Cans ist chlorfrei und nicht brennbar.

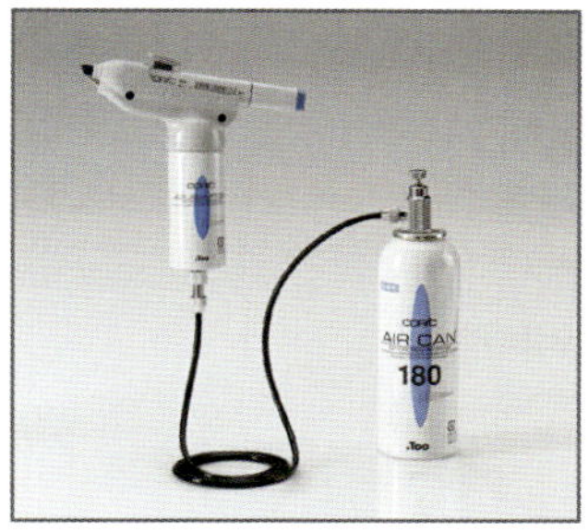

Ink Absorber

Die Ink Absorber Tamponade wird ein- oder mehrfarbig mit VARIOUS INK getränkt. Auf einfache Weise lassen sich so interessante, streifenfreie Effekte erzielen. Ink Absorber eignen sich außerdem zum Einfärben größerer Flächen und zur effektvollen Darstellung von Himmel oder Wasseroberflächen.

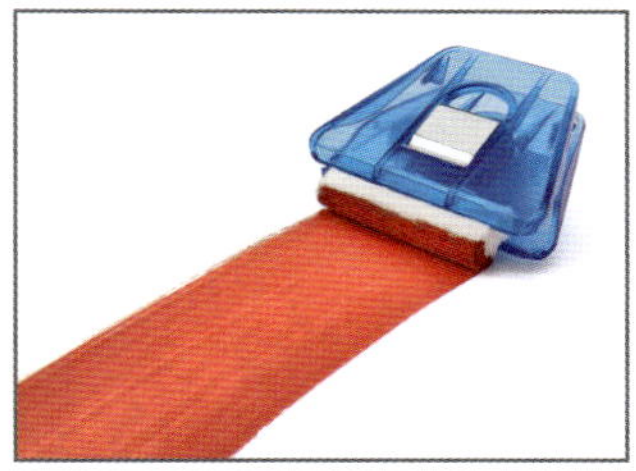

Leuchttisch

Leuchttische sind optimal für das Durchpausen grafischer Arbeiten, von Zeichnungen und Illustrationen. Es gibt sie von diversen Anbietern. Sehr zu empfehlen sind sowohl der LED Leuchttisch Comic Master Tracer als auch der LED Drawing light table von transotype, der sogar stufenlos dimmbar ist.

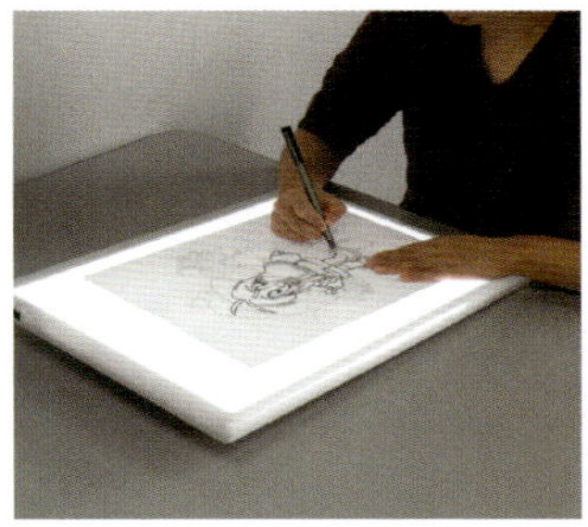

Glitterpens

Die Glitzerstifte sind ideal, um in COPIC Zeichnungen, Alben und Kunstwerken glitzernde Akzente zu setzen.

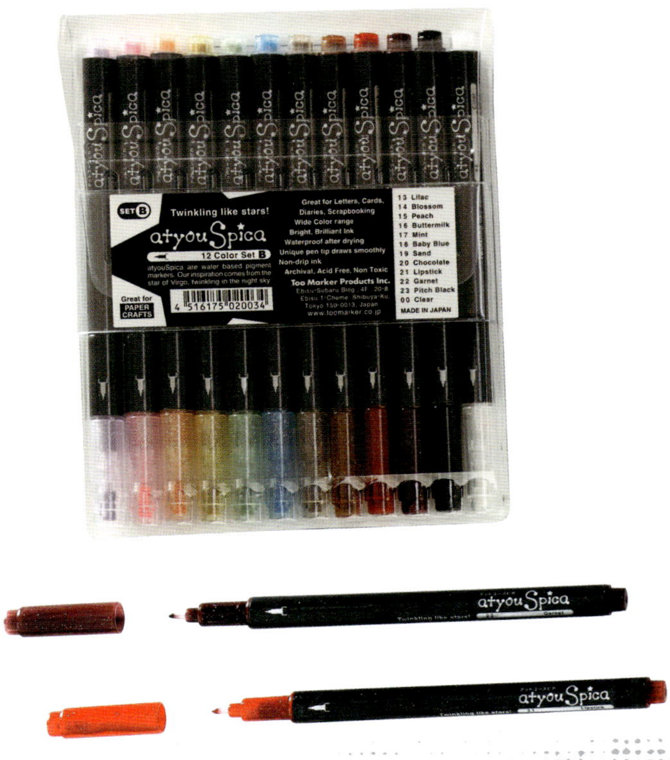

transotype Art Materials

Die Firma transotype bietet eine Fülle von hochwertigem COPIC Zubehör an. Neben den hier erwähnten Produkten gehören auch senseBags, in denen sich COPIC Marker perfekt verstauen und transportieren lassen, zum Sortiment.

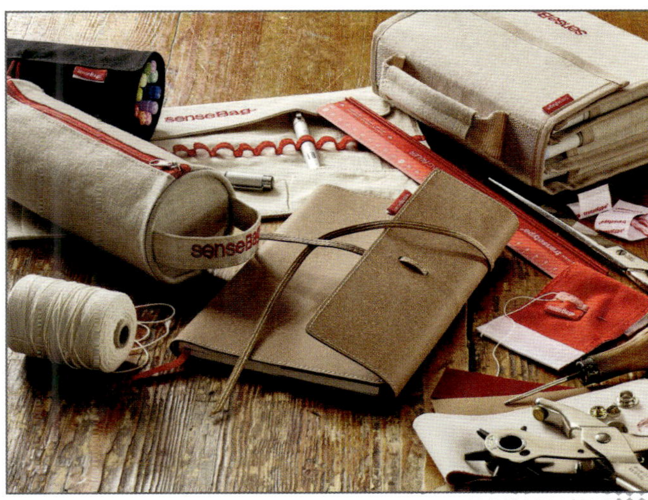

Displays

Für COPIC Marker gibt es neben den senseBags diverse Ordnungssysteme:

- Acryl-Displays
- Anbau-Displays
- COPIC carrying case
- COPIC sketch Präsentationskoffer

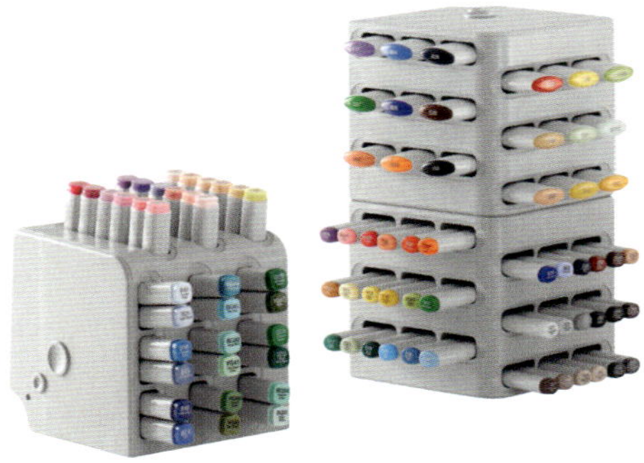

Die Anbau-Displays sind in verschiedenen Positionen aufstellbar und beliebig erweiterbar. Ein Modul hat Platz für 36 COPIC classic Marker oder 72 COPIC sketch Marker.

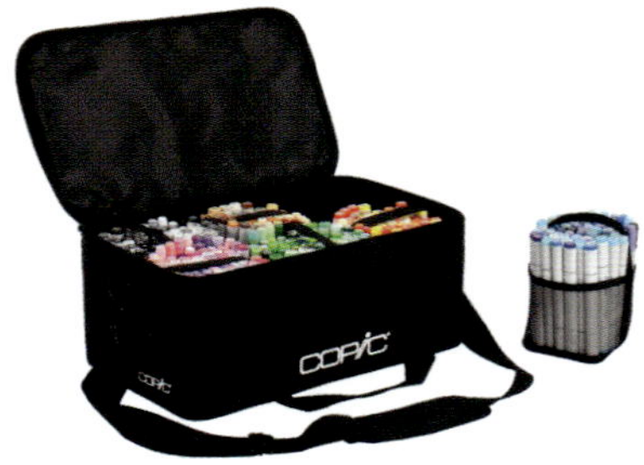

Das COPIC carrying case bietet Platz für bis zu 380 COPIC classic, sketch und ciao Marker und enthält 6 herausnehmbare Beutel.

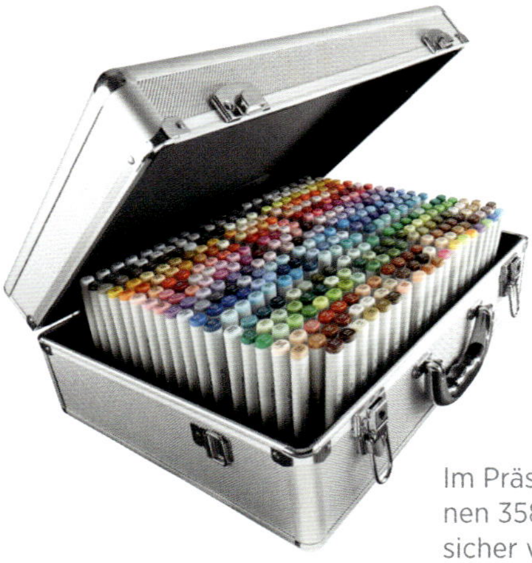

Im Präsentationskoffer können 358 COPIC sketch Marker sicher verstaut werden.

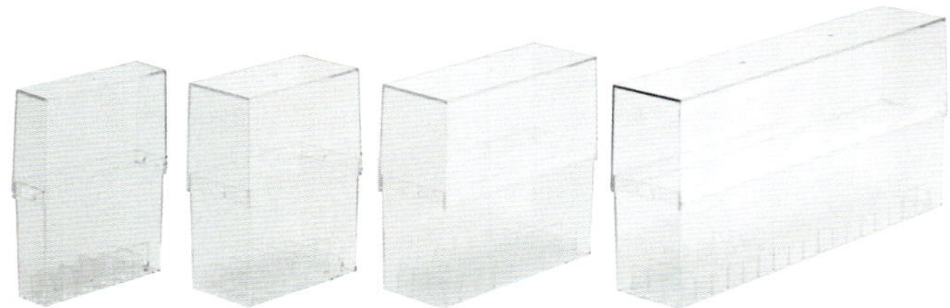

Acryl-Displays sind in verschiedenen Größen für die unterschiedlichen COPIC Marker erhältlich.

Clip Zirkel

Der Clip Zirkel kann mithilfe seiner starken Klammer Zeichengeräte mit einem Durchmesser von bis zu 3 cm sicher festhalten. So lassen sich mit Bleistiften, Markern, Kreiden, Schneidemessern etc. exakte Kreise bis zu einem Durchmesser von 24 cm ziehen. Beim Einsatz von Verlängerungsschienen (je 23,5 cm Länge) kann der Radius entsprechend vergrößert werden. Sowohl der Zirkel als auch die Verlängerungsschiene(n) sind stufenlos arretierbar.

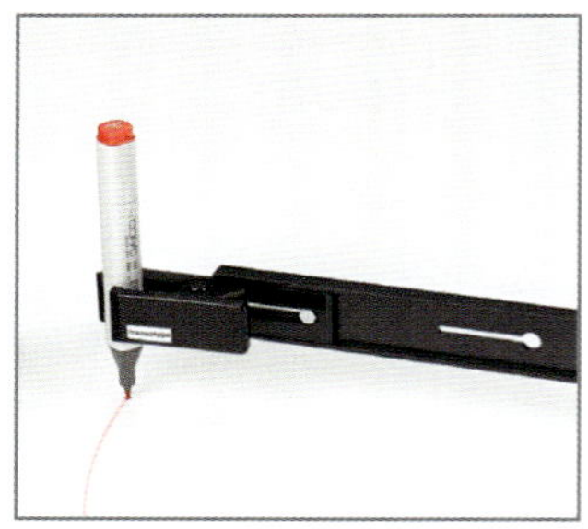

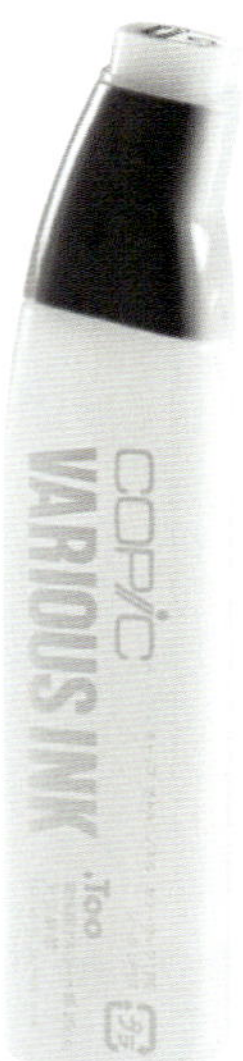

Leermarker und -flaschen

Mit Hilfe der VARIOUS INK Flaschen lassen sich eigene Farben mischen. Diese kann man in Leerflaschen oder -marker abfüllen. So können Sie neue und individuelle Farben kreieren.

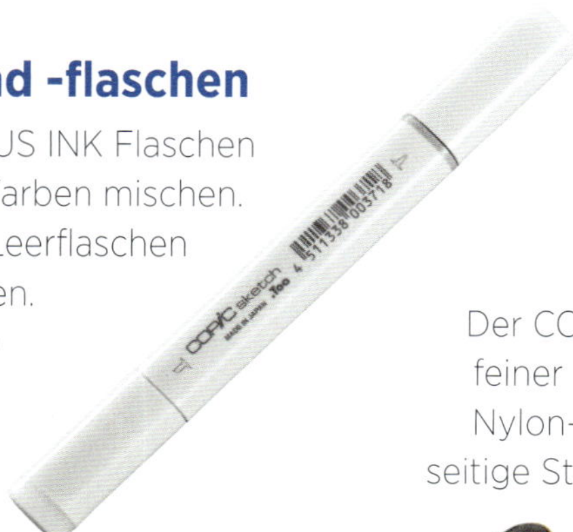

COPIC Gasenfude

Der COPIC Gasenfude (Drawing Brush Pen) ist ein feiner Stift zum Schreiben und Zeichnen mit einer Nylon-Pinselspitze (Länge: 9 mm). Er erlaubt vielseitige Strichvariationen – von feinen Strukturen und Details bis hin zum breiten Strich und ist ideal für Entwürfe, Outlines, Manga-Zeichnungen, Kalligraphien etc. Er enthält schwarze Pigmenttinte, die wasserbasierend und säurefrei ist, jedoch nicht von Markertinte angelöst wird, und ermöglicht erstaunliche Schattierungseffekte in Zeichnungen und Skizzen.

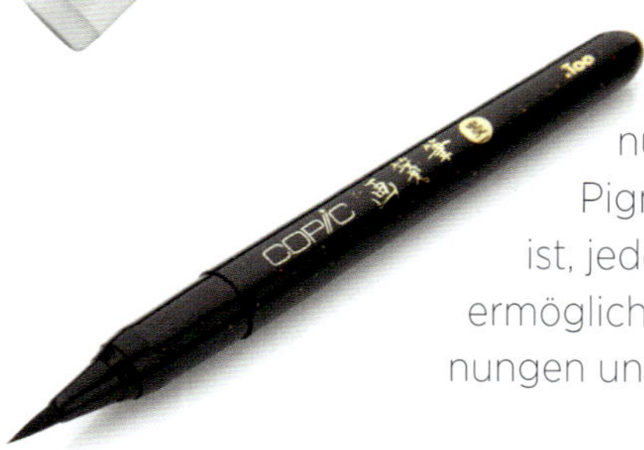

Farbempfehlungen

Jeder COPIC Marker Einsteiger stellt sich zu Beginn die Frage, welche Farben er zuerst kaufen soll. Bei 358 Farben keine leichte Entscheidung. Um Ihnen den Einstieg zu erleichtern, bietet COPIC eine Fülle von Sets in verschiedenen Größen und für verschiedene Zwecke an. Da jeder Zeichner anders ist und andere Farbvorlieben hat, finden Sie im Folgenden meine persönlichen Farbempfehlungen. Diese enthalten viele Grundtöne beliebter COPIC Marker Sets und eignen sich auch hervorragend als Erweiterung zu bestehenden Farbkollektionen.

Die Farben wurden so zusammengestellt, dass mit wenigen Farben ein großes Farbspektrum abgedeckt wird.

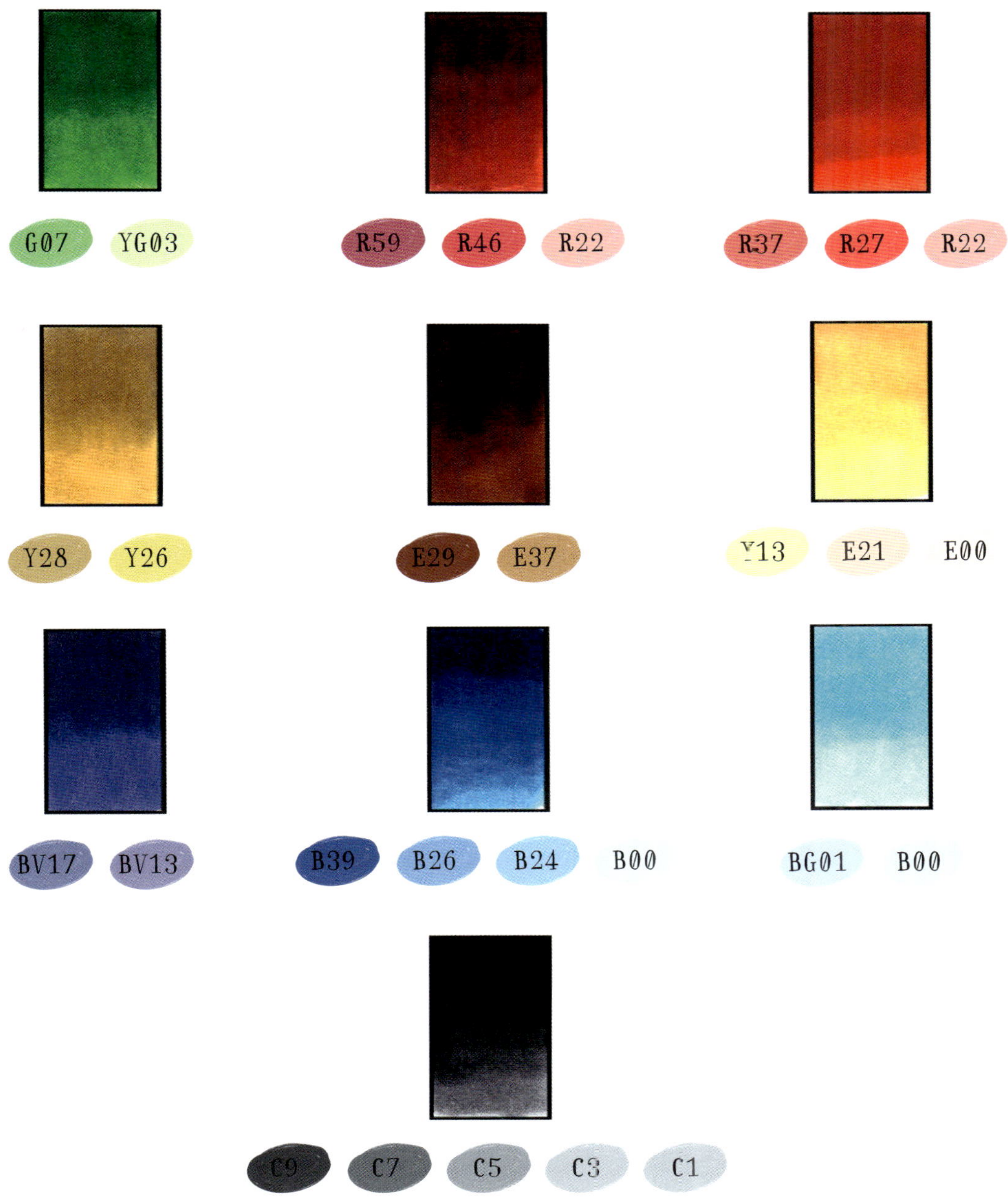

BV-Töne

Eine ganz persönliche Vorliebe von mir sind die BV-Töne: BV20, BV23, BV25, BV29, BV31 sowie B60. Diese wirken auf den ersten Blick wie ein sehr bläuliches Grau und eignen sich hervorragend zum Schattieren.

Da Schatten im Tageslicht einen Blauanteil haben, wirken diese viel natürlicher und sanfter als die normalen Grautöne. Zudem eignen sie sich sehr gut zum Einstieg, da man mit ihnen so gut wie jede Farbe schattieren und Übergänge erzeugen kann, wie Sie in folgenden Abbildungen sehen.

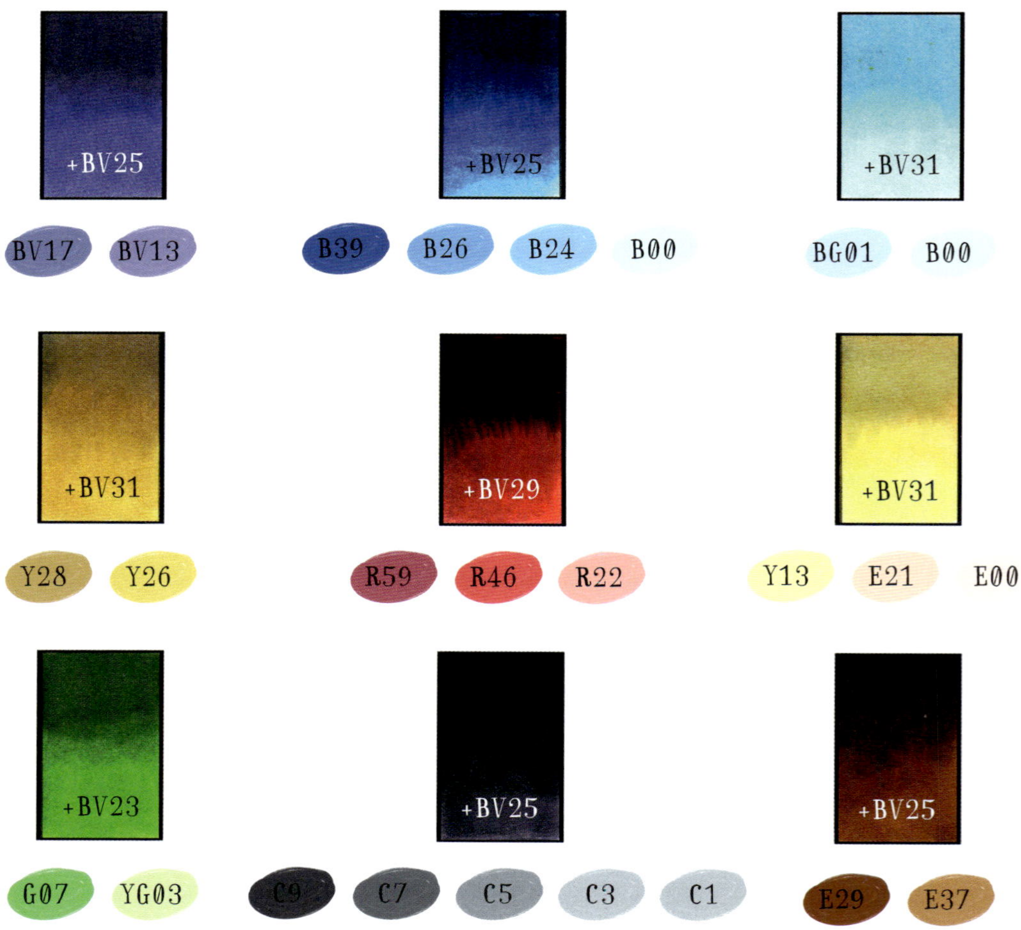

Hautfarben

In puncto Hautfarben gibt es eine besonders große Auswahl geeigneter Farben. Um Ihnen diese zu erleichtern, finden Sie im Folgenden einige Kombinationen, die besonders beliebt sind beim Malen von Haut.

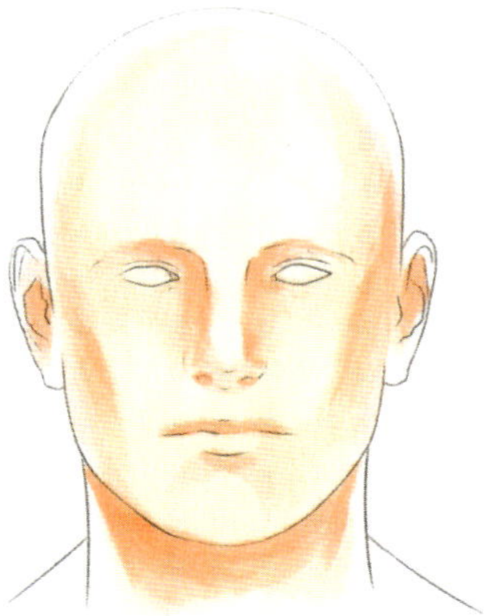

E50 E00 E02

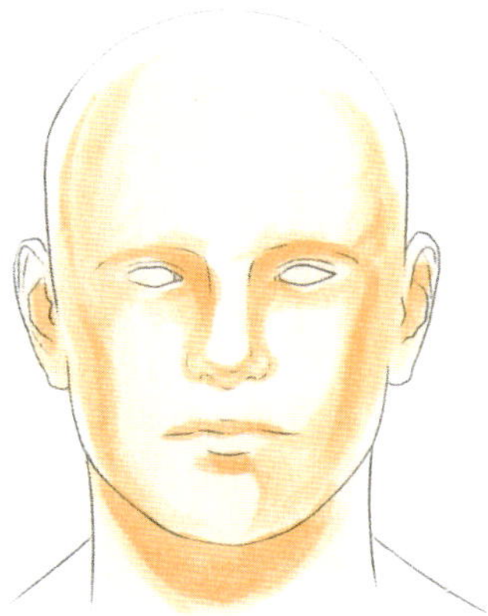

E000 E51 E21

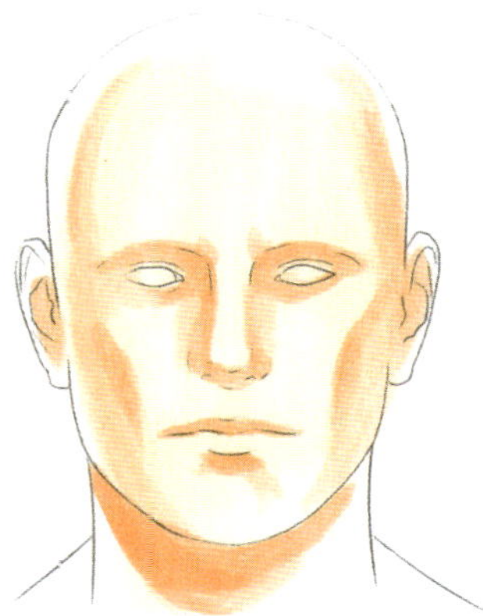

E50 E00 E11

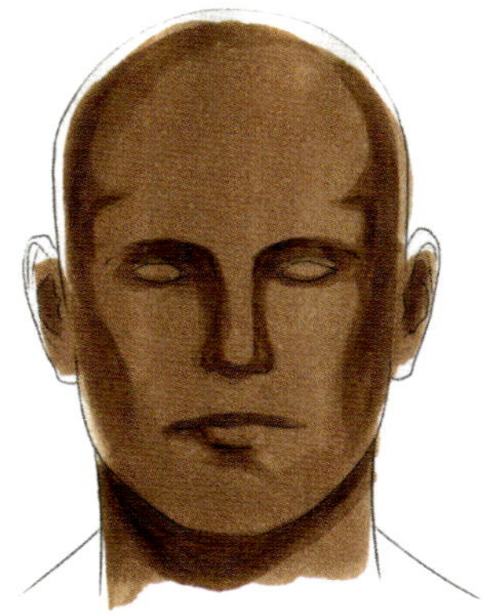

E23 E57 E37

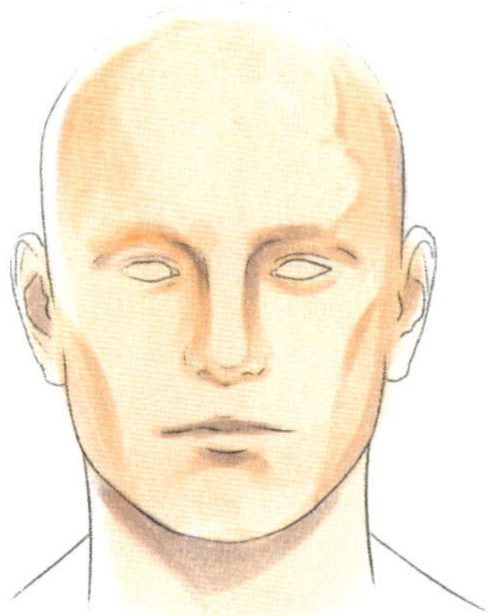

E00 V91

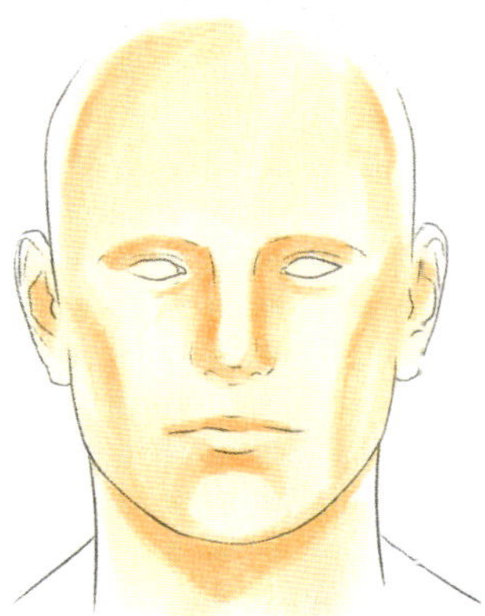

E50 E51 E53

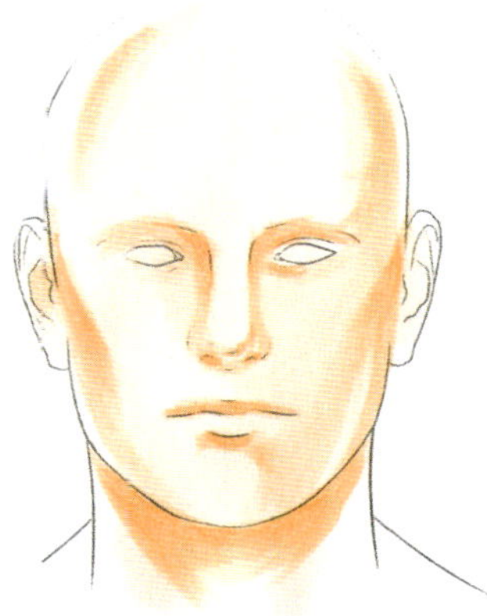

E000 E00 YR01

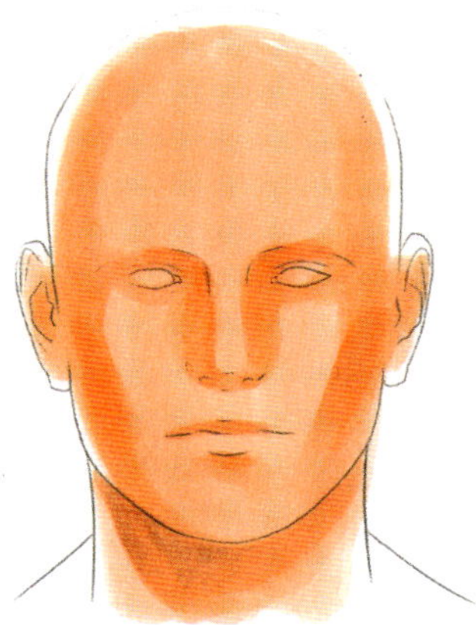

E02 E21 E13

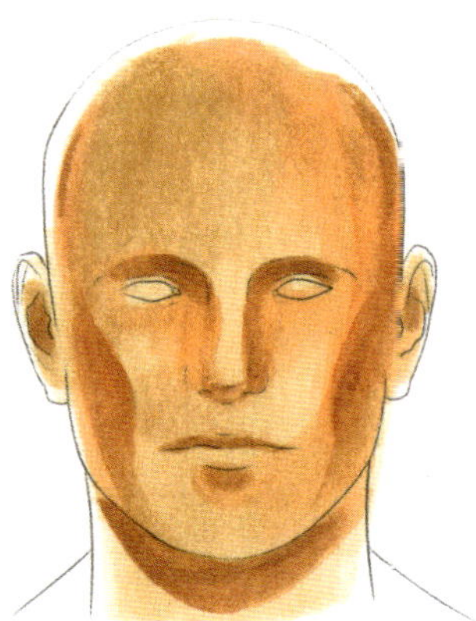

E31 E53 E11

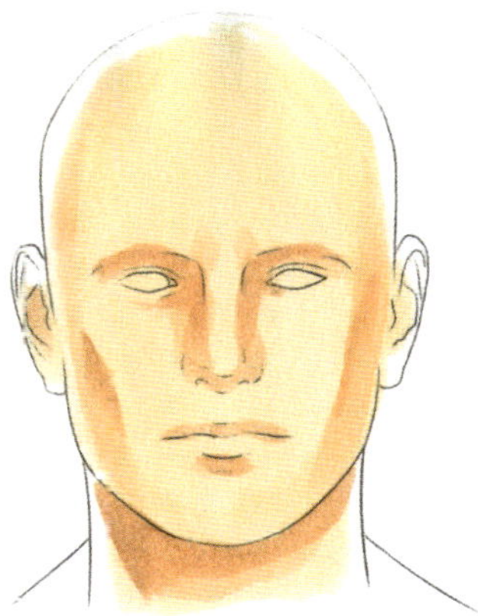

YR20 E00 E21

Grundlegende Techniken

Bevor Sie sich an Ihre erste COPIC Marker Koloration wagen, sollten Sie sich zuerst mit den grundlegenden Techniken beschäftigen. Dies ist besonders wichtig, damit Sie die später gezeigten Techniken erfolgreich umsetzen können. Im folgenden Kapitel finden Sie nicht nur die wichtigsten Techniken, sondern auch Lösungen für Probleme, die besonders häufig COPIC Marker Neulinge betreffen.

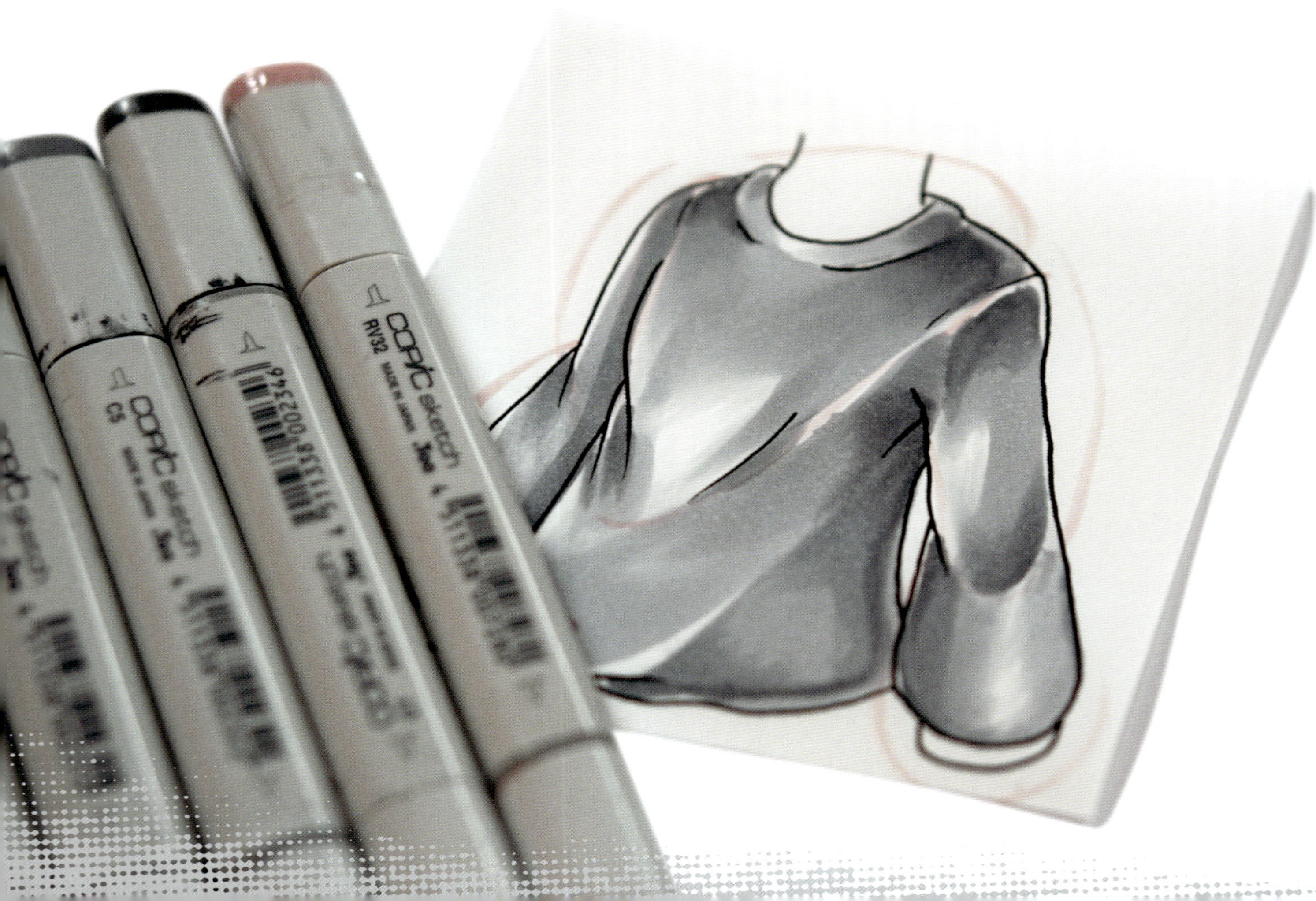

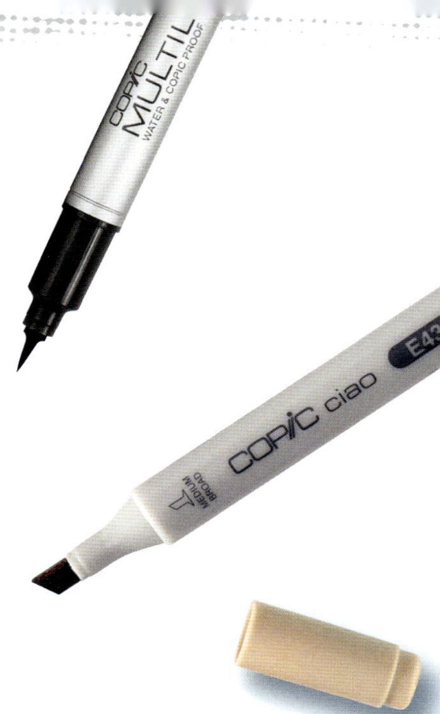
COPIC MULTIL
WATER & COPIC PROOF
SUPER BRUSH
E43
COPIC ciao
MEDIUM BROAD

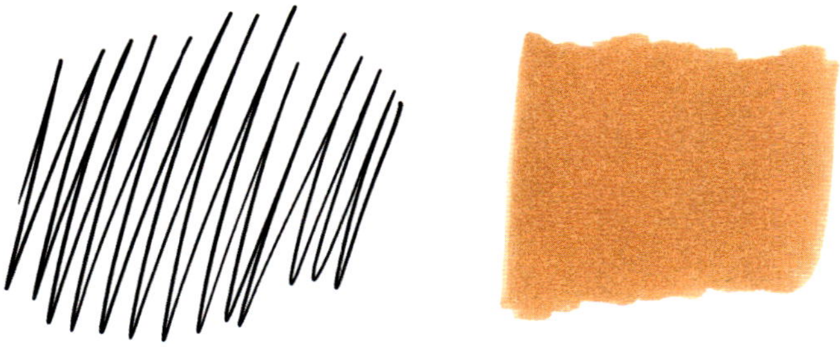

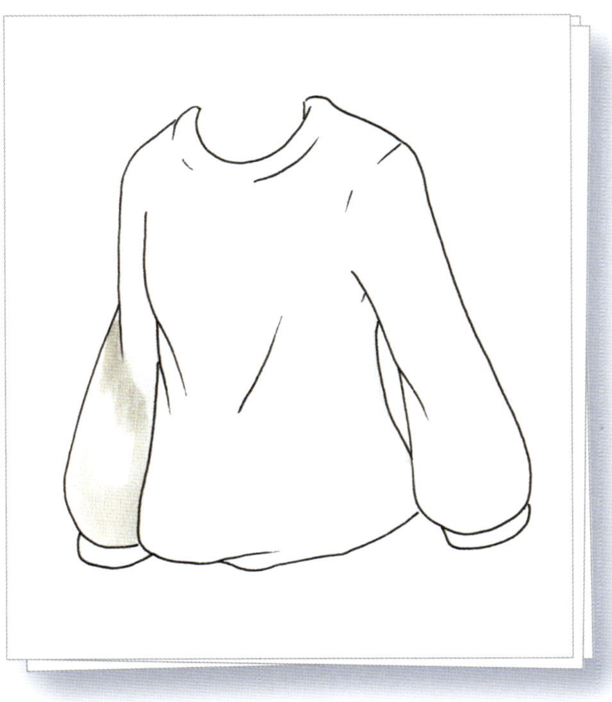

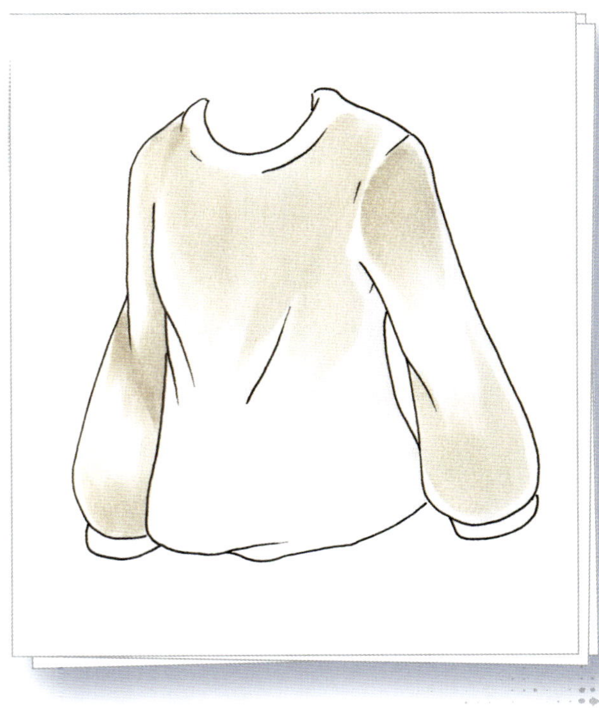

Gleichmässiger Farbauftrag

Den meisten COPIC Marker Einsteigern fällt zu Beginn vor allem eines schwer: ein gleichmäßiger Farbauftrag. Egal was man tut, das Ergebnis wirkt irgendwie streifig. Das kann gerade am Anfang frustrierend sein. Doch keine Sorge, ein gleichmäßiger Farbauftrag ist eine Frage der Technik und kann mit ein wenig Übung schnell gemeistert werden.

Wie entstehen „Streifen"?

Zuerst ist es wichtig, dass Sie verstehen, wie es zu diesen „Streifen" überhaupt kommt. Im Gegensatz zu einem Filzstift wird beim Zeichnen mit einem COPIC Marker nicht mit jedem Strich die gleiche Menge an Farbe auf das Papier abgegeben.

Je länger man auf einem Punkt ruht und je stärker der Druck ist, desto mehr Farbe nimmt das Papier auf. Nur mit einem einzigen COPIC Marker können Farbverläufe erzeugt werden!

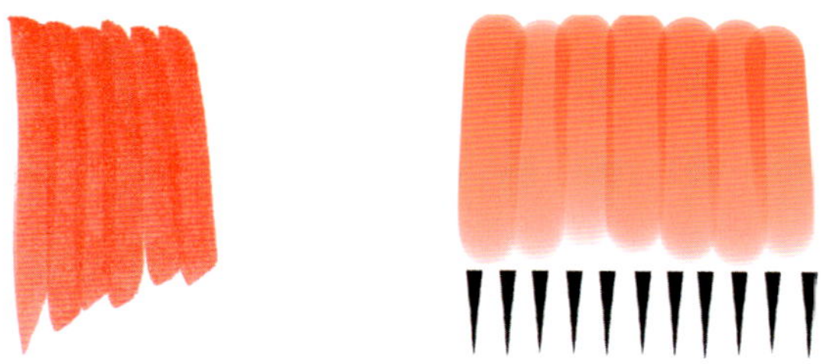

Wenn Sie beim Zeichnen viele Striche nebeneinander setzen, die nur wenig überlappen, entstehen in den Berührungsbereichen Streifen, da in diesen mehr Farbe aufgetragen wurde.

TIPP

Vermeiden Sie es, in unterschiedliche Strichrichtung zu arbeiten!

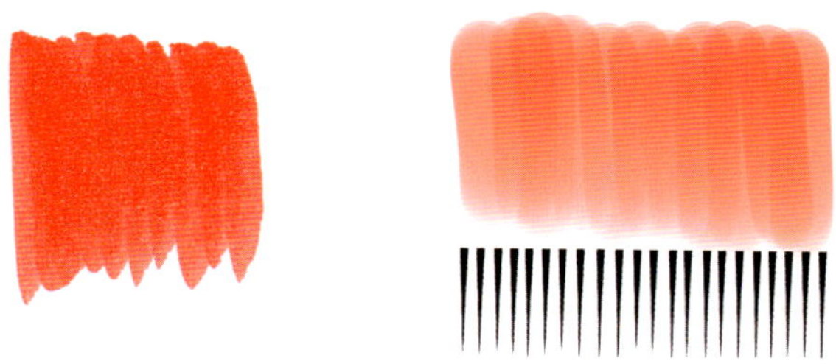

Um diese Streifen zu vermeiden, muss man die Abstände der einzelnen Striche zueinander verkleinern.

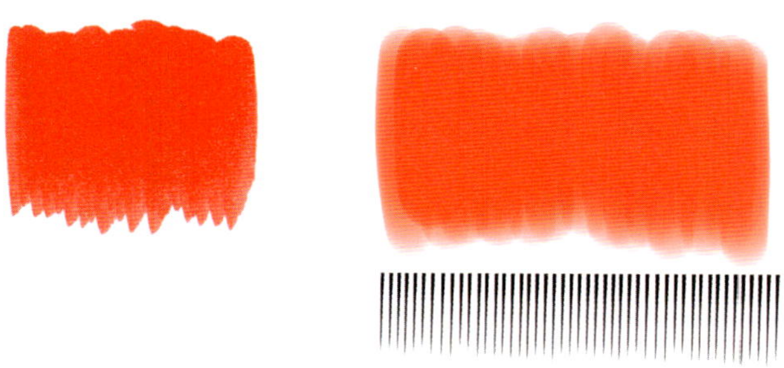

Je geringer der Abstand, desto größer der Überlappungsbereich und desto gleichmäßiger der Farbauftrag.

Eine Frage der Haltung

Ein gelungener Farbauftrag hängt nicht nur von der Strichtechnik, sondern auch von der richtigen Haltung des Markers ab. Einsteiger neigen gerne dazu, diesen sehr verkrampft zu halten.

Den COPIC Marker hält man am besten wie einen Füller in einem 45°-Winkel. Achten Sie darauf, den Marker „locker" zu halten und nicht zu verkrampfen. Am besten hält man den Stift im unteren Drittel des Markers. Die Finger sollten bis zum Verschluss des Markers reichen (dort wo Kappe und Hals einander verschließen).

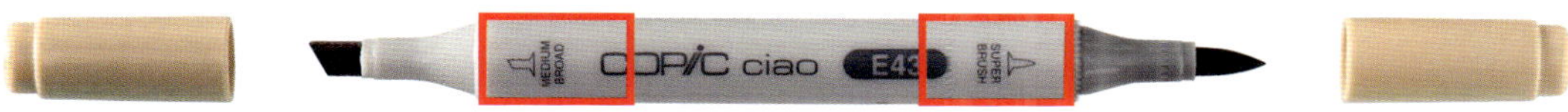

Auf diese Weise können Ihre Finger den Marker locker bewegen, ohne dass sich Ihr Arm mitbewegt.

Durch den 45°-Winkel wird die Fläche der Marker/Brush Spitze maximal ausgenutzt.

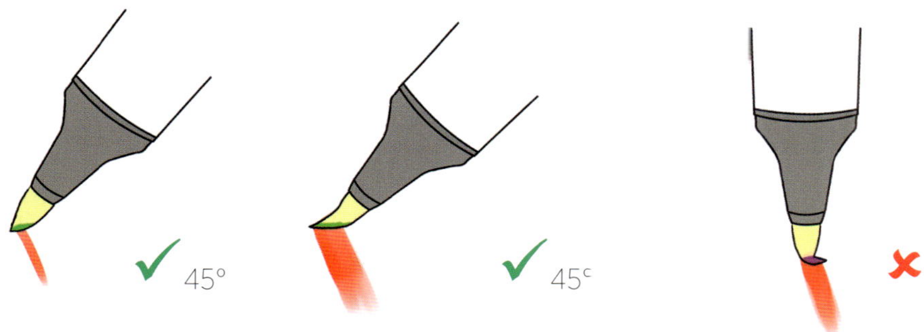

Sie sollten es auf alle Fälle vermeiden, Ihre COPIC Marker zu steil zu halten und mit „Gewalt" zu arbeiten. Andernfalls knickt die Spitze ab und muss nach kurzer Zeit ausgetauscht werden.

Wenn man den COPIC Marker zu weit oben hält, hat man nur wenig Kontrolle. Dadurch sind präzises Arbeiten sowie ein gleichmäßiger Farbauftrag nahezu unmöglich.

Natürlich bedarf dies einiger Übung und jeder COPIC Einsteiger sollte zuerst den gleichmäßigen Farbauftrag meistern, bevor er sein erstes richtiges Bild koloriert.

Der Blender

Viele Anfänger glauben, dass das Zaubermittel für einen gleichmäßigen Farbauftrag der Blender ist. Das ist ein Irrtum!

Was ist der Blender?

Der Blender ist ein farbloser COPIC Marker. Er enthält dieselbe Flüssigkeit wie alle anderen COPIC Marker nur ohne Farbpigmentzusatz. Das bedeutet, dass der Blender nichts anders kann als jeder andere COPIC Marker.

Wozu verwendet man den Blender?

Der Einsatz vom Blender hängt vom Papier ab. Auf Layoutpapieren hat der Blender eine ähnliche Funktion wie das Wasser beim Aquarell. Solange die Farbe noch nass ist, kann man sie mit dem Blender ziehen und vermalen.

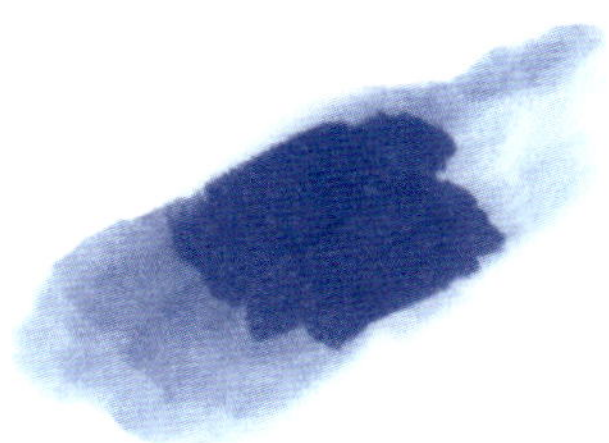

Je pigmentreicher (dunkler) die Farbe, desto besser funktioniert das Vermalen.

Nachdem die Farbe allerdings getrocknet ist, hat der Blender – je nach Papier – kaum noch einen Effekt.

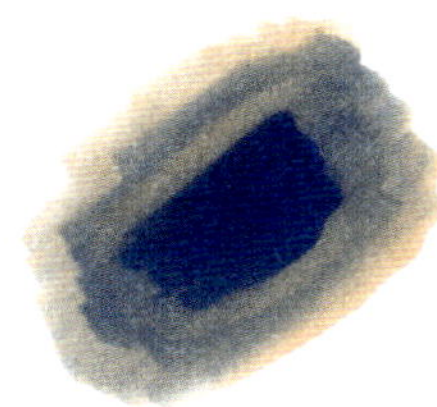

Natürlich kann man so Farbverläufe erzeugen, zu einem schöneren Ergebnis kommt man jedoch, wenn man mit einer helleren Farbe arbeitet. Solange dunkle Farben noch nass sind, kann man sie mit einem helleren Marker verwischen.

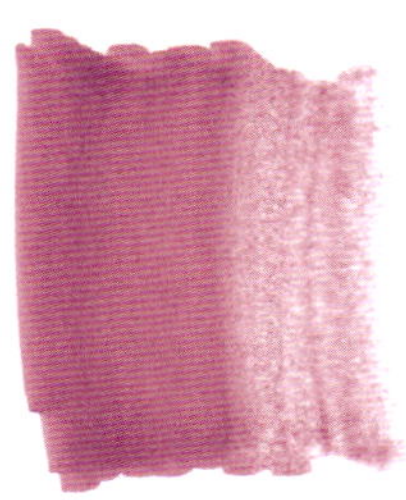

So kann der Blender auf Papiersorten wie dem Perfect Colouring in geringem Maß als Fehlerkorrekturstift verwendet werden oder um interessante Effekte zu erzeugen. Der Blender ist also kein Zauberstift und daher kein Muss. Sein Nutzen hängt von der eigenen Zeichentechnik und -vorliebe ab.

Im Abschnitt Farbverläufe (Seite 36) finden Sie eine Beschreibung, wie man mit hellen Farben Farbverläufe erzeugt.

Eine andere Methode besteht darin, ähnlich wie beim Aquarell, die Fläche mit einem Blender zu grundieren. Wenn man dann nass in nass arbeitet, fließen die Farben leichter ineinander.

Auf starken Papiersorten, wie dem Perfect Colouring Papier, wirkt der Blender völlig anders. Hier hat er einen ähnlichen Effekt wie ein Tintenkiller. Der Blender löst die Farbe an. Geht man dann in mehreren Schichten mit dem Blender über die Farbe, kann man sie sozusagen „löschen". Natürlich klappt das nur bis zu einem gewissen Grad und bei pigmentreichen Farben ist der Löscheffekt auch geringer.

Strichtechniken

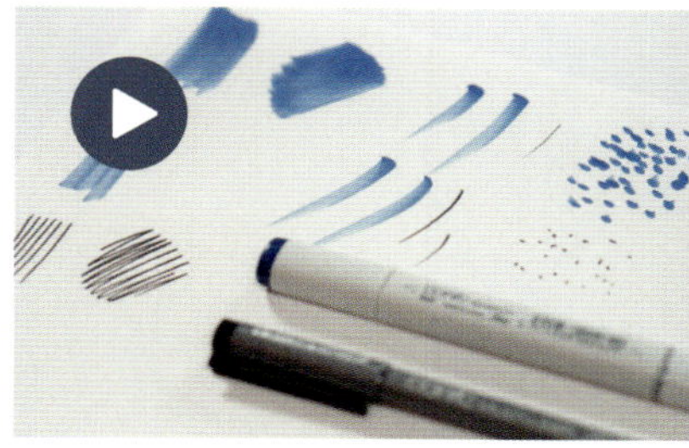

Es gibt vier grundlegende Strichtechniken, die Sie beherrschen sollten, bevor Sie mit dem Kolorieren mit COPIC Markern beginnen.

Der Linearstrich

Der lineare Strich ist die grundlegendste Technik und ermöglicht einen gleichmäßigen Farbauftrag. Besonders wichtig ist es, einen möglichst kleinen Abstand zwischen den einzelnen Strichen zu lassen und zügig in eine Richtung zu arbeiten. Dabei können Sie entweder im Zickzackmuster vorgehen (Abbildung rechts) oder in parallelen Linien (Abbildung oben) arbeiten.

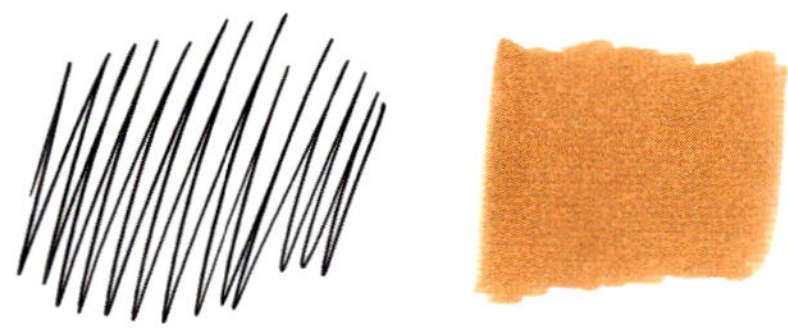

Der Federstrich

Mit dieser Technik können Sie mit einem einzigen Strich einen Farbverlauf erzeugen. Er ist besonders nützlich beim Schattieren und Kolorieren von Feinheiten.

Beim Federstrich beginnen Sie mit viel Druck, den Sie dann kontinuierlich reduzieren. Der Strich sollte möglichst breitflächig sein und locker aus der Hand erfolgen. Am besten eignet sich dafür die Pinselspitze des COPIC sketch oder ciao.

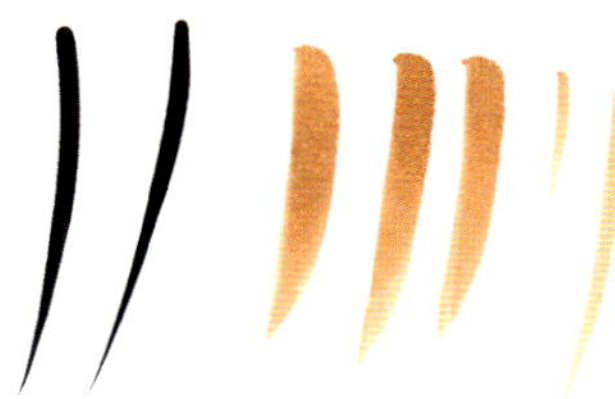

Der Kreisstrich

Beim Kreisstrich wird eine Linie in kleinen Kreisen bzw. Spiralen fortgeführt. Diese Technik eignet sich hervorragend für Strukturen. So lassen sich damit z. B. Locken, Wolken, Watte etc. darstellen.

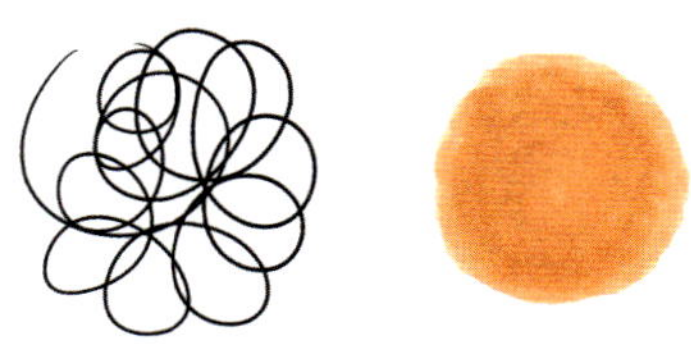

Der Konfettistrich

Der Konfettistrich besteht aus vielen kleinen Punkten. Bitte üben Sie dabei keinen starken Druck aus, da Sie sonst die Spitze beschädigen. Diese Technik eignet sich z. B. für das Zeichnen von Bäumen, Kies, Fell und vieles andere.

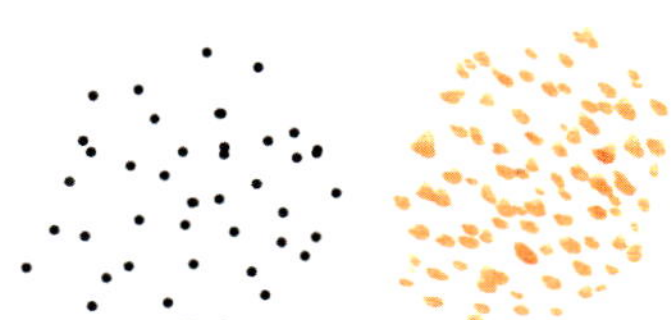

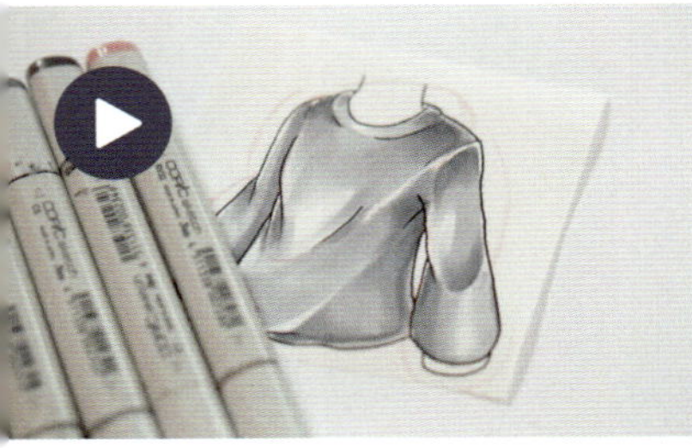

Flächen kolorieren

Auch wenn man weiß, wie man Farbe gleichmäßigt aufträgt und welche Strichtechniken es gibt, kann es einem dennoch schwer fallen, große Flächen ebenmäßig zu kolorieren. Das Problem an großen Flächen sind oft Details, ungleichmäßige Formen, Unterbrechungen usw., die einen gleichmäßigen Farbauftrag erschweren. Hinzu kommt, dass man den gesamten Arm einsetzen müsste, um ein DIN-A4-Blatt mit einer Farbe ebenmäßig zu kolorieren. Trotzdem würde man kein perfektes Ergebnis erzielen, da man mit dem Marker oft nur kleine Bereiche gleichmäßig abdecken kann.

Wie schafft man also einen gleichmäßigen Farbauftrag? Nutzen Sie Unebenheiten!

Es ist nahezu unmöglich, mit COPIC Markern eine Fläche zu 100 % ebenmäßig zu kolorieren. Aber das ist auch selten notwendig, da es kaum Flächen gibt, die keine Muster, Störungen, Schatten etc. haben.

Der Trick beim Kolorieren mit COPIC Markern: Machen Sie sich Unebenheiten zunutze, wie Sie im folgenden Beispiel sehen können!

INFO

Falls Sie einmal aus Versehen die Konturen Ihres Bildes übermalen, lässt sich dies leicht korrigieren. Mit einem weißen Gelliner oder COPIC Opaque White können Sie kleine Schnitzer problemlos ausbessern. Allerdings sollte man übermäßigen Gebrauch vermeiden, da korrigierte Stellen nicht mehr übermalbar sind.

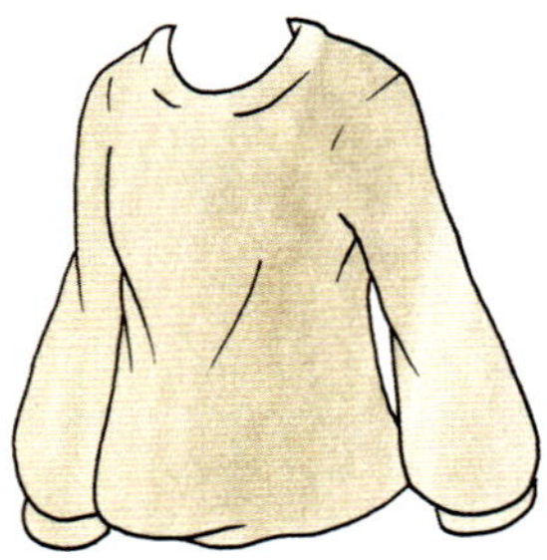

Hier ist der Pullover möglichst ebenmäßig grundiert. Das ist zum einen aufgrund der unregelmäßigen Form äußerst schwierig, zum anderen bedeutet es unnötige Mühe, da Sie später Schatten anlegen müssen.

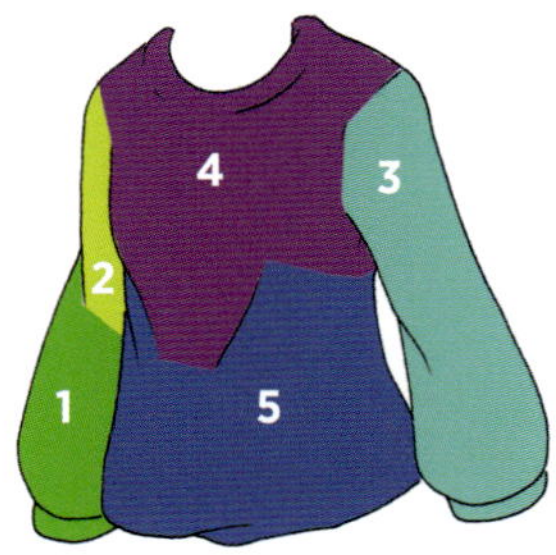

Einfacher ist es, den Pullover in kleine Abschnitte aufzuteilen.

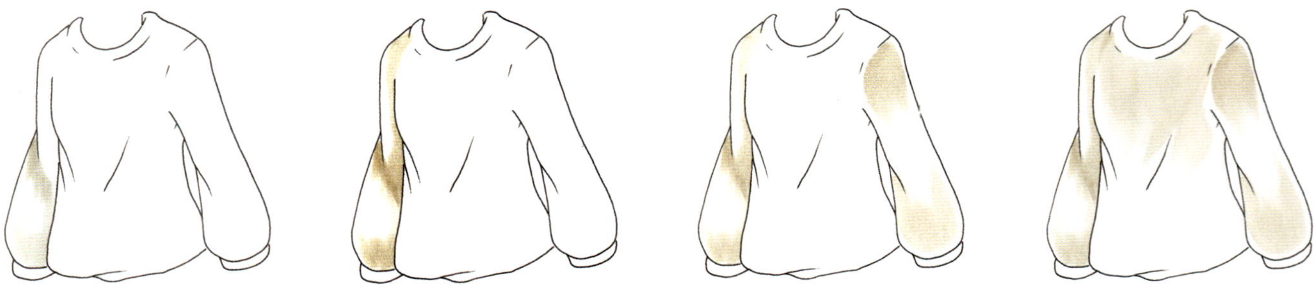

Arbeiten Sie von Anfang an mit der Form und arbeiten Sie Schatten und Tiefen heraus. So kann man den Marker auch einmal absetzen und sich in Ruhe vorarbeiten. Sollte trotzdem ein „Streifen" entstehen, kann dieser mit Hilfe von Falten oder Schatten kaschiert werden.

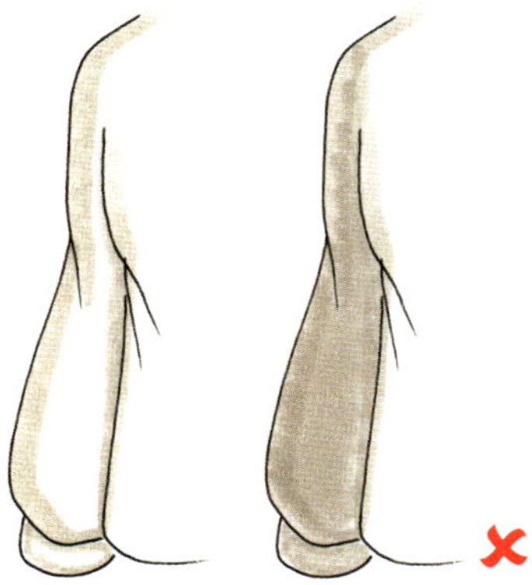

Beispiel 1

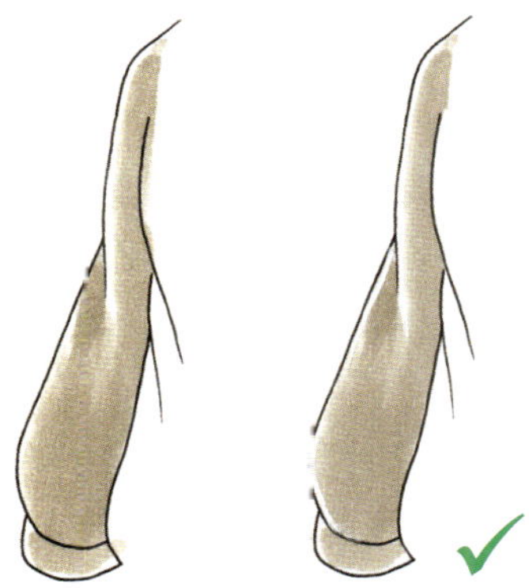

Beispiel 2

TIPP

Einsteiger ziehen gerne einen Rand um die Konturen, damit sie diese nicht übermalen. Das sollten Sie keinesfalls tun, da die Kolorierung sonst leicht schmutzig wirkt (Beispiel 1). Lassen Sie lieber etwas Abstand zum Rand oder korrigieren Sie kleine Fehler mit dem COPIC Opaque White oder einem Gelliner (Beispiel 2).

Airbrush und Ink Absorber

Airbrush oder der Ink Absorber sind das Mittel der Wahl für große einfarbige Flächen. Wenn Sie stattdessen Flächen aussparen möchten, decken Sie diese mit Maskierfolie ab. Sobald Sie fertig sind, können Sie die Folie einfach abziehen. Diese Methode ist natürlich nur für sehr großflächige Bildelemente wie Hintergründe oder Großformate geeignet. Mehr dazu finden Sie im Kapitel Mixed Media (Seite 100 ff.)

INFO

Koloriert man helle Farben, die an dunkle angrenzen, kann man beim Auftragen der helleren Farben ruhig sorglos arbeiten und über die Konturen hinausgehen, da diese später von der dunklen Farbe verdeckt werden.

Farbreihenfolge

Die Reihenfolge, in der man die Farbe aufträgt, spielt bei COPIC Markern eine große Rolle.

Dunkle Farben haben mehr Pigmente und „verschmieren" deswegen leichter. Kommt eine helle mit einer dunklen Farbe in Kontakt, kann es passieren, dass man Pigmente der dunkleren Farbe in die helle Farbfläche zieht und sie so verschmutzt.

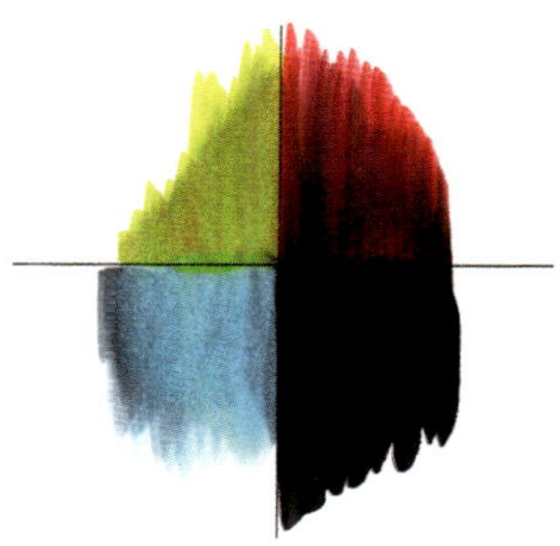

Hier wurde zuerst Schwarz, dann Rot, Hellgrün und Hellblau aufgetragen.

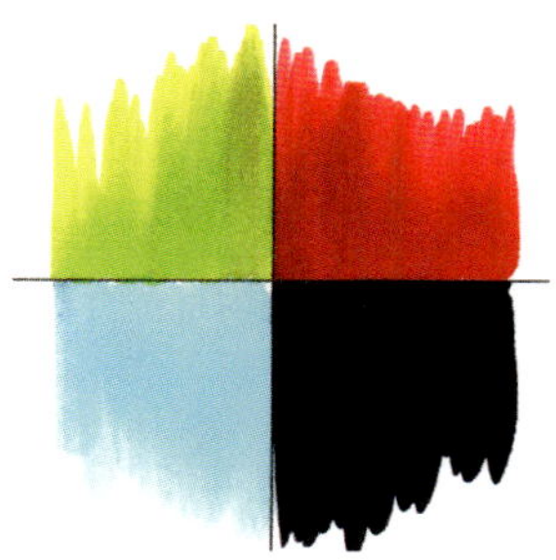

Hier wurde zuerst Hellblau, dann Hellgrün, Rot und zum Schluss Schwarz aufgetragen.

Zuerst sollte man überlegen, welche Bereiche sich überlappen, und mit den hellsten Bereichen beginnen.

Achten Sie darauf, dass die Farbe vor dem nächsten Auftrag durchgetrocknet ist und dass Sie wirklich zufrieden mit der Farbgebung sind. Denken Sie daran, dass die Farbe beim Trocknen aufhellt! Haben Sie erst einmal mit dem angrenzenden dunkleren Bereich begonnen, ist eine Farbkorrektur der helleren Fläche riskant. Vor allem bei Bereichen, die stark ineinandergreifen wie Gesicht und Haare, müssen Sie sehr vorsichtig sein. Man darf also nicht planlos vorgehen, sonst ist leicht das ganze Bild ruiniert.

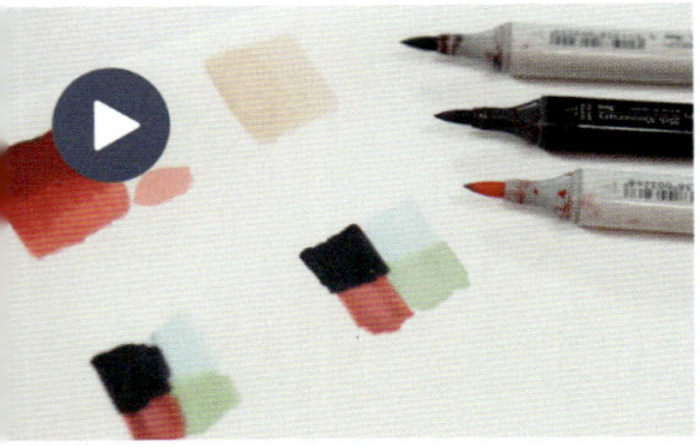

Farbverläufe

Es gibt zwei Techniken, um einen Farbverlauf zu erzeugen: Von Hell nach Dunkel und von Dunkel nach Hell.

„Hell-nach-Dunkel"-Technik

Bei der einfacheren Technik beginnen Sie mit der hellsten Farbe für die Grundierung und werden dann Schicht für Schicht dunkler. Diese Technik bietet sich vor allem zum Schattieren und bei helleren Farbtönen an.

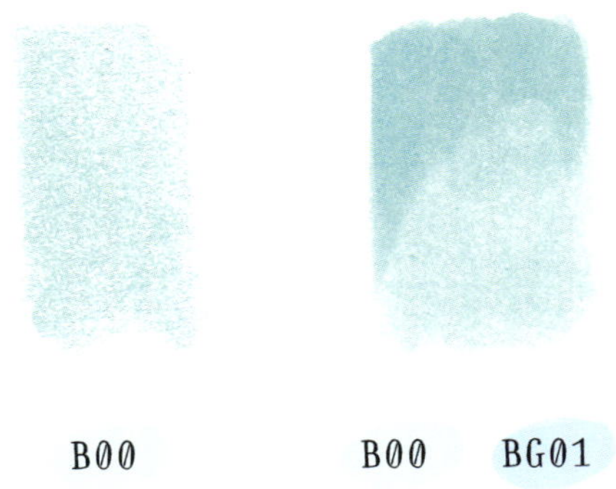

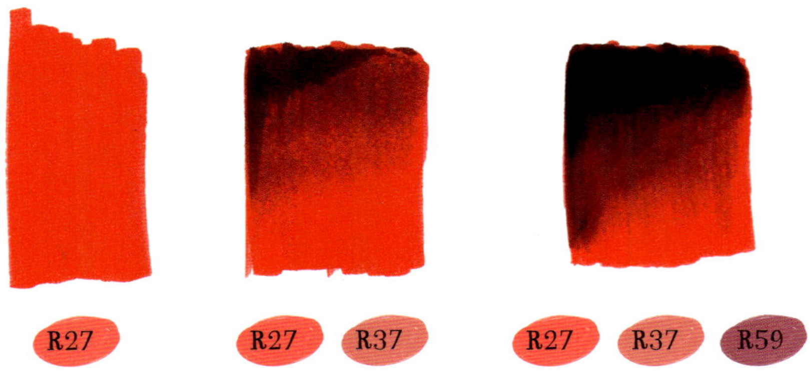

Hier wurde die gesamte Fläche zuerst mit R27 grundiert, danach mit R37 und anschließend mit R59 schattiert.

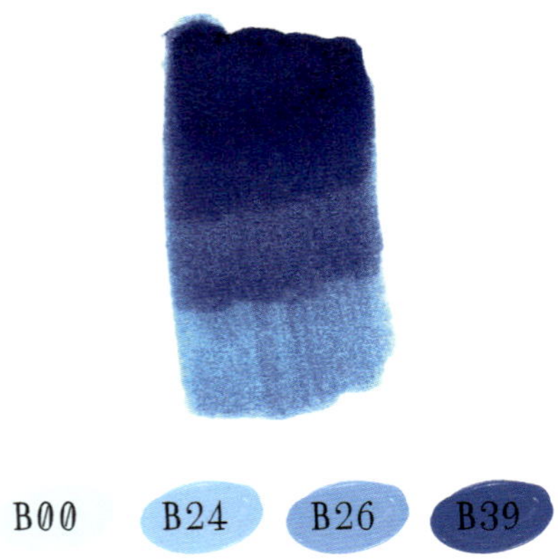

Falls man keine perfekte Farbabstufung gewählt hat, kann es mit pigmentreicheren Tönen schwierig werden, einen weichen Farbverlauf zu erzeugen. Sehen Sie selbst! Dieser Farbverlauf wirkt in der Hell-nach-Dunkel-Technik nicht sehr harmonisch.

„Dunkel-nach-Hell"-Technik

Von dunkel nach hell ist um einiges schwieriger. Diese Technik funktioniert nur bei sehr pigmentreichen bzw. dunklen Farben, führt aber zu weicheren und brillanteren Farbübergängen. Außerdem wichtig: Hier müssen Sie unbedingt nass in nass arbeiten, sonst funktioniert es nicht!

Zuerst mit der dunkelsten Farbe im gewünschten Ausgangsbereich beginnen. Danach kommt ein hellerer Farbton. Wichtig ist, dass man wieder im Ausgangsbereich startet und über den dunklen Farbton geht. Dieser wird dann in eine Richtung, in diesem Fall nach unten, gezogen. Dann folgt die nächste Farbe. Auch hier ist wichtig, dass man wieder im Ausgangsbereich startet, die beiden vorherigen Farben abdeckt und darüber hinaus in eine Richtung arbeitet. Achten Sie darauf, in der richtigen Farbreihenfolge zu arbeiten.

In diesem Fall lautet die Reihenfolge: von B39 (dunkelste), B26, B24 (mittlere) nach B00 (hellster Farbton) und von R59, R37, R27 nach R22. Zudem sollte der hellste Farbton pastellfarben sein. Ist die Farbe zu kräftig, überdeckt sie die anderen und es entsteht ein sehr „harter" Farbverlauf.

Diese Technik ähnelt dem Malen mit Wasserfarben, bei der ein Farbklecks aufgetragen und mit Wasser ausgeweitet wird.

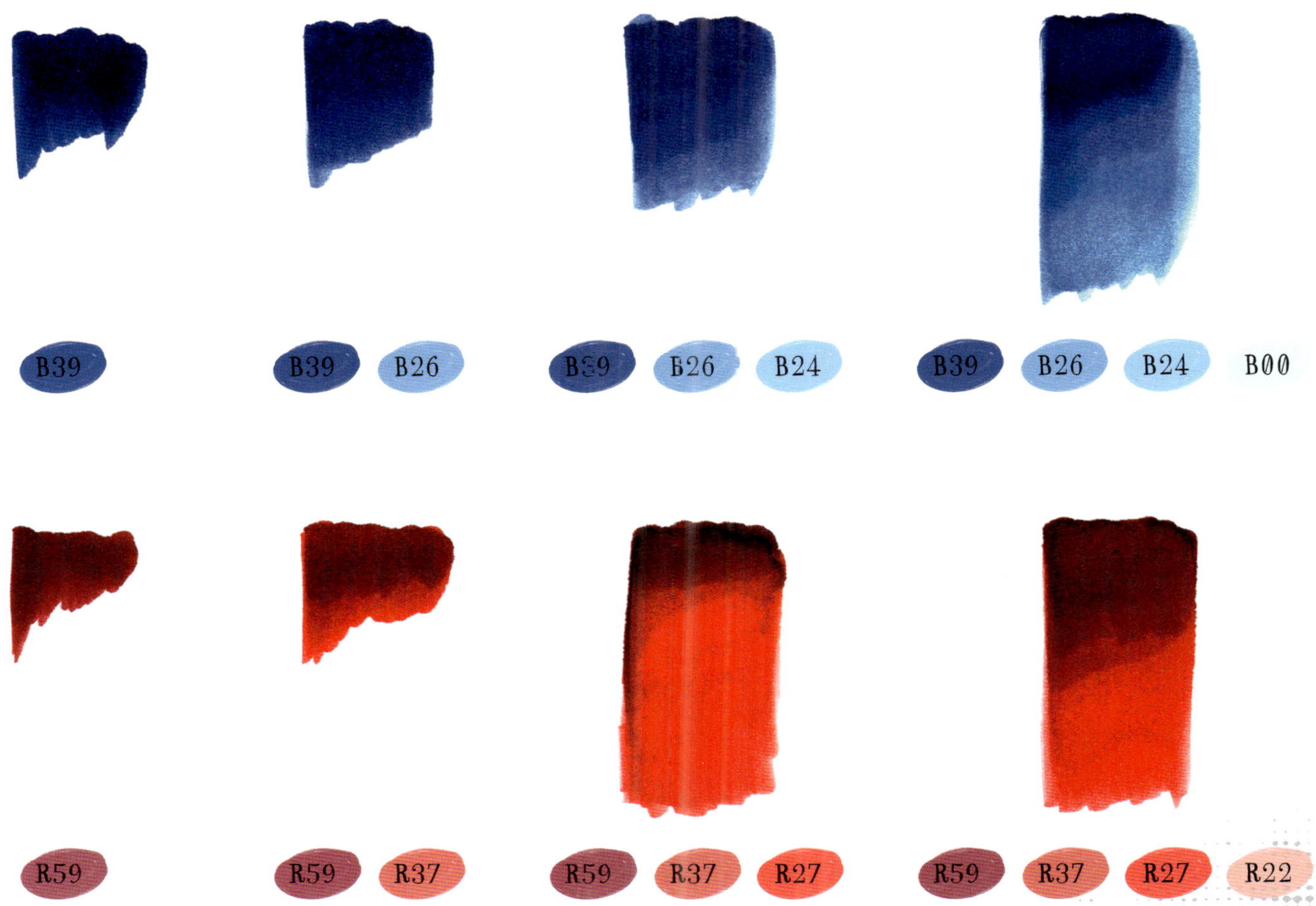

Farben mischen

Im Gegensatz zu gewöhnlichen Filzstiften lassen sich die Farben von COPIC Markern mischen, ohne schmutzig zu wirken. Dabei gelten die Regeln der Farblehre:
Blau und Gelb ergibt Grün, Rot und Blau Violett usw.
Im Folgenden finden Sie nicht nur einige Beispiele für Farbmischungen, sondern auch Möglichkeiten der Schattierung mit anderen Farbgruppen.
So lässt sich zum Beispiel der Goldfarbton Y28 hervorragend mit BV23 schattieren, YG03 mit W3 und Gelbtöne, wie Y13 mit Hautfarben, wie z. B. YR01.
Es lohnt sich also, zu experimentieren.

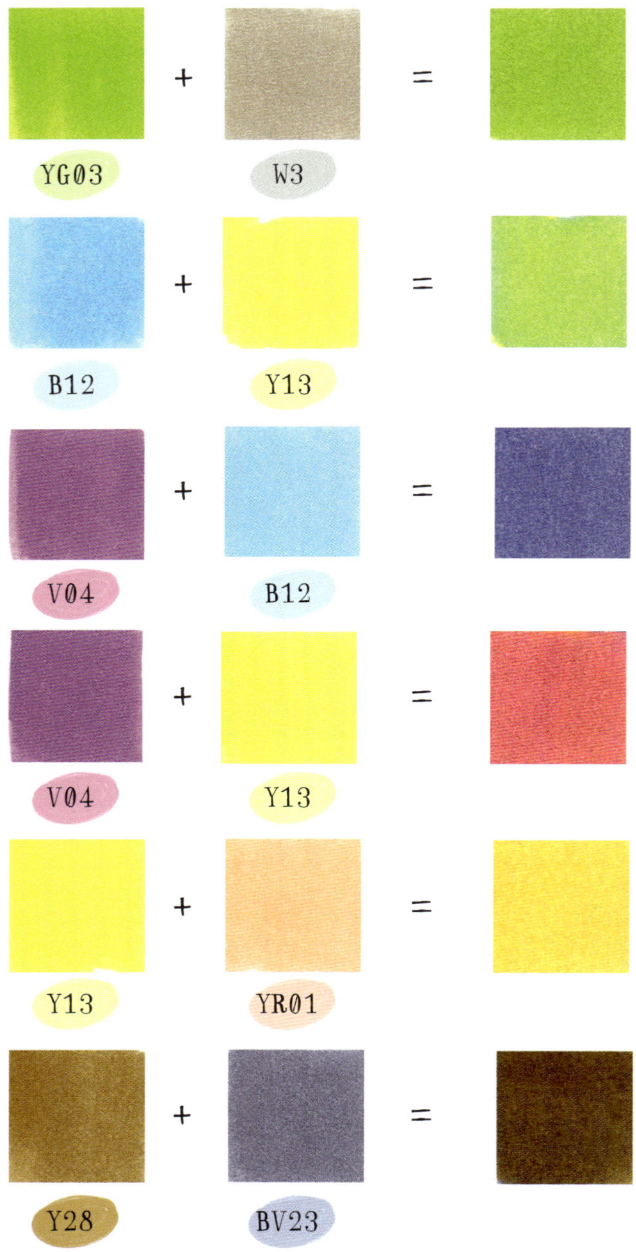

Farben zu mischen und zu kombinieren, ist vor allem dann notwendig, wenn die eigene COPIC Marker Sammlung noch nicht so umfangreich ist. So können z. B. Grautöne ein sehr hilfreiches Werkzeug sein, wie in diesem Beispiel zu sehen ist:

INFO

Die Farbpalette von COPIC Markern ist mit 358 Farben sehr umfangreich. Falls Sie jedoch einen ganz bestimmten Farbton benötigen, der nicht angeboten wird, können Sie diesen mithilfe von leeren VARIOUS INKs und Markern selbst kreieren.

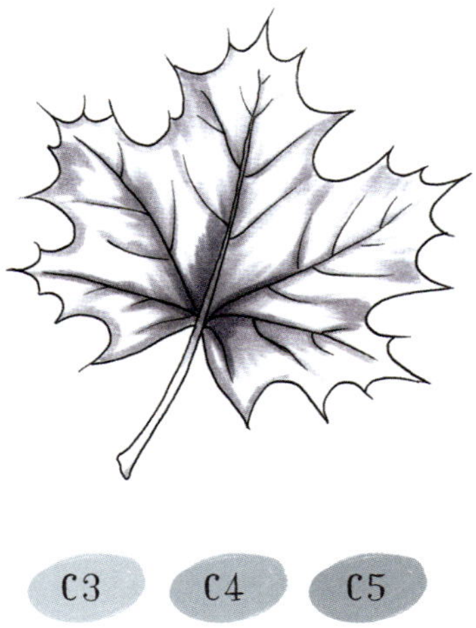

Zuerst das Blatt mit C3–C5 schattieren.

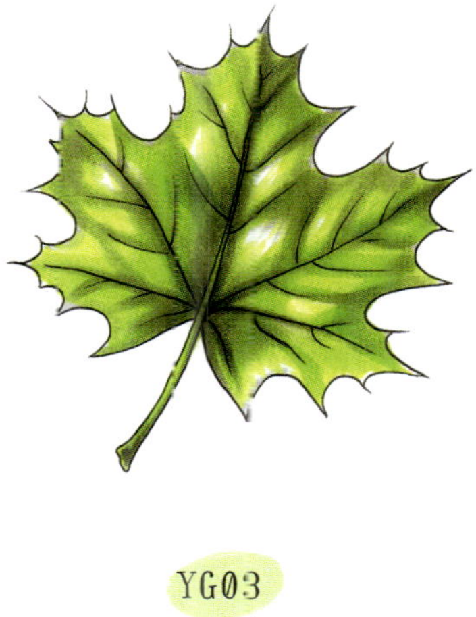

Danach YG03 mit Hilfe der Federtechnik auftragen.

Konturen

Zum Konturenziehen und für grafische Arbeiten werden Fineliner verwendet. Allerdings ist nicht jedes Finelinermodell COPIC Marker tauglich. So verwischen Fineliner, die nicht wasserfest sind.

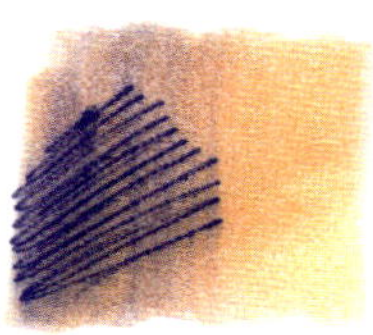

Kugelschreiber, übermalt mit COPIC Marker.

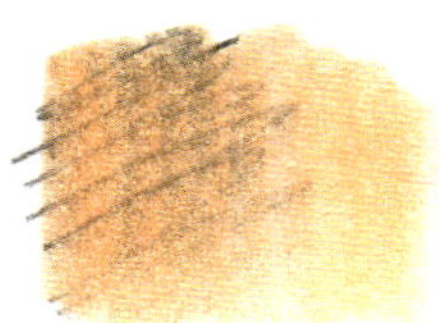

Bleistift, übermalt mit COPIC Marker.

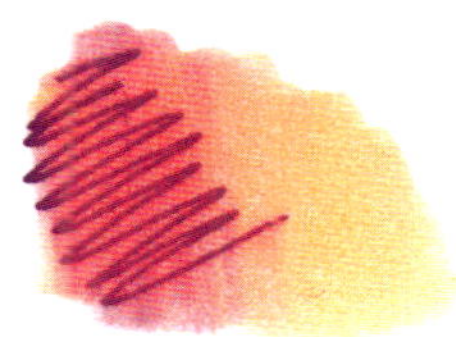

Wasserlöslicher Fineliner, übermalt mit COPIC Marker.

Auch Kugelschreiber und Bleistifte sind nicht zum Linienzeichnen geeignet. Am besten verwendet man COPIC Multiliner, die es in verschiedenen Strichstärken und Farben gibt. Natürlich kann man auch Fineliner anderer Marken einsetzen, allerdings ist darauf zu achten, dass diese wasserfest sind und auf Pigment Ink bzw. Tusche basieren. Andernfalls verwischen die Linien oder bluten aus, sobald sie mit COPIC Markern in Berührung kommen.

Linien ziehen

Am besten halten Sie Multiliner genau wie die COPIC Marker locker in der Hand in einem 45°-Winkel. Achten Sie darauf, möglichst nicht zu verkrampfen und nicht zu fest aufzudrücken, andernfalls geht die Spitze schnell kaputt.

Anfänger neigen gerne zum „Stricheln“, das heißt zu viele kleine Linien zu machen oder zu kantig zu zeichnen. Für saubere Konturen (Outlines) können Sie sich die Formeigenschaft des Motivs zunutze machen: Das bedeutet, Sie müssen die Linien nicht in einem durchziehen. Unebenheiten, Kanten etc. nutzen Sie, um den Stift abzusetzen. Am besten lassen Sie den Strich mit Hilfe des Federstrichs auslaufen. Schließlich denken Sie daran, die Druckstärke zu variieren, damit die Linien „lebendiger“ wirken.

TIPP

COPIC Multiliner gibt es in verschiedenen Farben.

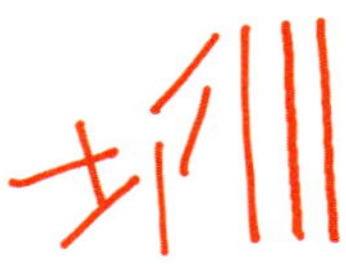

Die roten Linien sind mit konstantem Druck gezeichnet und gehen kreuz und quer. So sollte man keinesfalls Konturen ziehen!

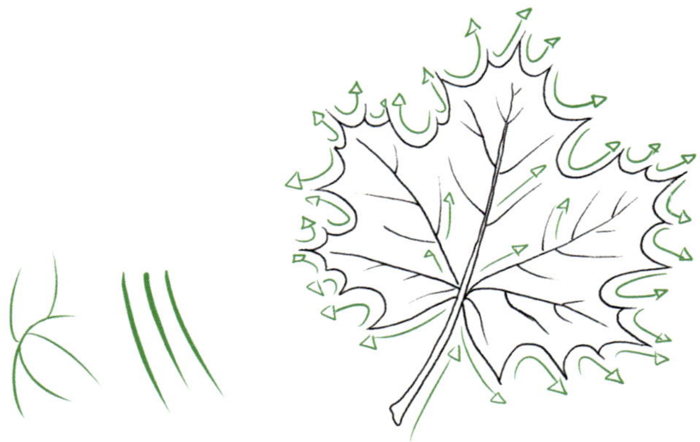

Die grünen Linien zeigen, wie es richtig geht: Nutzen Sie die Federtechnik sowie Eigenschaften der Form. Angrenzende Bereiche sollten einen gemeinsamen Berührungspunkt haben.

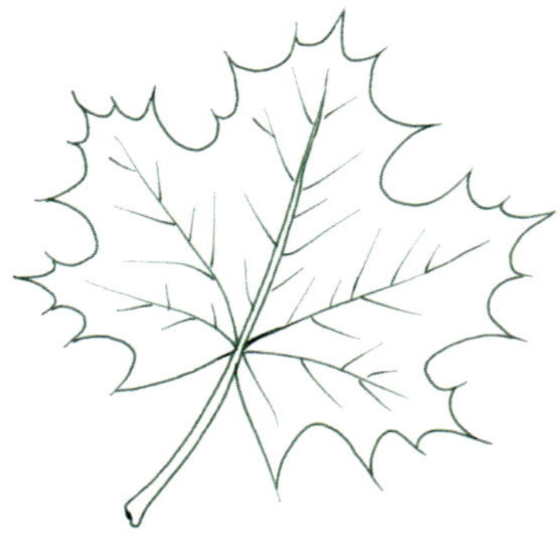

Mit farbigen Konturen wirken die Linien oftmals sanfter und natürlicher.

Negative Beispiele

Kantige Linien

Hier wurde mit konstanter Druckstärke gearbeitet und die Linien in einem Ruck durchgezogen. Besser ist es, die Druckstärke zu variieren und den Stift auch einmal abzusetzen.

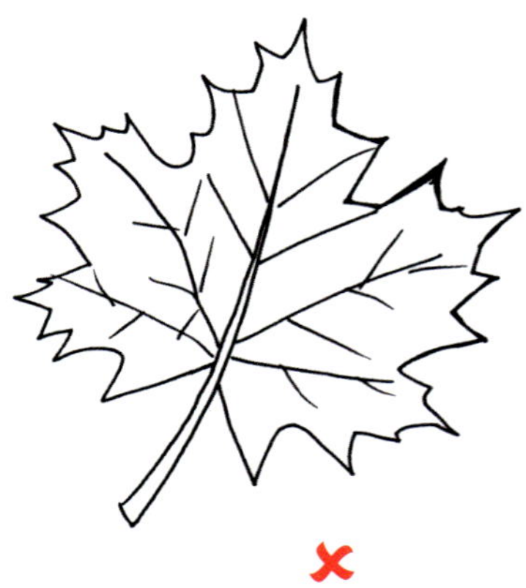

Gestrichelt

Nicht jeder Zeichner mag perfekte Konturen, doch sollten die Linien keinesfalls wie in diesem Beispiel aussehen: Die Linien wurden wenig strukturiert und zusammenhaltlos gezogen. Zudem wurde mit konstanter Druckstärke gearbeitet.

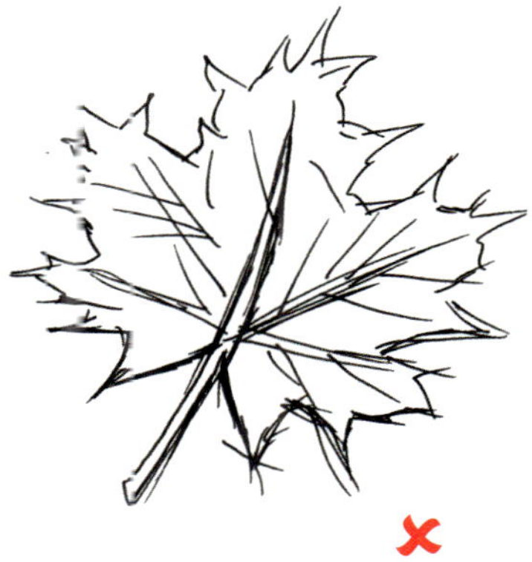

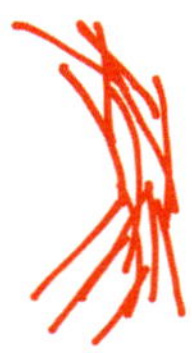

Bei Rot wurde mit konstantem Druck gearbeitet und viele kleine Striche gemacht, die keiner Form folgen. Dadurch wirkt es sehr chaotisch.

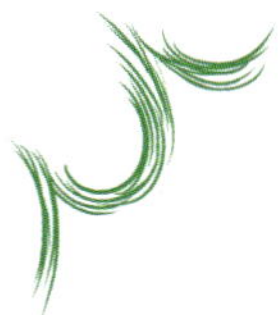

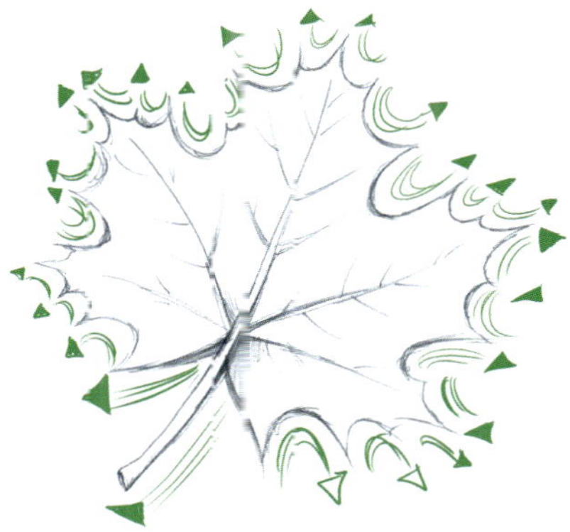

Die grünen Linien zeigen, wie es richtig geht: Kurze Striche mit unterschiedlichem Druck folgen der gleichen Form.

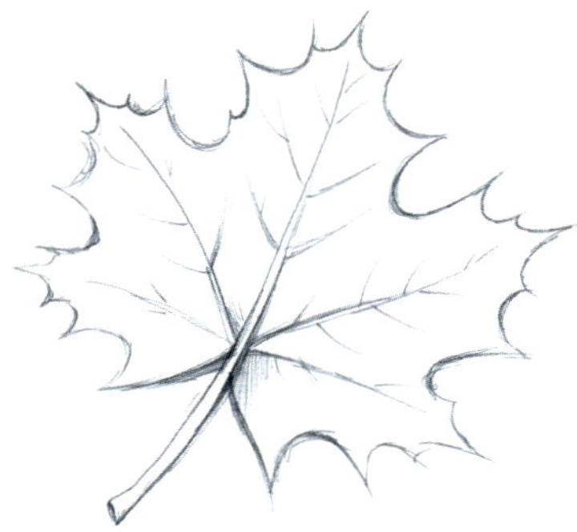

Farbige Multiliner können zudem den Effekt unterstreichen.

Wenn Sie einen skizzenhafteren Stil bevorzugen, können Sie auch kleinere Striche machen. Wichtig ist, dass diese der Form folgen (grüne Pfeile) und eng beieinander liegen. Am besten eignen sich für skizzenhafte Konturen feinere Multiliner (0,05- 0,1).

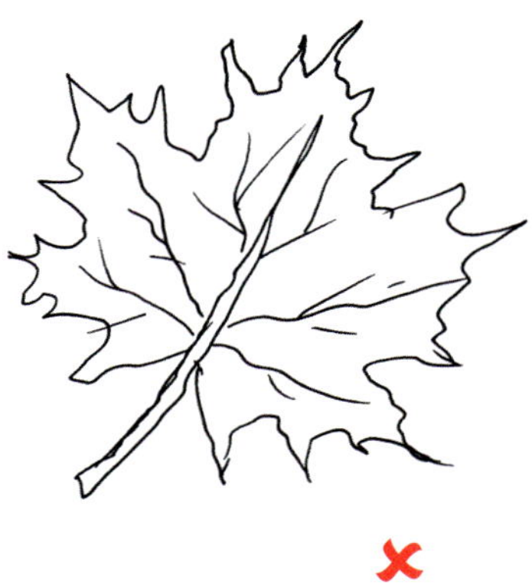

Wackelig

Ungeübten Zeichnern fällt es zu Beginn oftmals schwer, gerade Linien zu ziehen.

Damit die Konturen nicht wackelig wirken, einfach den Stift gelegentlich absetzen und lieber kürzere Striche mit Schwung ziehen.

TIPP

Bevor man die Konturen ausmalt, empfiehlt es sich einige Zeit zu warten. Je nach Papier kann es 3 bis 15 Minuten dauern, bis die Farbe endgültig getrocknet ist. Andernfalls verwischen die Linien und die ganze Arbeit war umsonst.

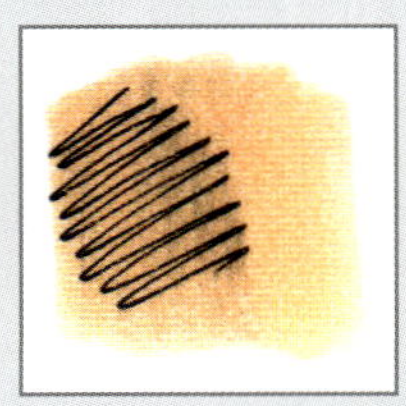

Malen mit COPIC Markern

Sie haben die Grundlagen gemeistert und können es sicherlich kaum erwarten, Ihre ersten COPIC Meisterwerke zu schaffen. Wie bereits im Vorwort erwähnt sind COPIC Marker ein Medium für Künstler aus unterschiedlichsten Bereichen und mit verschiedensten Anforderungen. Die Darstellung von Objekten und Lebewesen kann je nach Stil völlig variieren und so ist das folgende Kapitel keine Anleitung, wie Sie etwas zu zeichnen haben, sondern soll Ihnen als Inspiration und Hilfe für die Darstellung komplexer Themengebiete dienen.

Die folgenden Themen wurden möglichst realistisch und detailreich dargestellt, allerdings sind die Techniken allgemeingültig und können auf jeden Stil angewandt und vereinfacht werden. Ganz wichtig: Für das Bearbeiten dieses Kapitels sollten Sie unbedingt die grundlegenden Techniken (Seite 28 ff.) beherrschen!

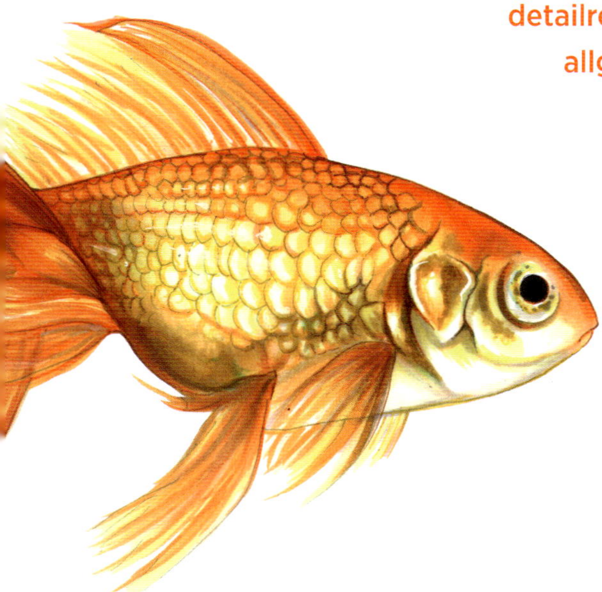

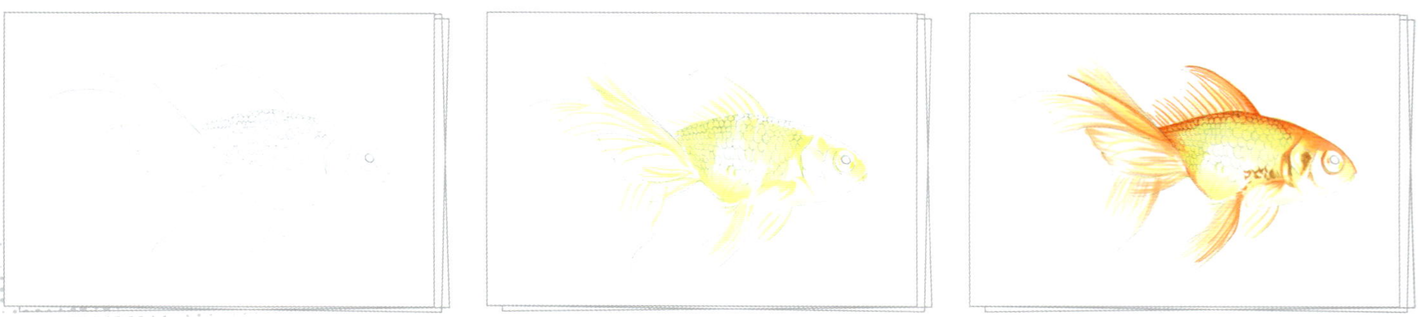

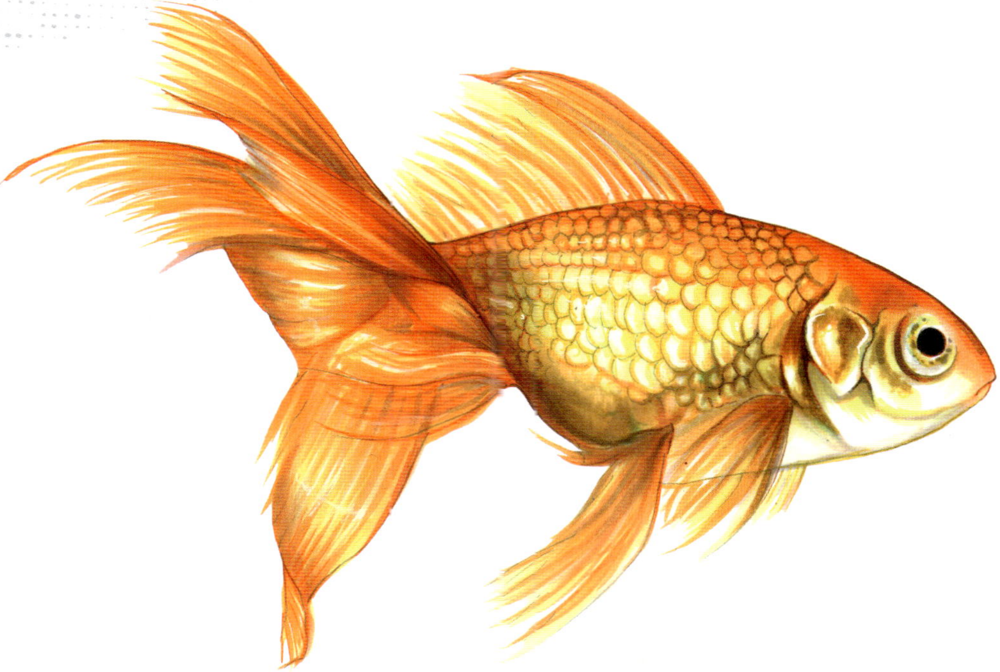

Zudem sollten Sie über dieses Kapitel Folgendes wissen:

- Alle Motive wurden auf verschiedene Layoutpapiersorten (siehe Seite 20) gezeichnet. Das Verhalten und die Farbe von COPIC Markern kann je nach Papier variieren.
- Die Bilder habe ich entweder mit Bleistift oder digital vorgezeichnet und die Konturen mit Hilfe eines Leuchttischs übertragen.
- Die Konturen wurden überwiegend mit einem grauen Multiliner gezeichnet. Dies ist eine persönliche Vorliebe von mir. Selbstverständlich können Sie auch andere Farben für Ihre Konturen verwenden.
- In den meisten Fällen habe ich die Farbe in der von mir bevorzugten „Dunkel-nach-Hell"-Technik aufgetragen. Aber auch mit der „Hell-nach-Dunkel"-Technik lassen sich hervorragende Ergebnisse erzielen. Probieren Sie beide Techniken aus und finden Sie Ihren persönlichen Favoriten.

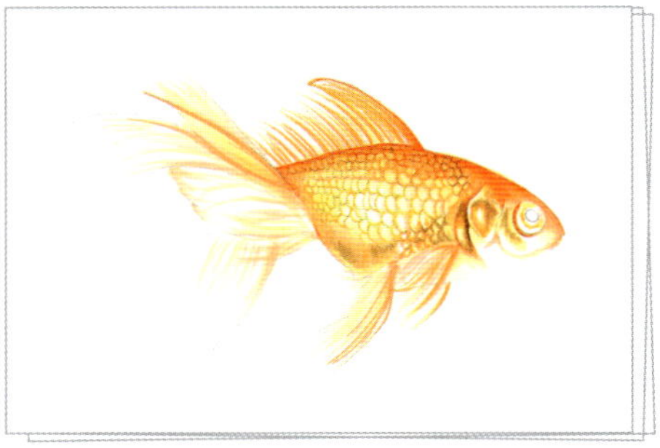

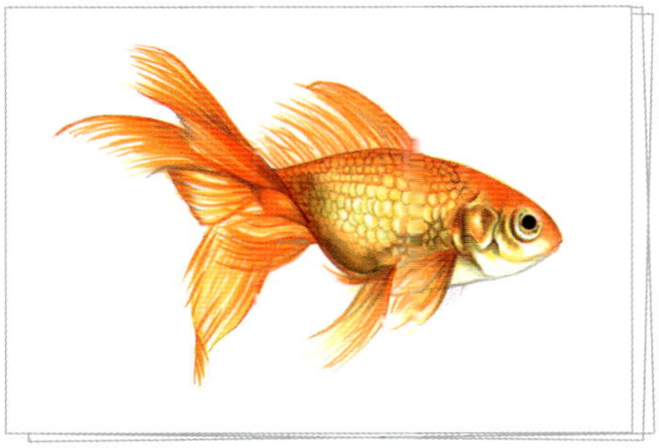

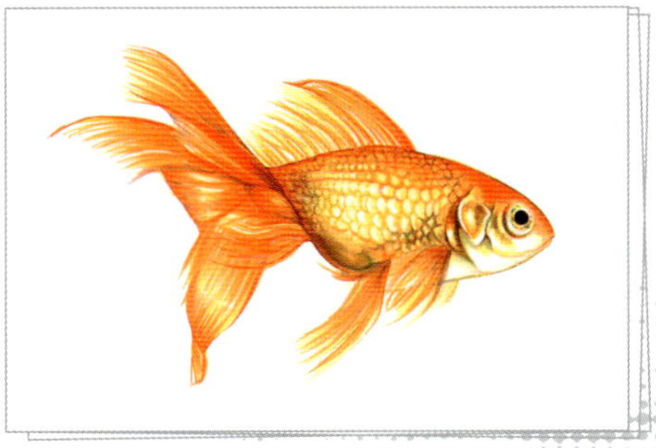

Licht und Schatten

COPIC MARKER

C1 C3 C5 C7

Es mag Ihnen vielleicht absurd vorkommen, die Klassiker der Kunst – Kubus, Zylinder, Kegel und Kugel – in einem Buch über COPIC Marker zu finden.

Diese Übung erscheint recht simpel, hilft Ihnen aber zu verstehen, wie Sie Ihren Marker handhaben müssen. Denn vielen Anfängern fällt es zu Beginn schwer, mit COPIC Markern weiche Übergänge zu erzeugen, Schatten zu setzen und ebenmäßig zu grundieren.

Die folgenden Bilder sind monochrom mit C1, C3, C5 und C7 koloriert. Allerdings kann diese Übung auch eine gute Gelegenheit sein, verschiedene Farbkombinationen und Farbverlaufsmöglichkeiten zu testen.

Kugel

1. Zuerst die Stellen, die später dunkel werden sollen, mit C1 „markieren“. Alle Stellen, die hell bleiben sollen, werden ausgespart. Dies ist eine einfache Methode, um zu verhindern, zu schnell dunkel zu werden.

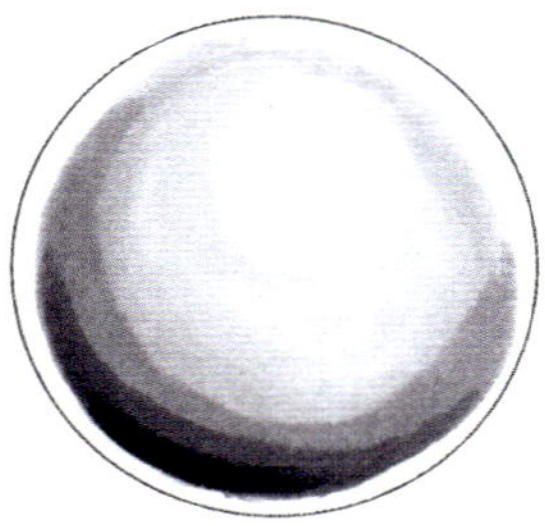

2. Im nächsten Schritt den Schattenverlauf mit C7, C5 und C3 markieren.

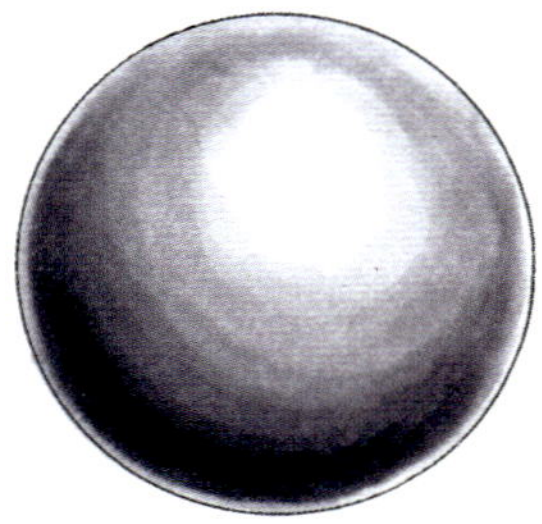

3. Für einen weichen Farbverlauf empfiehlt es sich nass in nass zu arbeiten und die „Dunkel-nach-Hell“-Methode anzuwenden. So wird im nächsten Schritt ein Farbverlauf erzeugt, indem mit helleren Tönen immer wieder über die dunkleren gemalt und die Farbe von dunkel nach hell „gezogen“ wird.

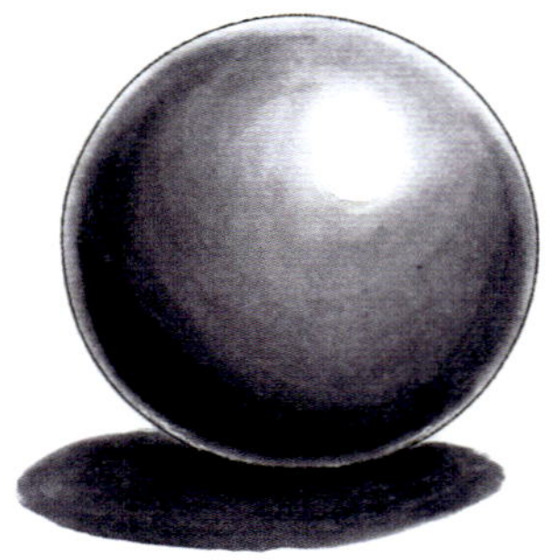

4. Dies wiederholen Sie so lange, bis Sie mit dem Ergebnis zufrieden sind. Achten Sie darauf, dass Ihr Strich der Form folgt und dass Sie nicht zu schnell zu dunkel werden.

Kegel

Besonders beim Kegel kann es schnell passieren, dass man zu dunkel wird.

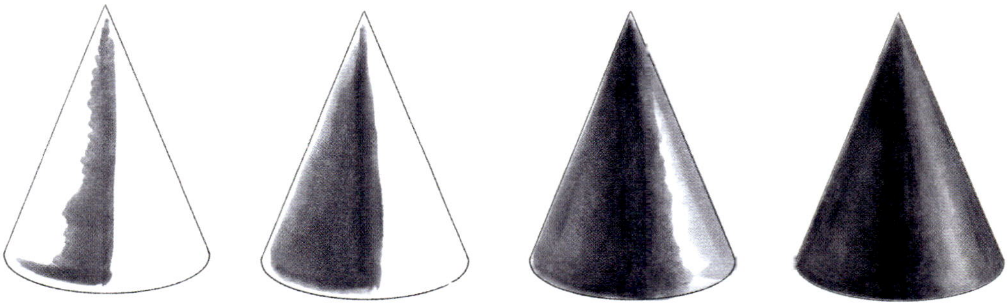

So ist es hilfreich, den Kegel in zwei Hälften zu teilen und erst eine Hälfte auszuarbeiten.

Im Anschluss wird die zweite Hälfte ausgearbeitet und verblendet.

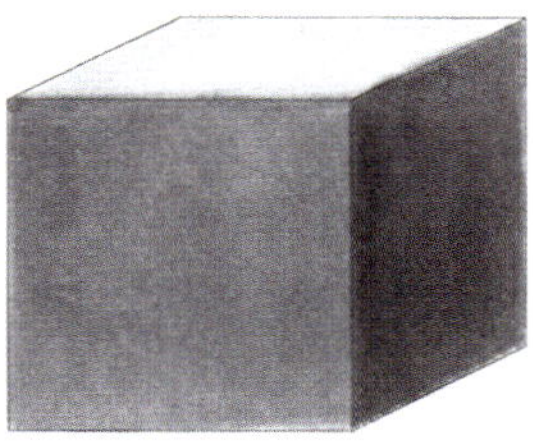

Kubus

Der Kubus ist von den vier Formen noch am leichtesten zu kolorieren. Achten Sie darauf, die Flächen gleichmäßig auszumalen und innerhalb der Konturen zu bleiben.

Zylinder

Auch beim Zylinder hilft es, vorab die Schatten und Lichtpunkte zu markieren. Zudem sollten Sie sich zu Beginn entscheiden, ob Ihr Strich der Form in vertikale oder horizontale Richtung, wie bei diesem Beispiel, folgt.

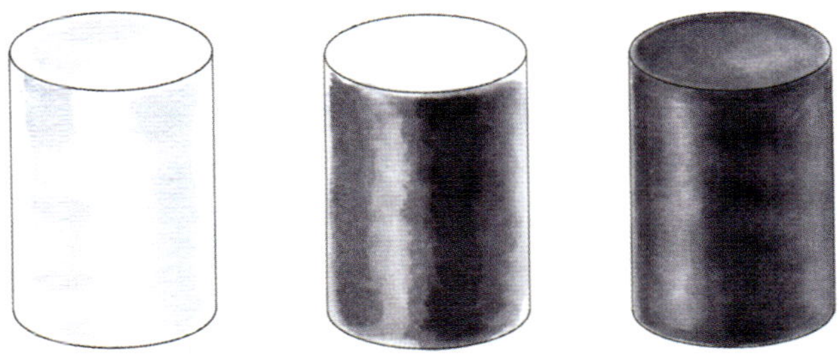

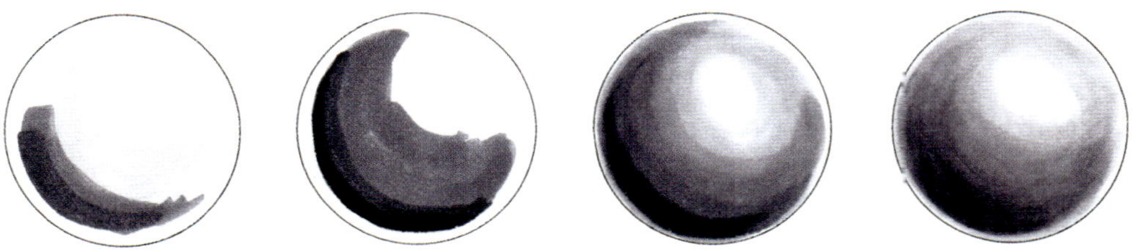

HINWEIS

Architekten und Designer bevorzugen die breite Spitze (Broad Nib) von COPIC Markern. Damit lassen sich mit etwas Übung genauso leicht Farbübergänge erzeugen wie mit der Pinselspitze.

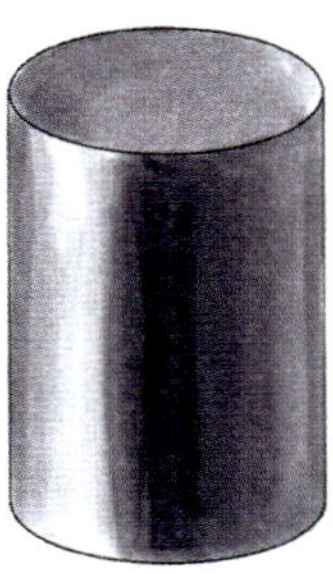

Hier wurden die Kugeln und der Zylinder mit der Broad Nib coloriert.

Distanz

Nicht jedes Objekt „klebt“ an seinen Schatten. Wenn Sie Distanz erzeugen möchten, können Sie den Schatten etwas versetzt zeichnen.

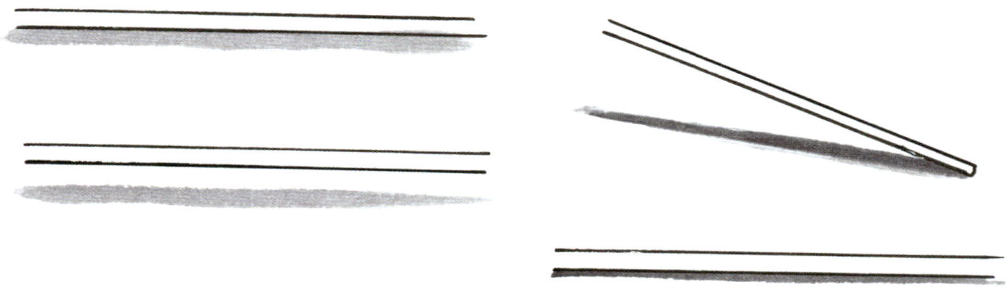

Metall

Metall zählt zu den schwierigsten Dingen, die man zeichnen kann. Auch hier können zu Beginn die klassischen Formen der Kunst eine hervorragende Übung sein. Beginnen Sie erst einmal mit einfacheren Formen, bevor Sie sich an komplexere Motive wagen. Zudem können Fotos eine große Hilfe sein.

COPIC MARKER

C1 C3 C5 C7

Zylinder

Am einfachsten können Sie Metall darstellen, indem Sie sehr starke Lichtreflexe setzen. Wie Sie im folgenden Beispiel sehen, gelten dieselben Regeln wie beim Zeichnen vom Licht und Schatten:

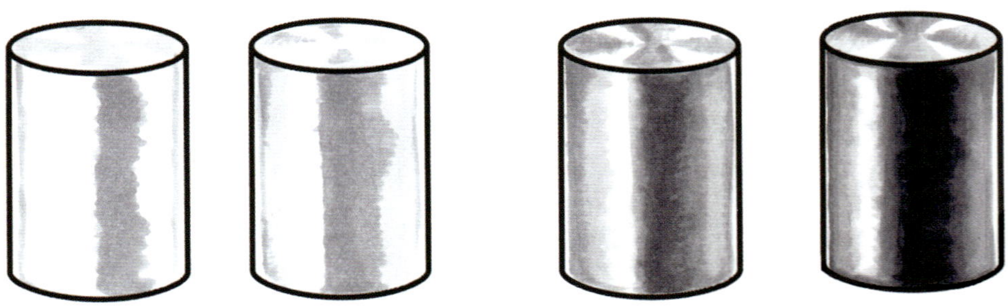

Im ersten Schritt werden Licht- und Schattenpunkte grob vorgegeben.

Im Anschluss diese wie gewohnt verblenden, jedoch die Schatten- und die Lichtpunkte wesentlich stärker hervorheben. Achten Sie also unbedingt darauf, die Lichtpunkte auszusparen!

Farbvariante

Durch Farbvariationen können Sie unterschiedliche Arten von Metall einfach darstellen.

COPIC MARKER

Y26 Y28 W3

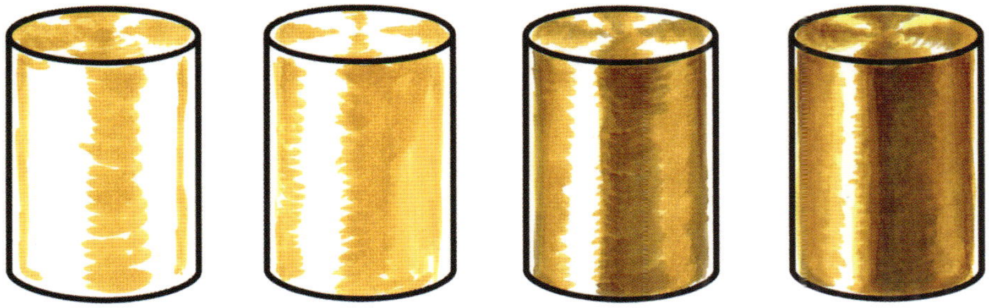

Komplexe Form

Wie das nächste Beispiel zeigt, können Sie die Techniken, die Sie beim Kolorieren einfacherer Formen erlernt haben, auch bei komplexeren anwenden. So ähnelt folgender Gegenstand von der Form her einem Kegel oder einem Zylinder. Die Vorgehensweise ist also nahezu identisch:

COPIC MARKER

C1 C3 C5 C7

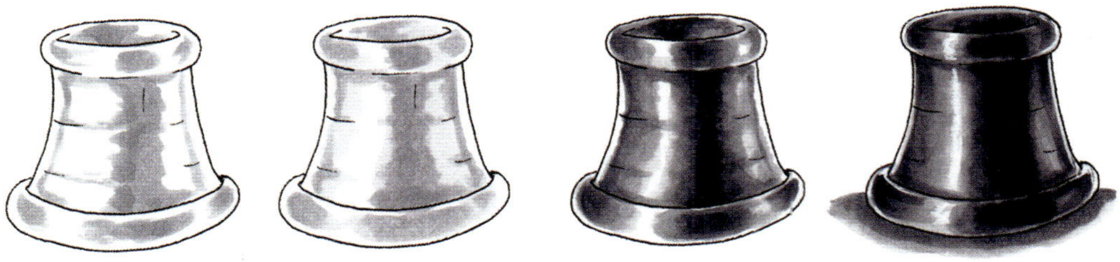

Zuerst werden die Farbebenen grob markiert ... um in Anschluss verblendet und ausgearbeitet zu werden.

Die Technik ist dabei unabhängig vom Farbschema.

COPIC MARKER

Y26 Y28 W3

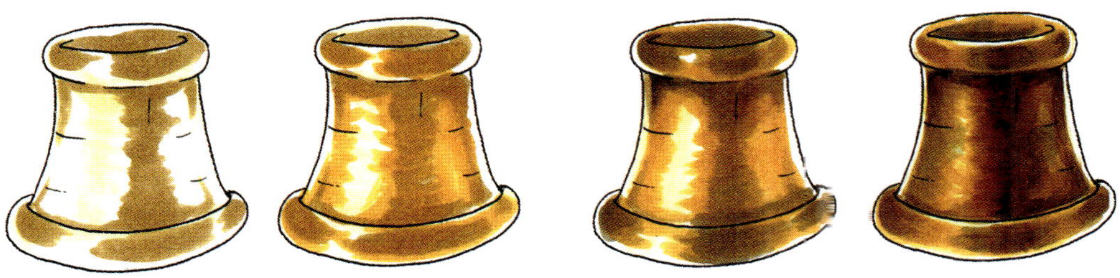

Kugel mit Spiegelung

COPIC MARKER

C1 C3 C5
C7

Wesentlich schwieriger wird es, wenn Metall seine Umgebung widerspiegelt. Im Gegensatz zu einem Spiegel gibt Metall seine Umgebung jedoch nicht eins zu eins wieder. Je nach Form wird die Umgebung perspektivisch verzerrt und je nach Beschaffenheit des Metalls unterschiedlich stark widergespiegelt.

Dies erschwert das Setzen von Schatten enorm: So sollte man sich zu Beginn überlegen, wie genau die Spiegelung ist und wie stark die Umgebung durch die Form verzerrt wird und wo Schatten sind.

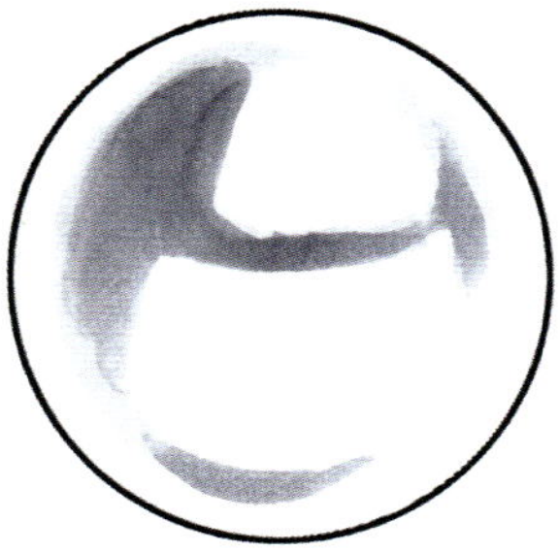

1. Markieren Sie zu Beginn Ihre Licht- und Schattenpunkte sowie die gewünschte Spiegelung.

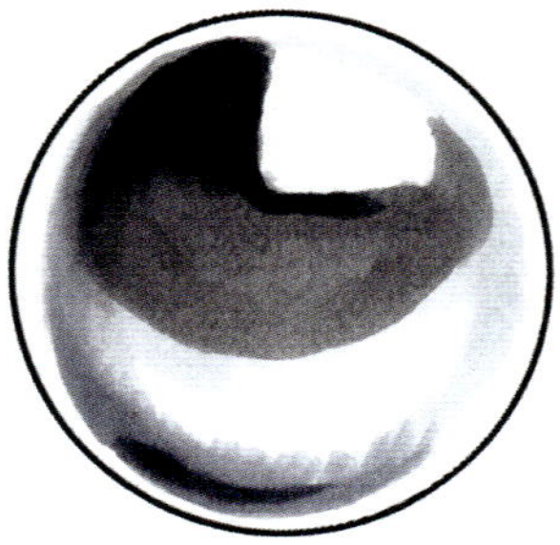

2. Achten Sie darauf, die Lichtreflexe auszusparen und nicht zu dunkel zu werden.

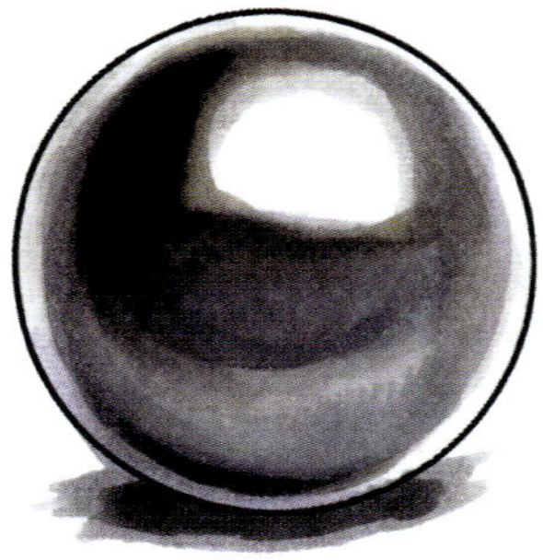

3. Abschließend wird das Ganze mit einem hellen Marker verblendet.

Spiegelung von Farbe

COPIC MARKER

BV20 BV23 BV25
BV31 W1 W3
B00 B21

Wesentlich komplexer wird es, wenn nicht nur Formen, sondern bis zu einem gewissen Grad auch Farben widergespiegelt werden.

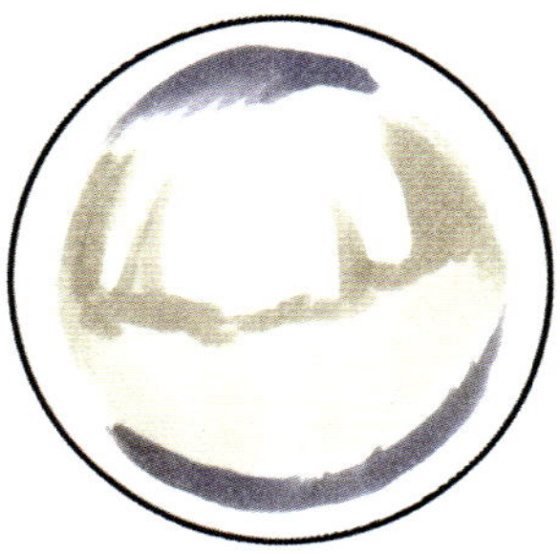

1. Auch hier gilt die Grundregel des Markierens. Zeichnen Sie Ihre Spiegelung sowie Licht und Schatten grob vor.

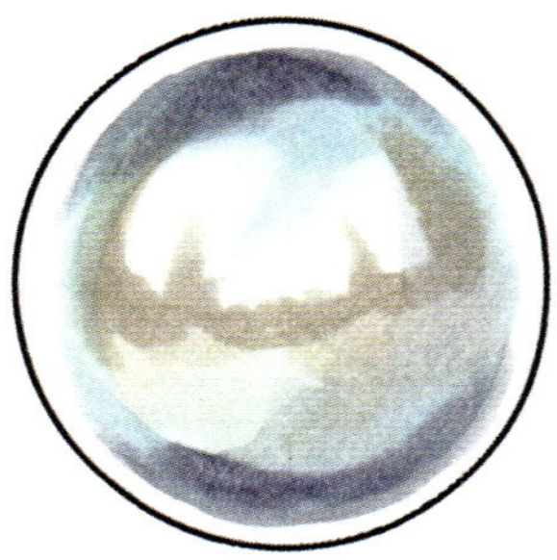

2. Im nächsten Schritt die reflektierte Farbe hinzufügen.

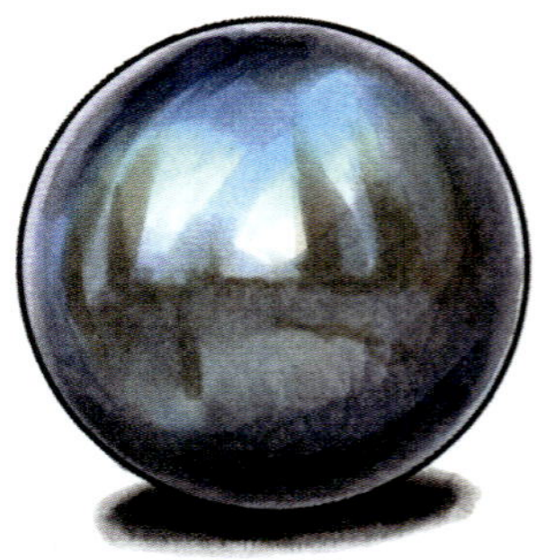

3. Anschließend die Grundierung ausarbeiten und die Schatten verstärken.

Kleidung

„Kleidung und Faltenwurf“ gehören wohl zu den komplexesten und schwierigsten Themen für viele Künstler.

Im Folgenden finden Sie die Grundlagen für das Kolorieren von Kleidung und Textilien mit COPIC Markern. Wenn Sie das Thema fasziniert – es gibt eine Fülle von Literatur, die sich damit intensiv auseinandersetzt. Sie werden feststellen, die Regeln für das Zeichnen von Kleidung sind völlig unabhängig vom Medium.

INFO

Mithilfe von starken Kontrasten lassen sich leicht die Struktur und Beschaffenheit definieren. Je tiefer die Falte, desto dunkler ist sie. Ähnliches gilt für glänzende Stoffe: Je glänzender der Stoff, desto stärker ist der Lichtreflex.

Falten

Was müssen Sie also wissen, um mit COPIC Markern Kleidung zeichnen zu können? Die Antwort: Sie müssen wissen, wie man Falten darstellt. Dazu gibt es verschiedene Techniken.

Falten 1

So ist es richtig! Hier zeige ich Ihnen einen ebenmäßigen Faltenwurf, wie man ihn zum Beispiel bei Vorhängen findet.

COPIC MARKER

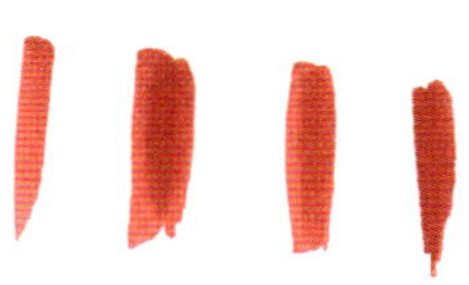

1. Zuerst die Schatten und die Abstände der Falten zueinander vorgeben (R59).

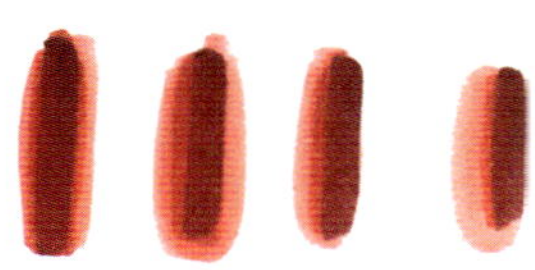

2. Danach diese mit helleren Farben nach links und rechts verblenden (R46, R32).

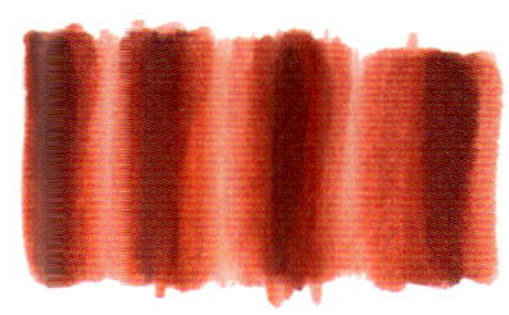

3. Dabei werden Sie Schritt für Schritt heller, bis sich die hellsten Farben in der Mitte jeweils treffen.

Achten Sie bei dieser Technik darauf, nicht zu schnell zu dunkel zu werden und genügend Raum für die Lichtpunkte zu lassen. Im vorliegenden Beispiel wurde von dunkel nach hell gearbeitet. Diese Technik bietet sich vor allem an, wenn Sie starke Lichtreflexe darstellen möchten und mit satten und pigmentreichen Farben arbeiten.

TIPP

Beim Zeichnen von Falten ist es besonders wichtig, die Farbe lasierend aufzutragen und mit Farbverläufen zu arbeiten. Nutzen Sie den Federstrich und vermeiden Sie zu harte Striche. Diese führen nämlich zu unschönen Ergebnissen und lassen sich nur schwer korrigieren, wie Ihnen folgendes Bild zeigt:

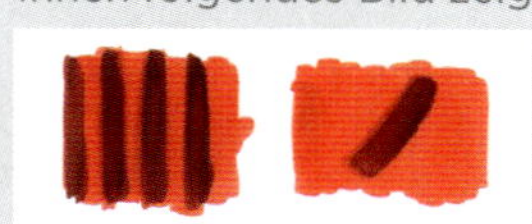

So sollte Ihr Faltenwurf keinesfalls aussehen!

Falten 2

COPIC MARKER

R27 R46 R59

Selbstverständlich können Sie auch von hell nach dunkel arbeiten, wie Beispiel 2 zeigt.

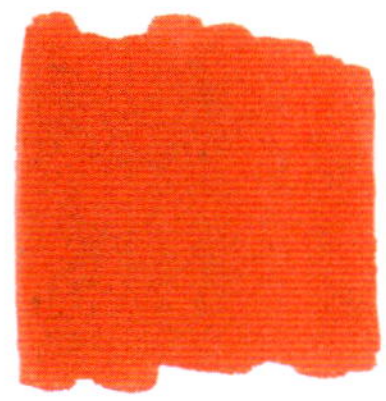

1. Hier wird die gesamte Fläche zunächst mit R27 grundiert.

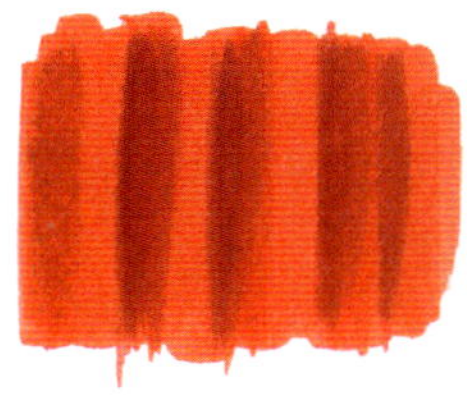

2. Danach mit R46 den Faltenwurf definieren und zum Schluss mit R59 vertiefen.

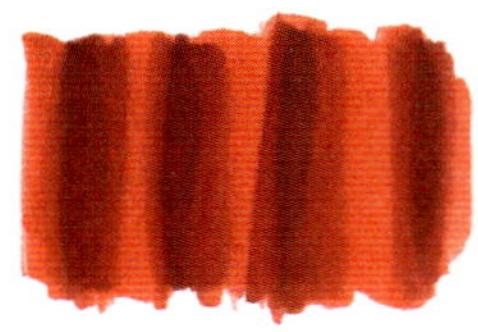

3. Dabei sollten Sie besonders darauf achten, die Farbe sauber zu verblenden, damit die Kanten nicht zu hart werden.

Bevor Sie sich an die nächsten Beispiele wagen, sollten Sie sich vergewissern, dass Sie die Federtechnik (siehe Seite 33) perfekt beherrschen.

Falten 3

COPIC MARKER

R59 R46 R27

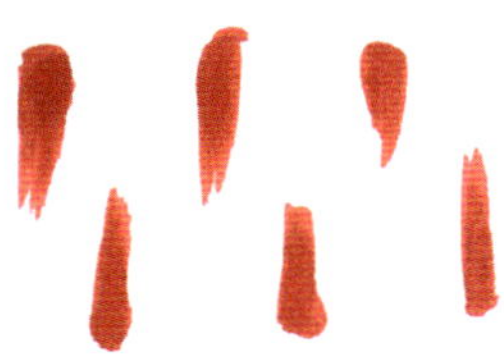

1. Hier werden die Falten zunächst mit R59 im Federstrich aufgetragen. Beachten Sie dabei, dass die Falten, die von oben kommen, nach unten hin heller werden und umgekehrt.

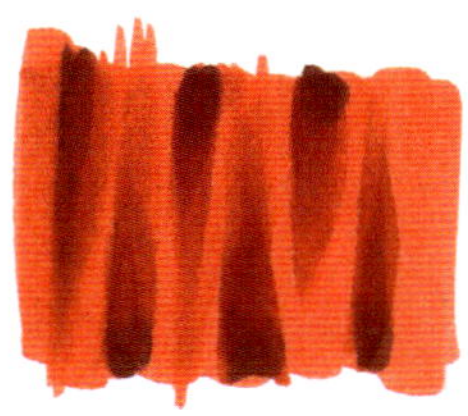

2. Im nächsten Schritt wird R59 mit R46 und R27 verblendet. Auch hier ist es besonders wichtig, die Farbe wieder mit dem Federstrich aufzutragen und der zuvor definierten Form zu folgen.

Die aufeinander zulaufenden Striche bilden ein Zickzackmuster und einen natürlichen Faltenwurf, man sollte also keinesfalls die Farbe planlos auftragen.

Falten 4

Beispiel 4 zeigt Ihnen, wie unterschiedlich man Falten zeichnen kann:

COPIC MARKER

R22 R27 R37

R46 R59

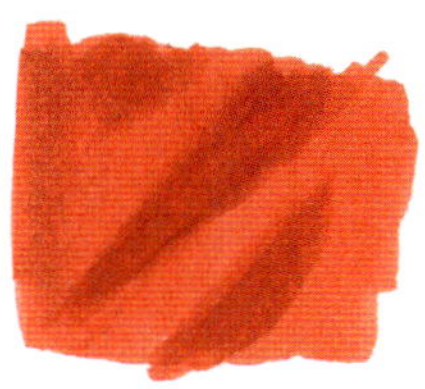

Bild 1 zeigt einen leichten Faltenwurf. Dafür werden lediglich leichte Schatten mit R37 gesetzt. So wirken die Falten nicht sehr tief.

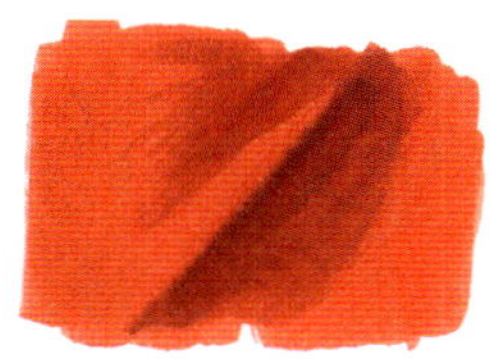

Bild 2 zeigt eine harte Falte, die mit der gleichen Technik wie im zweiten Beispiel gestaltet wird. Die Fläche wird zuerst mit einer Farbe grundiert, dann werden dunkle Schatten gesetzt, die mit helleren Farben verblendet werden.

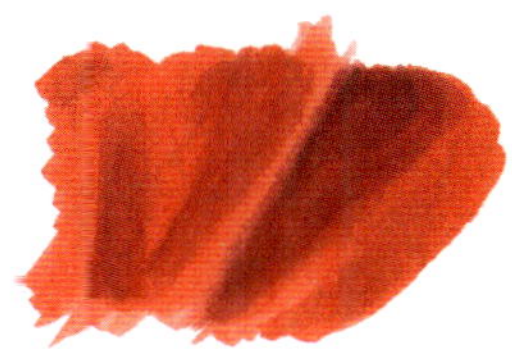

Das letzte Bild zeigt einen stärkeren Faltenwurf in der Technik von Beispiel 1. Hier sind die Falten besonders hervorgehoben und es wurde mit stärkeren Kontrasten gearbeitet.

Muster

Beim Gestalten von Kleidung stellen Muster häufig eine große Herausforderung dar, da sie leicht aus Versehen übermalt werden.

So geht es am besten: Beginnen Sie immer zuerst mit dem Muster und grundieren Sie das Kleidungsstück in den entsprechenden Farben. Anschließend sind die Falten und Schatten an der Reihe. Allerdings müssen Sie darauf achten, möglichst neutrale Farben für die Schatten zu verwenden. Kleidungsstücke mit Mustern sind oft sehr farbenfroh. Schattiert man zum Beispiel einen blauen Pullover mit gelben Streifen mit dunkelblauer Farbe, werden die gelben Streifen grün. Um das zu vermeiden, können Sie Grau- oder BV-Töne verwenden, wie Ihnen folgende Beispiele zeigen.

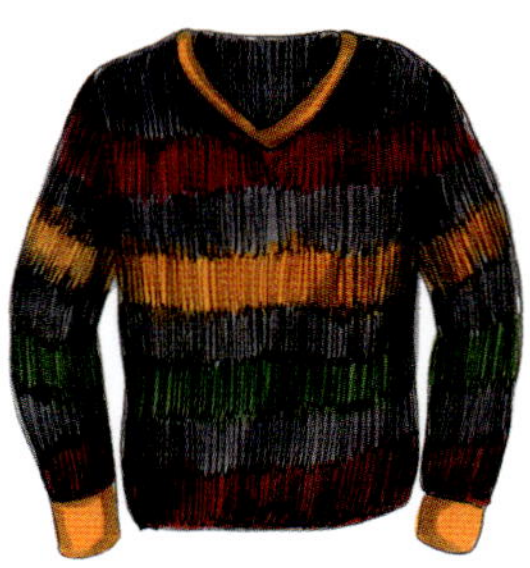

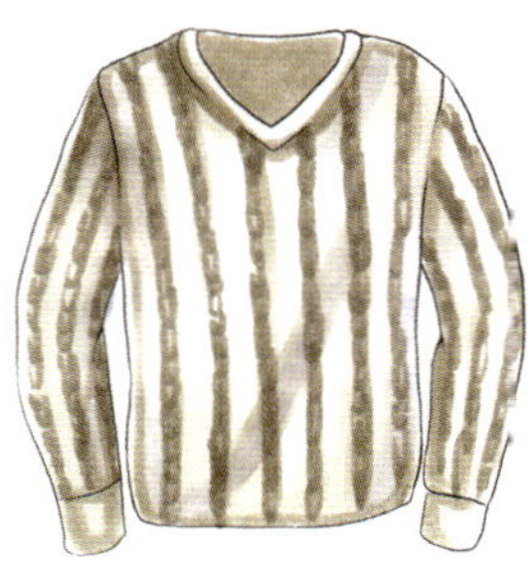

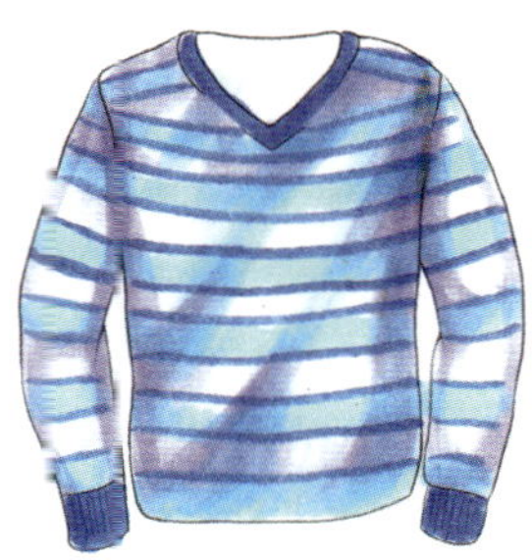

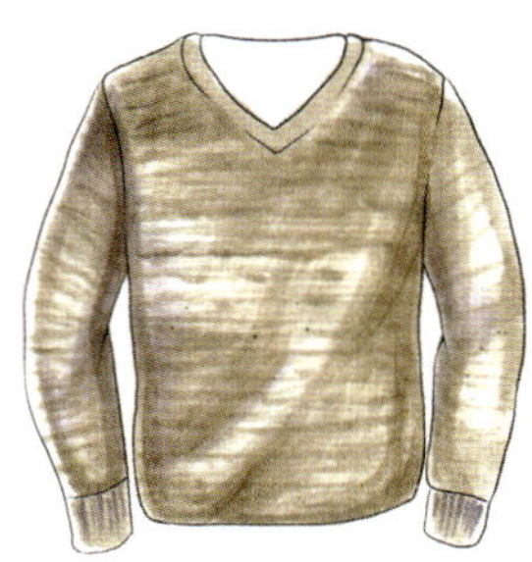

Pullover 1

COPIC MARKER

YR04 R59 G46
BV34 BV23

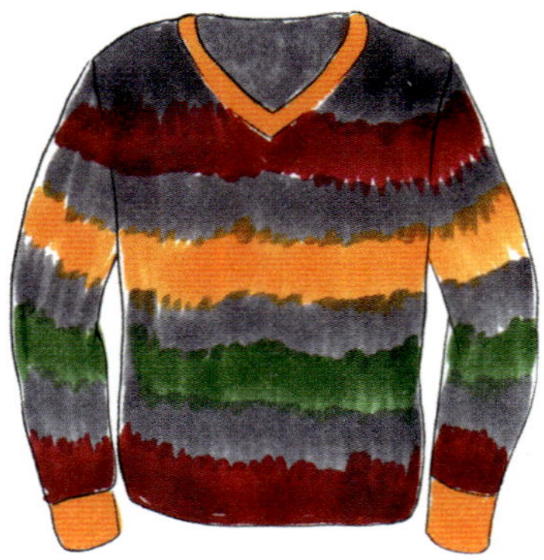

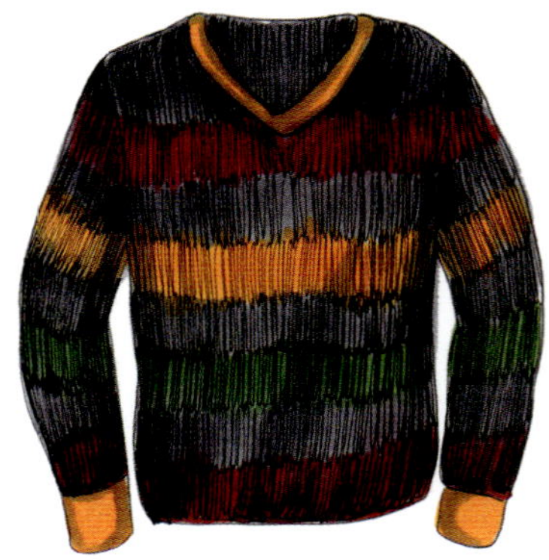

1. Beim Strickpullover zunächst die Farben und die Struktur vorgeben.

2. Anschließend das Muster mit einem schwarzen Multiliner zeichnen. Nach dem vollständigen Trocknen (je nach Papiersorte dauert das 5 bis 15 Minuten), zum Schluss die Schatten und Falten mit BV23 definieren.

Pullover 2

COPIC MARKER

W1 W3 W5
BV20

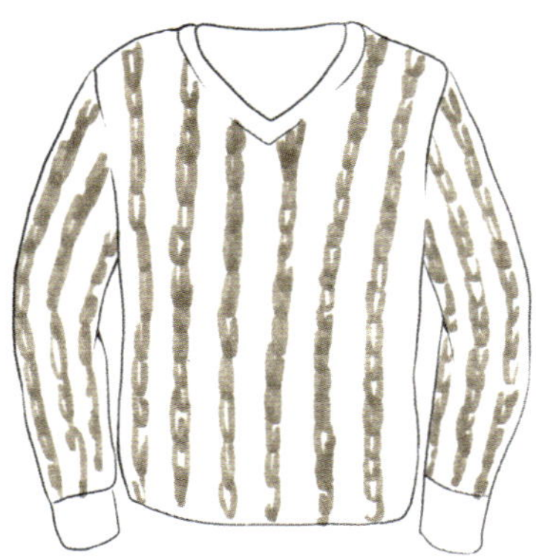

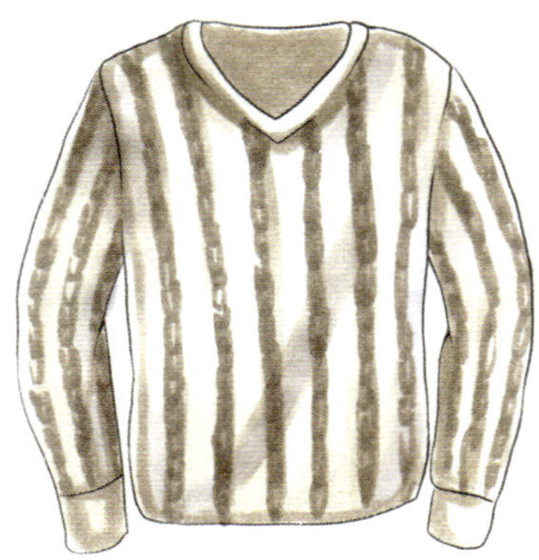

1. Beim Zopfpullover zuerst das Muster (W5) auftragen und danach den Pullover in einer helleren Farbe (W1) grundieren. Dadurch wirkt das Muster weicher.

2. Abschließend Schatten und Falten mit W3 und BV20 setzen.

Pullover 3 und 4

Die Vorgehensweise ist unabhängig vom Muster also nahezu immer gleich, wie auch die folgenden Beispiele zeigen.

COPIC MARKER

B00 B24 BV31

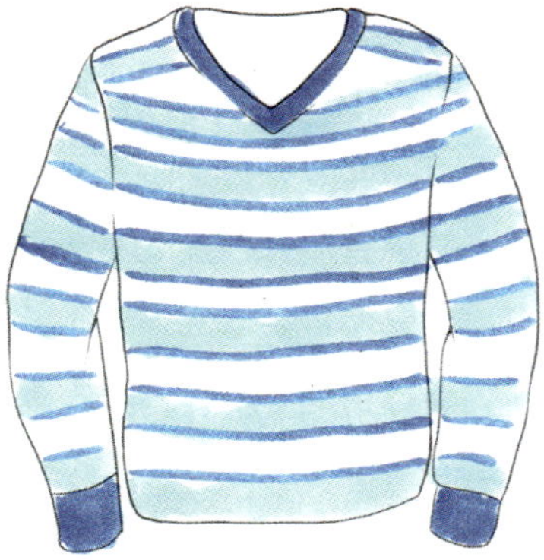

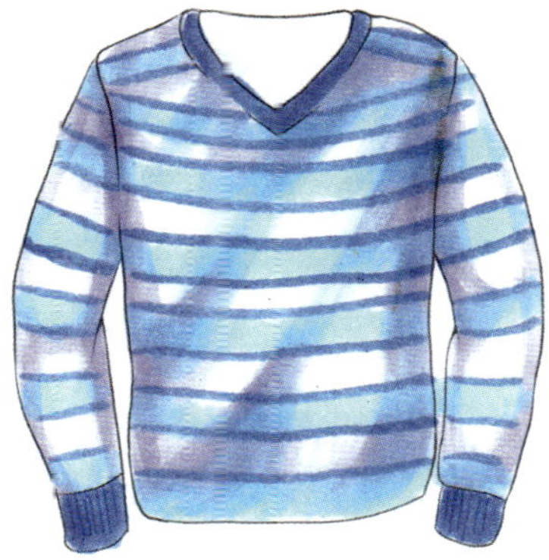

COPIC MARKER

W1 W3 W5 BV23

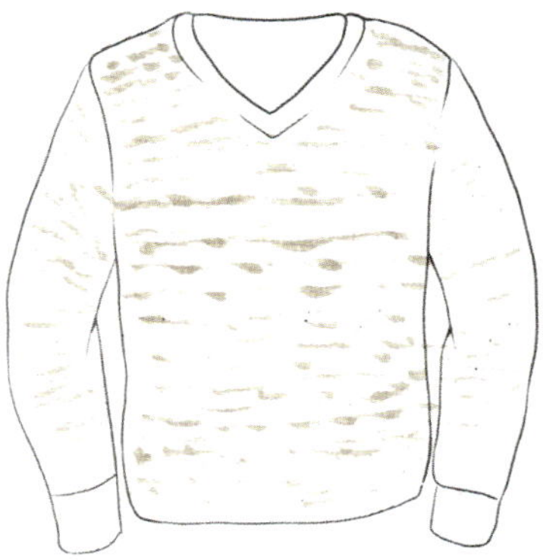

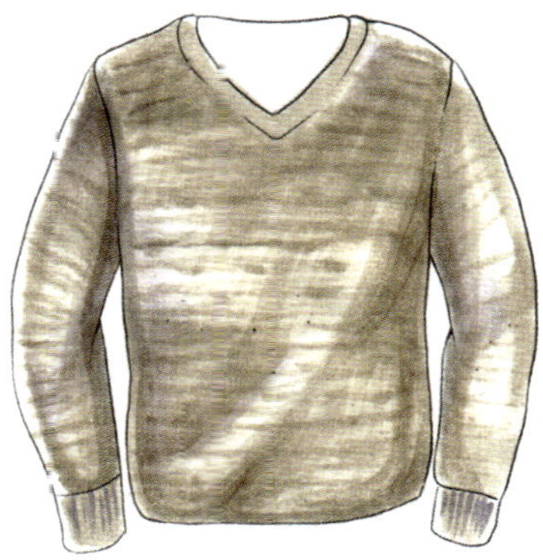

Pullover 5

Neben der Möglichkeit ein Muster direkt aufzutragen, können Sie Strukturen auch durch die Strichtechnik darstellen. Bei diesem Pullover wird die Farbe in Kreisstrichtechnik (siehe Seite 33) aufgetragen und so eine Filzoptik erzeugt.

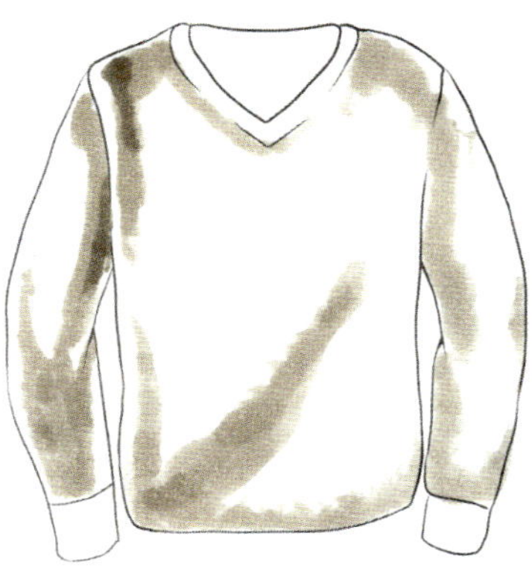

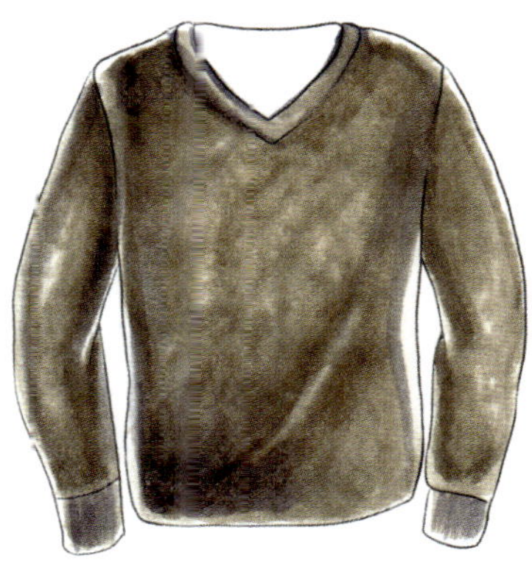

Feder

Federn sind unter Künstlern besonders beliebt. Sie werden gerne als Accessoires und als dynamische Bildelemente verwendet.

Obwohl Federn auf den ersten Blick recht einfach erscheinen, haben auch sie so ihre Tücken, die Sie aber mit ein wenig Übung leicht meistern werden.

Bevor Sie sich an Ihre erste Feder wagen, sollten Sie zuerst die Strichtechniken verinnerlichen. Beachten Sie, dass für diese Techniken COPIC Marker mit einer Pinselspitze (Brush Nib) am besten geeignet sind.

Zum Malen von Federn verwenden Sie am besten den Federstrich. Davon gibt es verschiedene Varianten:

Bei **Variante 1** berühren Sie das Papier nur leicht mit der Spitze und tragen die Striche in einer gekräuselten Optik auf.

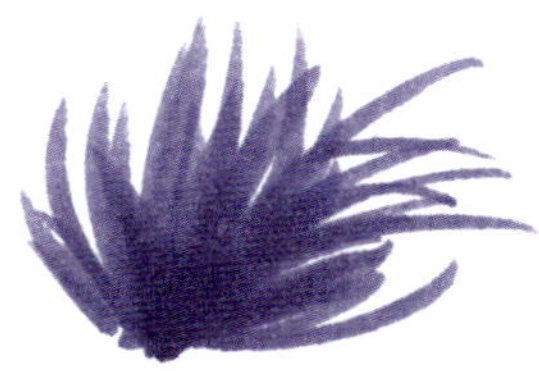

Bei **Variante 2** bestimmen Sie ein Zentrum und tragen die Farbe in sehr breiten Strichen vom Zentrum aus auf.

Diese beiden Varianten sind vor allem für die ausgefransten Stellen einer Feder wichtig.

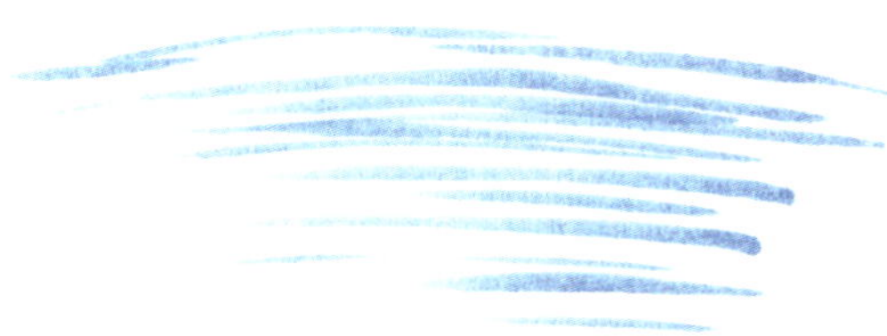

Bei **Variante 3** berührt die Spitze kaum das Papier und die Farbe wird in linearem Strich ebenmäßig und zart aufgetragen. Die letzte Variante benutzen Sie, um eine intakte Feder darzustellen.

Feder 1

Nachdem Sie die Strichtechniken gemeistert haben, können Sie sich an Ihre erste Feder wagen.

COPIC MARKER

C1, C3, C5
B00, B21, B23
B32, BV00, BV01
BV11, BV13, BV17
BV23, BV25

1 Je nachdem wie geübt Sie sind, können Sie die Feder entweder freihand zeichnen oder vorab skizzieren und durchpausen. Auch wenn die Skizze vielleicht sehr detailreich ist, sollten Sie darauf achten, dass Ihre Konturen es **nicht** sind, damit Sie bei der Koloration größtmöglichen Spielraum haben. In diesem Fall die Konturen mit einem grauen Multiliner ziehen, der ausgemalt nahezu verschwindet.

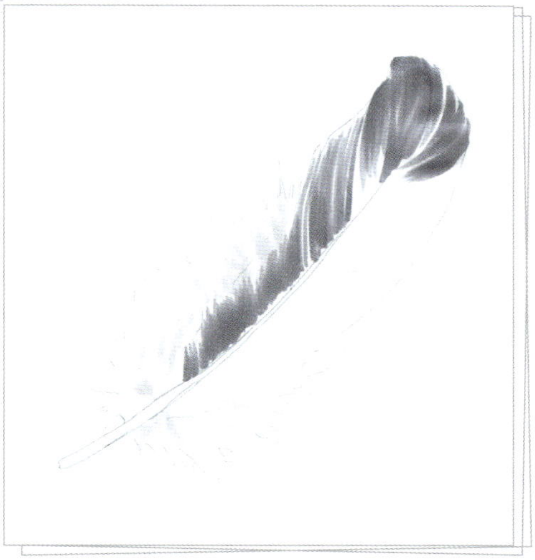

2 Im zweiten Schritt werden C5 und C1 im Federstrich aufgetragen. Dabei ist darauf zu achten, dass Ihre Striche der Wuchsrichtung folgen und vor allem in den ausgefransten Bereichen möglichst leicht und luftig sind.

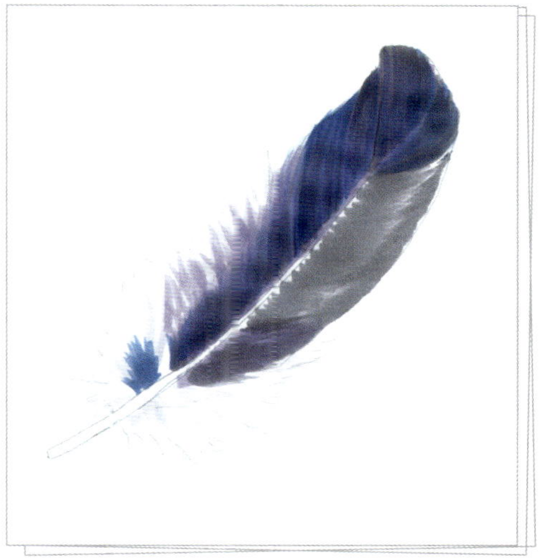

3 Im nächsten Schritt wird die Feder mit verschiedenen BV-Tönen (siehe Seite 26) eingefärbt. Auch hier ist es besonders wichtig, dass Ihr Strich der zuvor definierten Form folgt. Zudem sollten Sie für eine „lebendige“ Feder einige Farben mit einfließen lassen, da Federn ein breites Farbspektrum haben.

MULTILINER

Black · Cool Grey
Sepia

HINWEIS

Je nach Stil kann die Konturenstärke variieren. Comiczeichner zum Beispiel bevorzugen sicherlich eine vereinfachte Darstellung und arbeiten mit stärkeren Konturen. Versuchen Sie trotzdem, die endgültige Form der Feder erst zum Schluss mit einem Fineliner zu definieren. So brauchen Sie keine Angst zu haben, dass Sie über die Konturen zeichnen oder sich nicht an die Form halten.

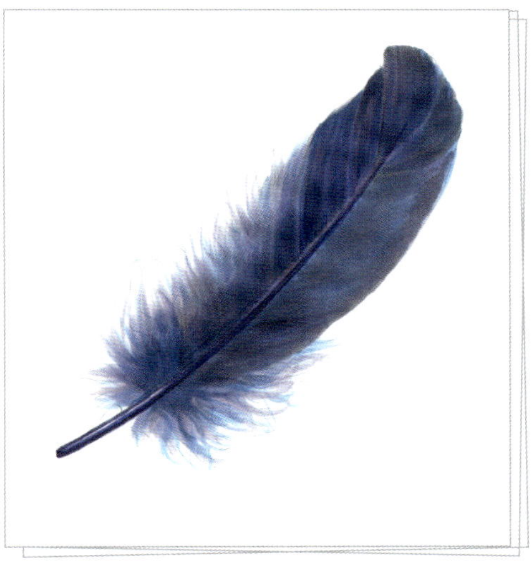

4 Dies ist der letzte Schritt. Jetzt wird die endgültige Form und Struktur der Feder mit Hilfe von Finelinern definiert. Für dieses Bild verwenden Sie sehr feine, farbige Multiliner in den Stärken 0.03-0.05.

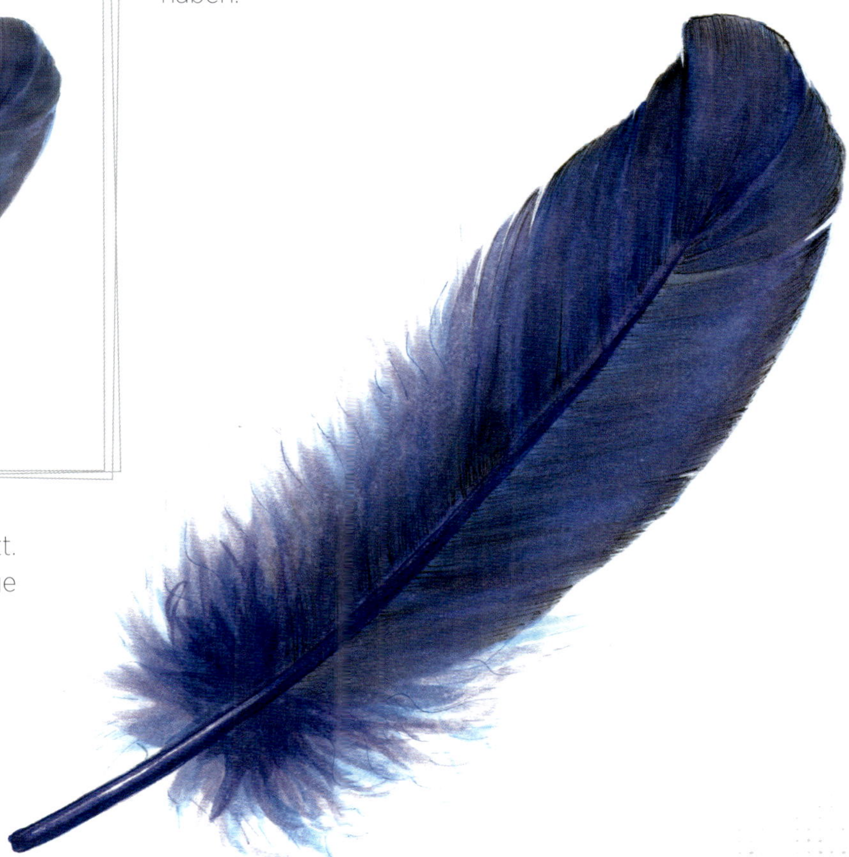

COPIC MARKER

Y00 · Y02 · Y04
YG01 · YG03 · YG06
YG11 · YG21 · E31
E33 · E53

MULTILINER

Cool Grey · Warm Grey
Sepia · Olive

Feder 2

Beim ersten Beispiel handelte es sich um eine einfarbige und ziemlich intakte Feder. Falls Sie ausgefranste und buntere Federn bevorzugen, finden Sie hier ein weiteres Beispiel. Die Vorgehensweise ist nahezu identisch.

1 Zuerst grob die Form vorgeben. Dabei die ausgefransten Stellen möglichst offen lassen, damit Sie viel Spielraum haben.

2 Im nächsten Schritt die Feder in einer Farbe grundieren.

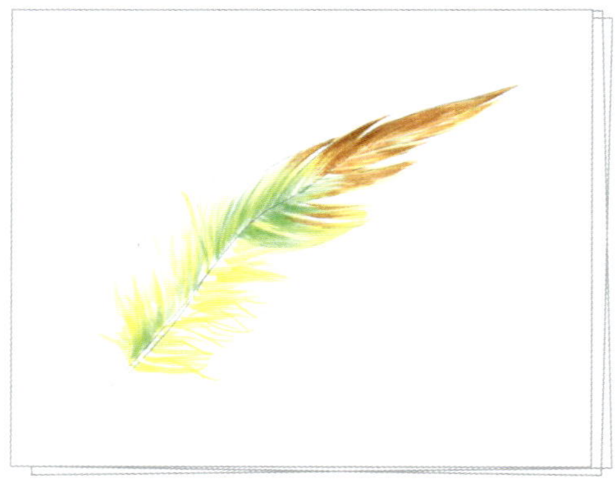

3 Dann weitere Farben in verschiedenen Strichtechniken auftragen.

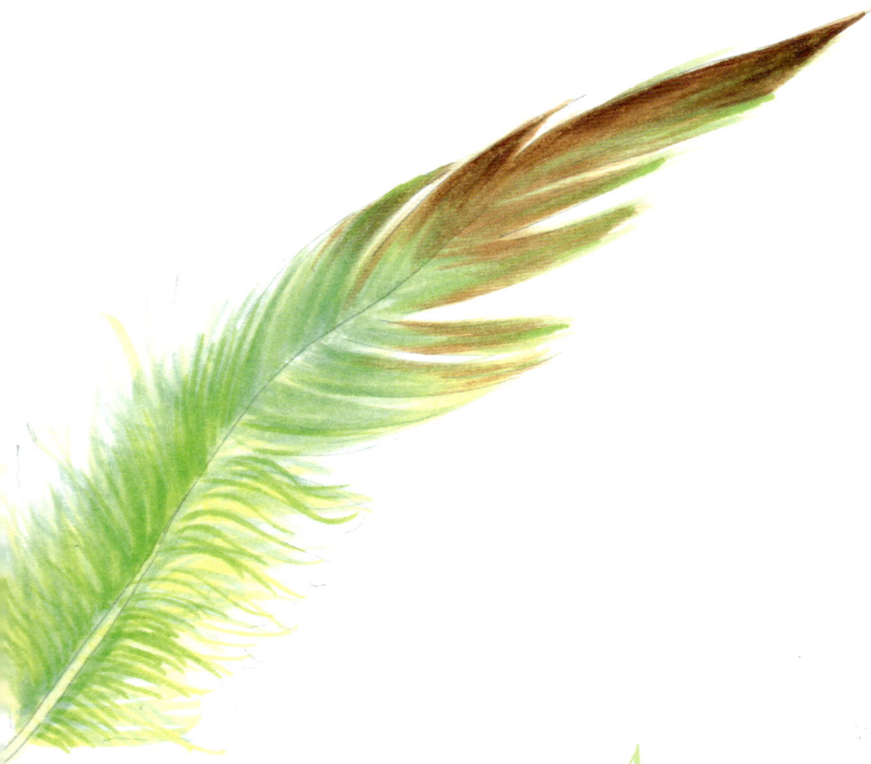

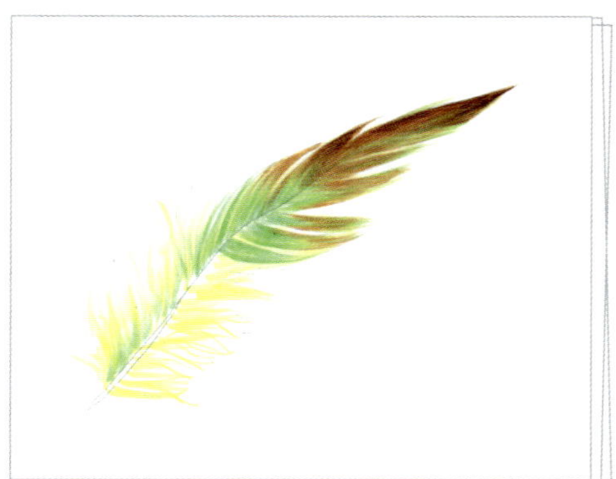

4 Zuletzt die Form mit verschiedenen Multilinern definieren.

Fell

Auch das Gestalten von Fell erscheint auf den ersten Blick komplex und nicht ganz einfach. Das Geheimnis liegt in der Strichtechnik und in der Vielfarbigkeit.

Wie auch bei der Feder ist beim Fell die Federtechnik das Mittel der Wahl. Es gibt verschiedene Arten von Fell: lang, kurz, buschig, glatt etc. Genauso sollte auch Ihr Strich sein. Probieren Sie verschiedene Strichvarianten aus und entscheiden Sie dann, welche am besten für die Art von Fell geeignet ist, die Sie zeichnen möchten.

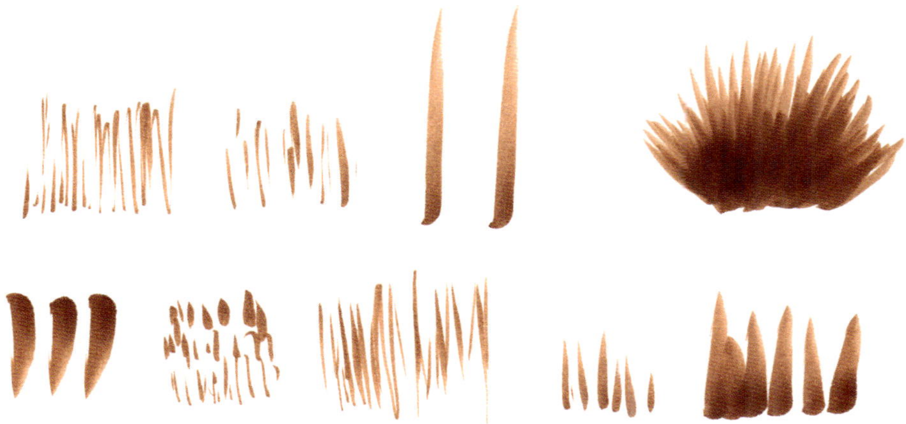

Dickes Fell

COPIC MARKER

BV00 BV23 W5
N5 E33 E35
E37 E74

1. Für ein dickes Fell tragen Sie zuerst eine Grundfarbe in einem breiten Federstrich auf.

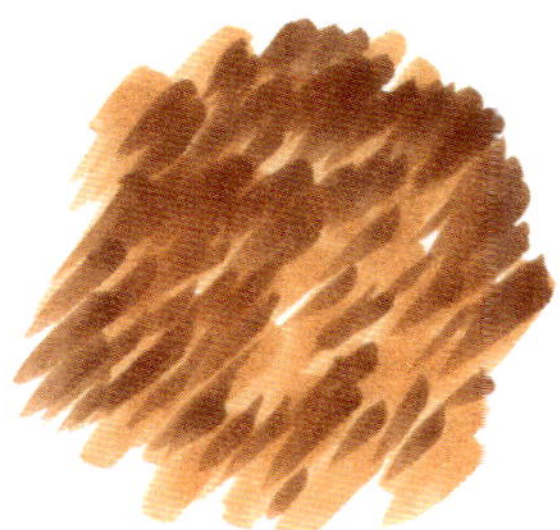

2. Im zweiten Schritt fügen Sie eine weitere Farbe in derselben Technik hinzu.

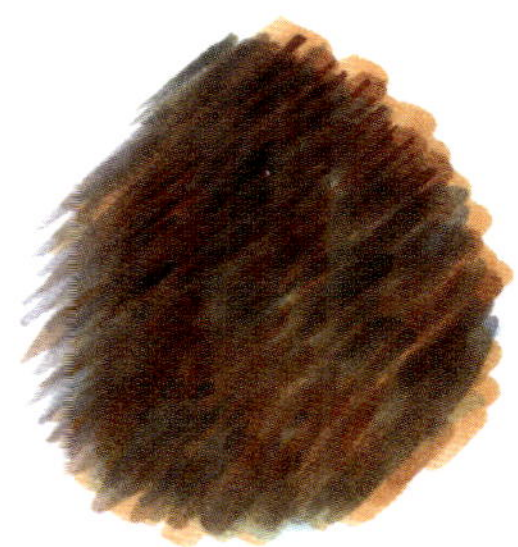

3. Dann folgen weitere Schichten in verschiedenen Farben und in feineren Strichvarianten. Wichtig ist darauf zu achten, dass man nur in eine Richtung arbeitet und die Striche immer mit etwas Abstand aufträgt. Durch die unterschiedliche Strichstärke, den Farbauftrag und die Abstände entsteht eine Fellstruktur.

4. Der letzte Schritt ist optional. Mit Hilfe eines Multiliners können Sie die Fellstruktur zusätzlich betonen.

Leopardenfell

Etwas schwieriger wird die Sache, wenn Sie ein kurzes Fell oder ein Fell mit Mustern zeichnen möchten.

COPIC MARKER

Y02 Y04 Y17
Y21 YR00 W3
E15 E25 E49
E74

1. Auch hier zuerst die Struktur vorgeben.

2. Die Grundfarbe in kurzen Pinselstrichen und feinen linearen Strichen auftragen.

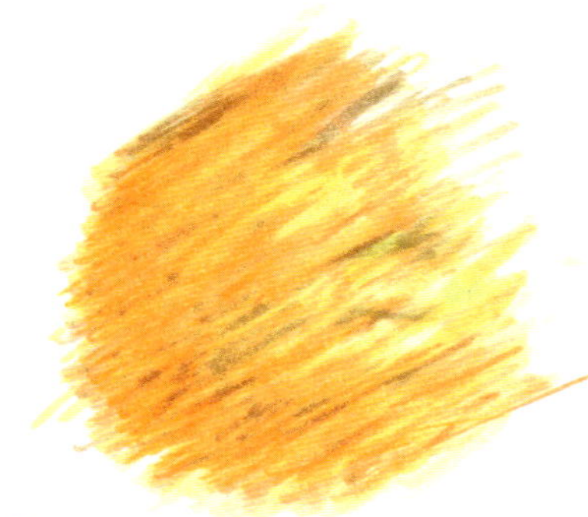

3. In den nächsten Schritten weitere Farben hinzufügen und zwar so lange, bis Sie zufrieden sind.

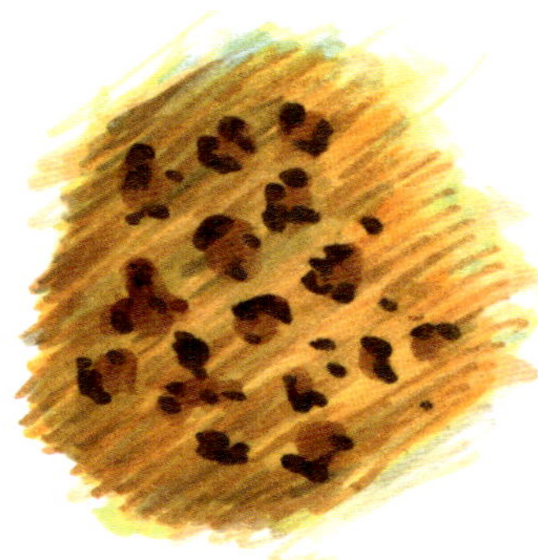

4. Wenn Sie ein Muster planen, empfiehlt es sich bei dunklen Farben, diese erst zum Schluss aufzutragen. Pigmentreiche Farben verwischen gern und in Kombination mit sehr hellen Farbtönen kann das „schmutzig" wirken. Tragen Sie zum Beispiel Schwarz erst auf, wenn Sie wirklich zufrieden sind mit der Struktur.

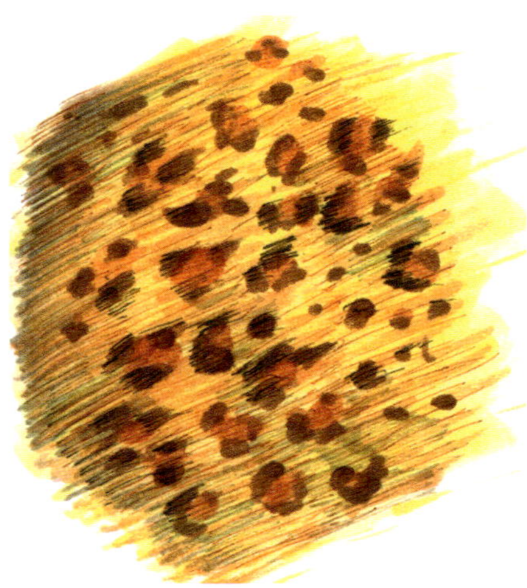

5. Jetzt können Sie die Fellstruktur mit einem Multiliner hervorheben.

Eichhörnchen

Wenn Sie die Grundlagen des Fellzeichnens verstanden haben, können Sie sich an komplexere Motive wagen. Als Praxisbeispiel eignet sich ein Eichhörnchen besonders gut, da es sowohl kurzes als auch langes Fell hat.

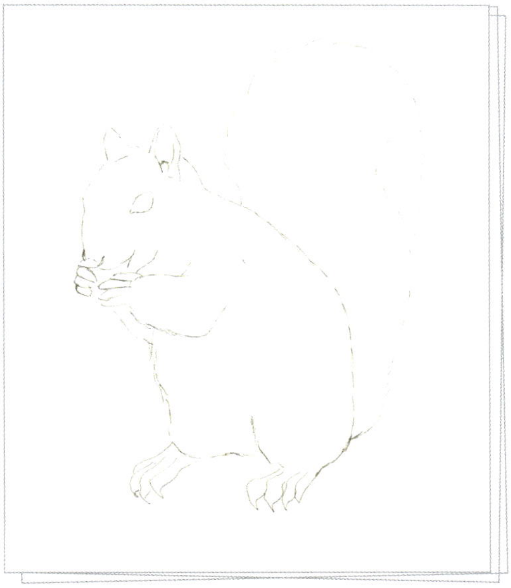

1 Die Konturen mit einem Multiliner der Farbe Warm Grey ziehen. Die Konturen sollten nicht zu ebenmäßig sein, da Fell keine glatte Oberfläche ist.

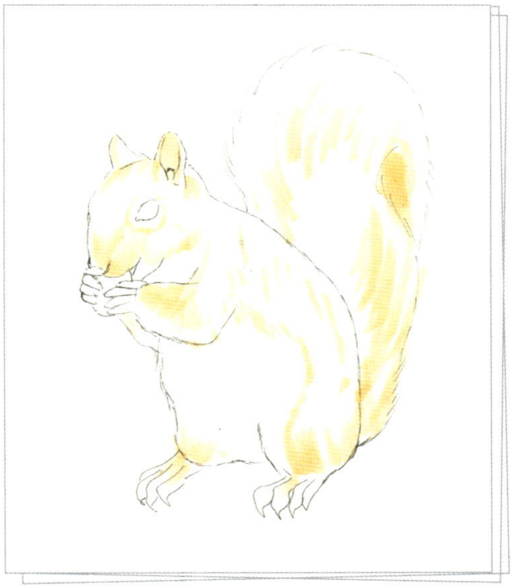

2 Im nächsten Schritt die Form sowie Schatten und Lichtpunkte mit einem hellen COPIC Marker (E31) markieren. Diese Farbe wird später nicht mehr zu sehen sein und dient der Orientierung. So verhindert man zum Beispiel, in den weißen Bauch des Eichhörnchens hineinzumalen.

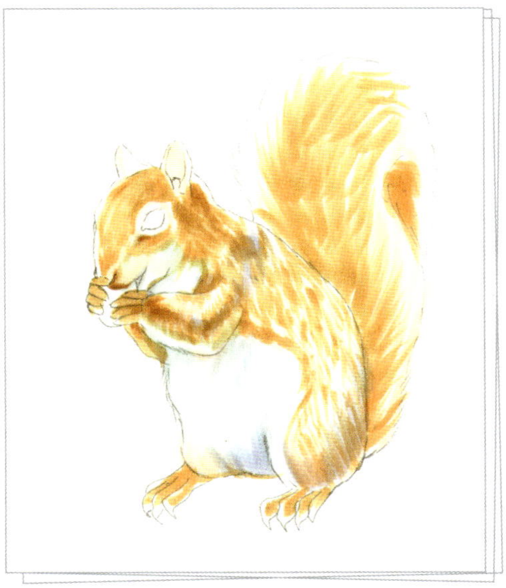

3 Im nächsten Schritt die Markierungen mit E33 weiter ausarbeiten. Im Bereich des Kopfes sehr kurze Federstriche verwenden, im Bereich von Rumpf und Gliedmaßen breite Federstriche und im Bereich des Schwanzes lange und luftige Federstriche einsetzen.

COPIC MARKER

W1	W3	W5
C1	C3	E00
E13	E15	E23
E25	E27	E31
E33	E34	E43
E71	E74	YR00
B000	B00	B52
BV20	BV23	BV31

MULTILINER

Black · Sepia
Cool Grey · Warm Grey

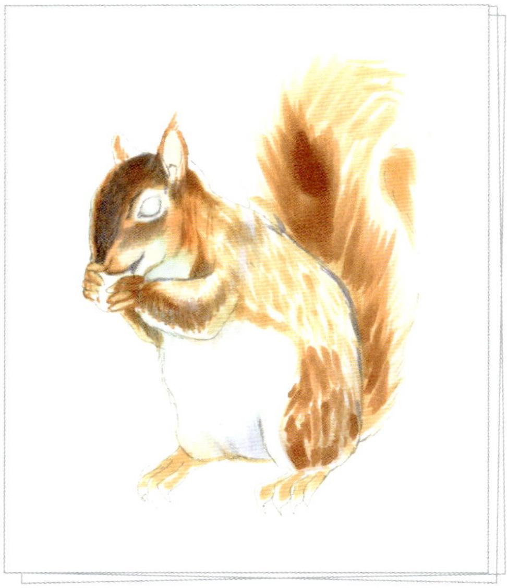

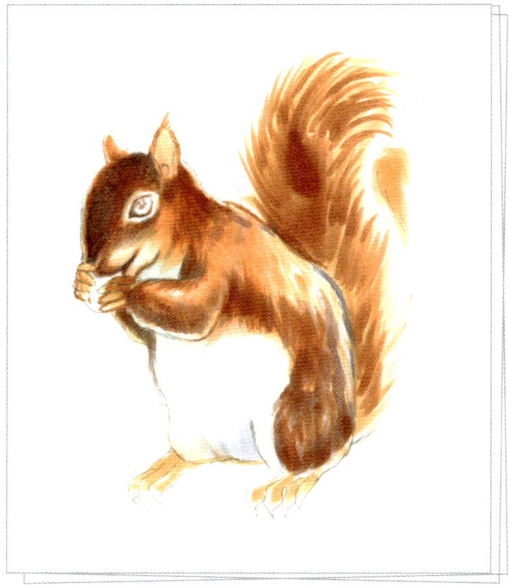

4 Nachdem das Grundgerüst steht, geht es an das richtige Kolorieren. In diesem Schritt ist es wichtig, dass Sie sich an die zuvor definierten Angaben halten. So werden im Bereich des Kopfes zum Beispiel verschiedene Farben in einem strukturierten Konfettistrich aufgetragen, im Bereich der Gliedmaßen dagegen in einem dicken Pinselstrich usw.

5 Arbeiten Sie sich Stück für Stück vor. Bei dunklem Fell bietet es sich an, in der „Dunkel-nach-Hell"-Technik zu arbeiten: Also zuerst dunkle Striche auftragen und anschließend mit einer helleren Farbe verblenden. Achten Sie dabei darauf, nicht zu schnell zu dunkel zu werden.

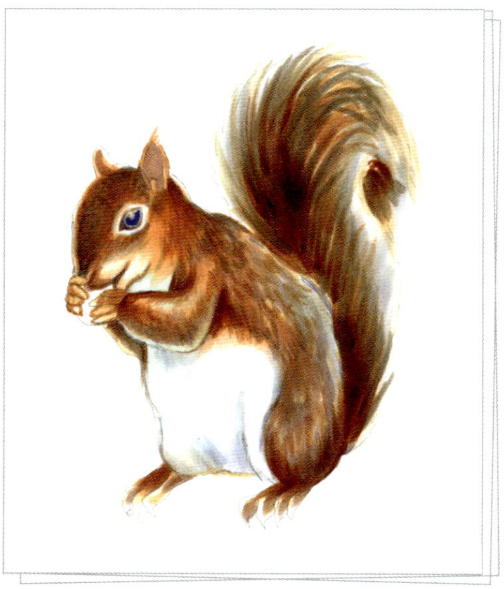

6 Für den Schwanz lange und breite Federstriche verwenden, die der Mitte entspringen. Für einen stärkeren Kontrast Blau und Lila in das Fell mit einarbeiten. Mit COPIC Markern ist es schwierig, natürlich weiße Stellen auszusparen. Deswegen kann es eine große Hilfe sein, mit pastellfarbigen Tönen zu arbeiten und dunklere Farben zu verblenden: in diesem Fall mit B00. Alternativ können Sie auch Gelb- oder Hauttöne wählen.

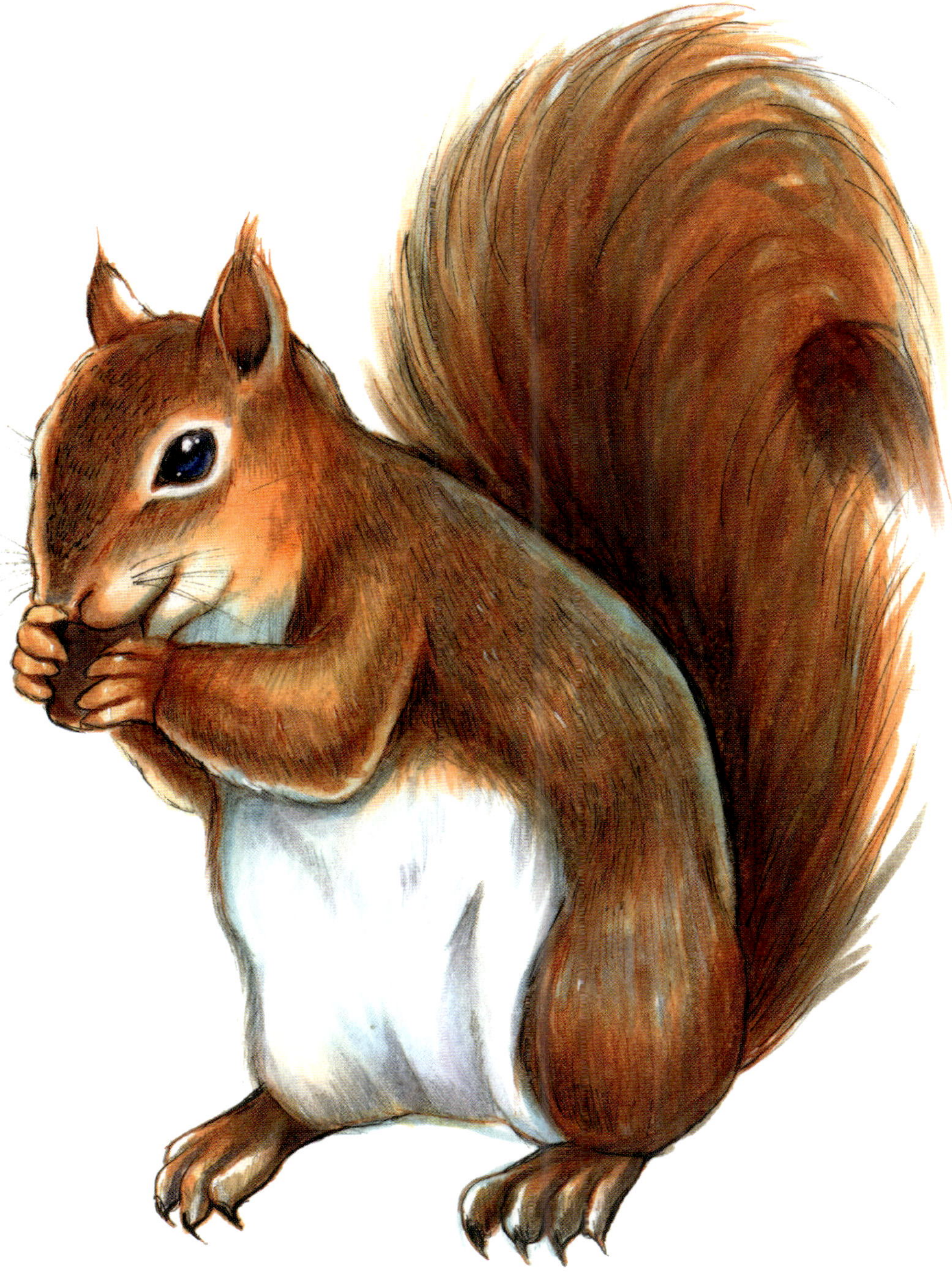

7 Abschließend die Konturen ziehen und die Fellstruktur mit verschiedenen Multilinern herausarbeiten. Das Auge sowie die Lichtreflexe und einzelne Fellhaare mit einem weißen Gelmarker betonen.

Schuppen

COPIC MARKER

G000 G00 YG00

YG41 Y00 YG21

YG23 BG11 BG23

BG32 BV23 BV31

MULTILINER

Warm Grey · Cool Grey
Turquoise

Schuppen stellen ein interessantes Bildelement dar, das Sie bei vielen Motiven einsetzen können: zum Beispiel bei Kleidung, Drachen, Meerjungfrauen und vielen weiteren Themen.

Es gibt vielerlei Formen und Arten von Schuppen. Dementsprechend finden Sie auf den folgenden Seiten mehrere Darstellungsmöglichkeiten und Anwendungsbeispiele.

Glatte Schuppen

Glatte Schuppen findet man vor allem bei Fischen und zahlreichen Reptilien.

Diese zeichnen sich dadurch aus, dass sie in einem ebenmäßigen Muster besonders eng aneinanderliegen und die einzelnen Schuppen kaum Schatten werfen. Das Schwierige am realistischen und plastischen Kolorieren von Schuppen ist es, sie wie ein einzelnes Objekt zu kolorieren, das sich dennoch in das Gesamtbild einfügt.

Schlangenschuppen

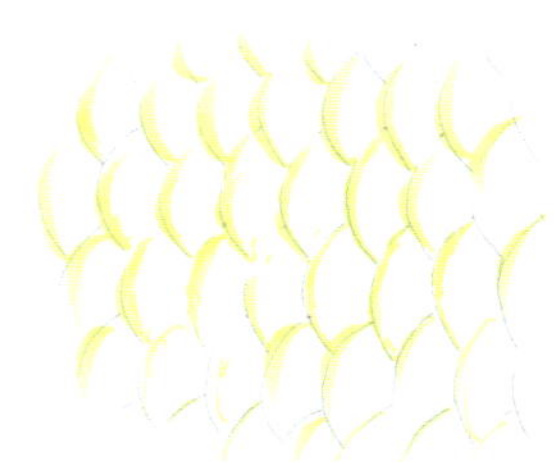

1. Schuppen sind am Rand immer an hellsten. Markieren Sie zu Beginn Ihre Lichtpunkte.

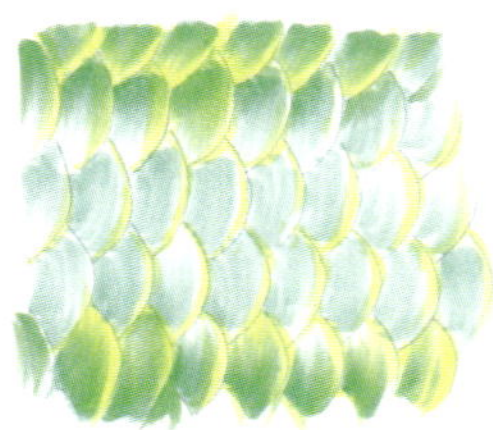

2. Im nächsten Schritt legen Sie die Grundfarben fest. Beachten Sie dabei Licht und Schatten und markieren sie diese entsprechend.

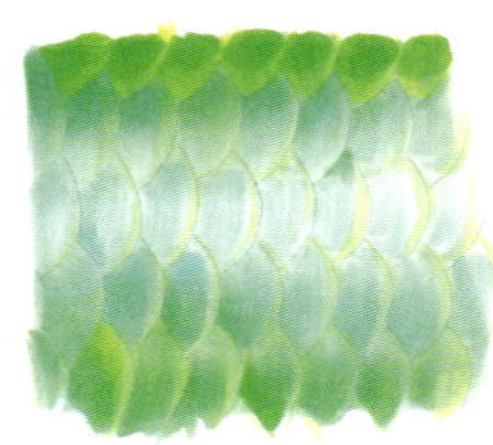

3. Jetzt werden Licht und Schatten vertieft. Teilen Sie die Schuppen in Bahnen oder Reihen auf und arbeiten Sie sich in diesen vor. In diesem Fall die Schuppen in horizontale Bahnen aufteilen. Die Reihen in der Mitte sind am hellsten, die Reihen oben und unten am dunkelsten.

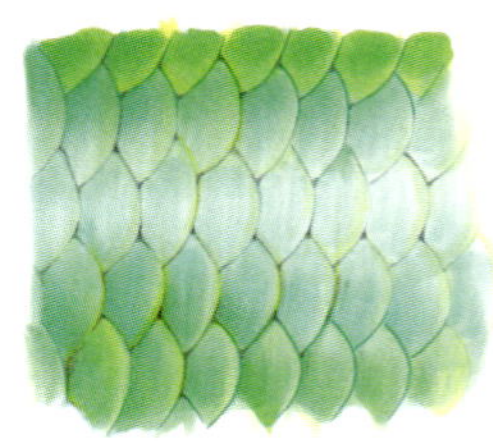

4. Nun arbeiten Sie die Abstände zwischen den einzelnen Schuppen heraus. Bei langen und tiefen Schatten liegen die Platten weit auseinander. Bei leichten und kurzen Platten liegen sie dagegen eng beieinander.

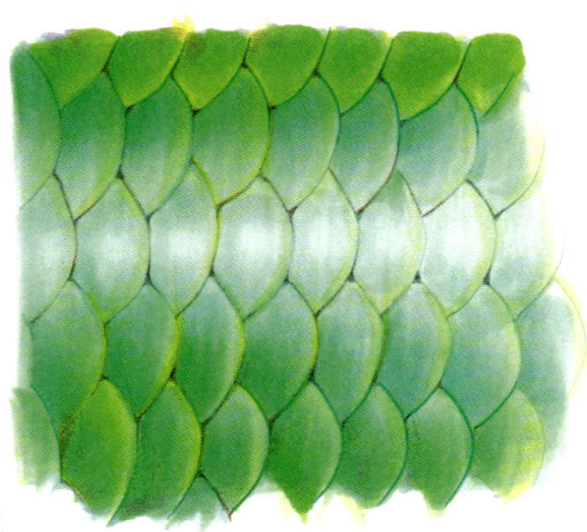

5. Abschließend werden alle Farben verblendet und die Konturen nachgezogen.

Krokodilschuppen

Große Schuppenplatten, wie man sie zum Beispiel bei Krokodilen findet, ähneln der Struktur von Steinen. Die Schuppen liegen eng beisammen, aber nicht übereinander.

COPIC MARKER

W1 W3 W5
C1 C3 C5
BV25 BG01 E00
E31 E43

MULTILINER

Warm Grey · Cool Grey

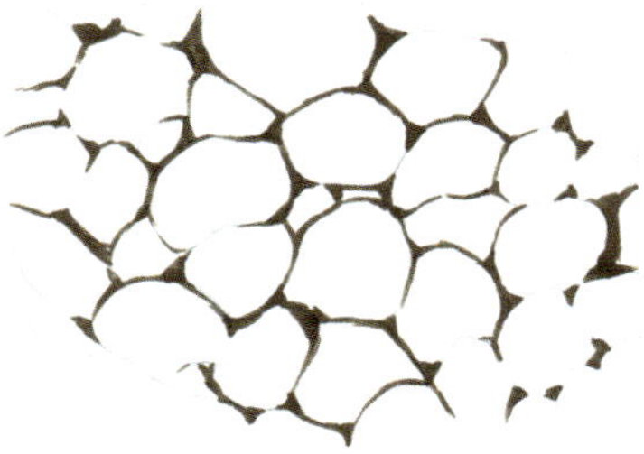

1. Im ersten Schritt werden die Konturen festgelegt sowie die Schatten. In diesem Fall können die Schatten besonders dunkel sein.

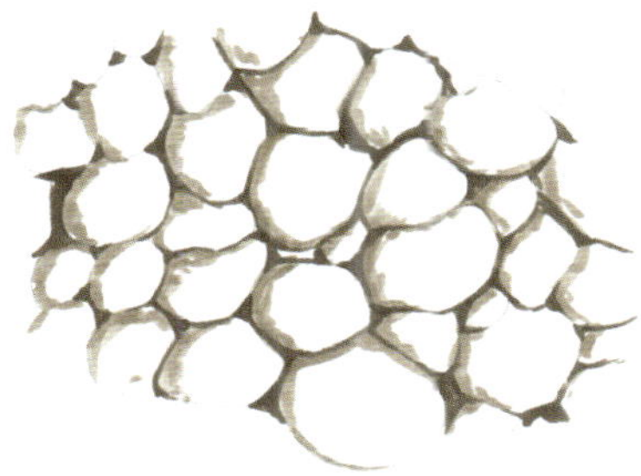

2. Im nächsten Schritt arbeiten Sie die Form weiter aus.

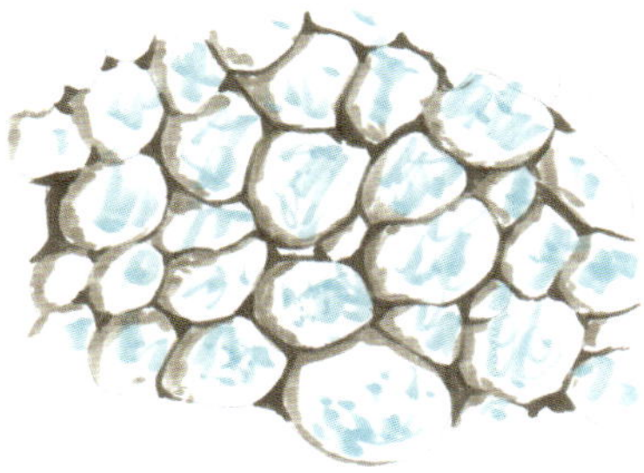

3. Danach die Maserung festlegen.

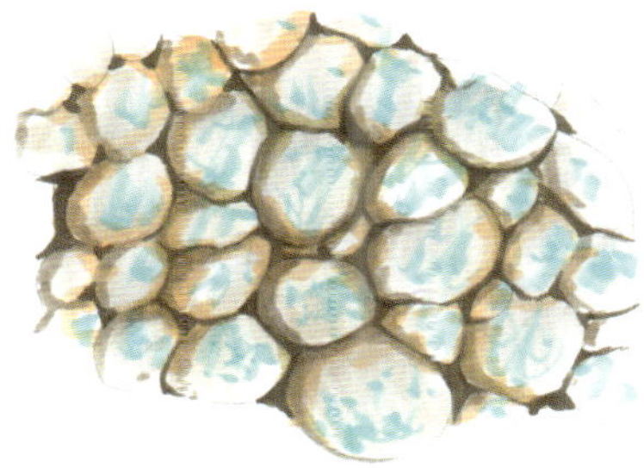

4. Schicht für Schicht die Maserung übermalen. Achten Sie darauf, dass sie mit den anderen Farben harmoniert und nicht verschwindet.

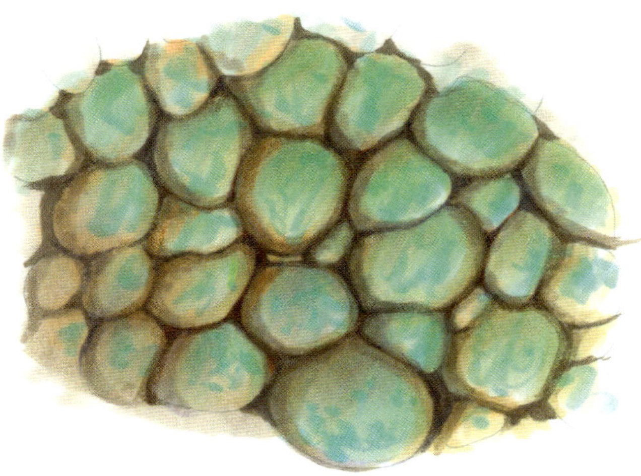

5. Abschließend alles verblenden und die Konturen mit farbigen Multilinern ausarbeiten.

COPIC MARKER

Y00 · Y02 · Y04
W3 · W5 · YG000
YG03 · YG11 · YG21
YG41 · E00 · G00
G20 · G21 · G43
BV23 · BV25 · B00
B02 · BG01 · YR00
YR01

MULTILINER

Warm Grey · Cool Grey
Turquoise · Yellow
Sepia

Schlange

Als erstes praktisches Anwendungsbeispiel habe ich eine Buschviper gewählt, da diese viele unterschiedliche Schuppen hat: Während sie am Kopf eng beieinander liegen, sind sie am Körper klar voneinander getrennt.

1 Zuerst geben Sie die Konturen vor. Hier empfehle ich Ihnen entweder einen grauen oder einen sehr dünnen (0,03-0,05) schwarzen bis braunen Multiliner. Schuppen sind sehr feine Elemente und es kann schnell passieren, dass man über die Konturen hinausmalt. Feine und farbige Linien lassen dagegen viel Raum für Fehler.

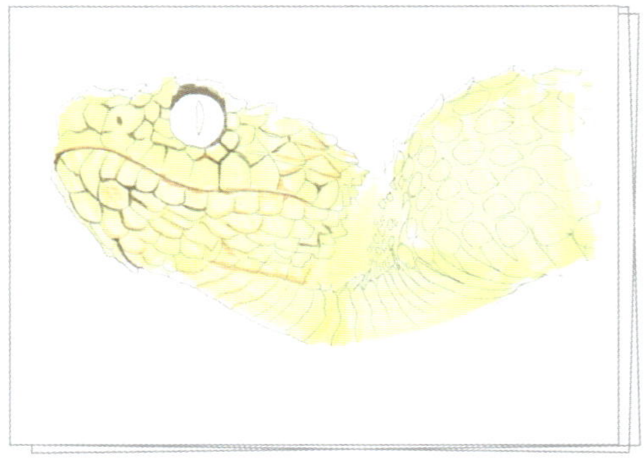

2 Im zweiten Schritt die gesamte Schlange mit Y00 grundieren und mit E31 und W3 erste Schatten vorgeben.

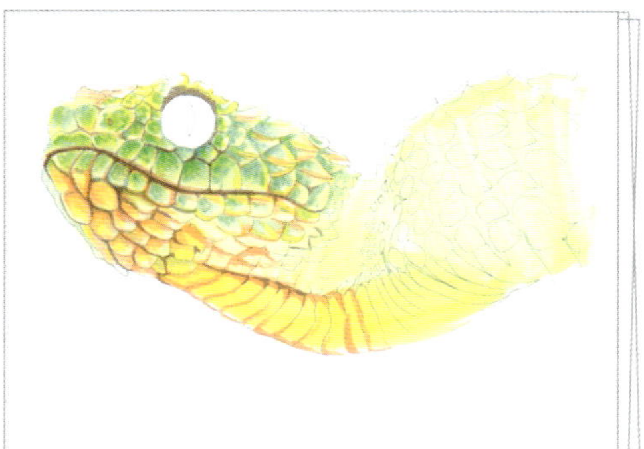

3 Danach mithilfe des Konfettistrichs eine grüne Maserung malen und Schatten weiter definieren.

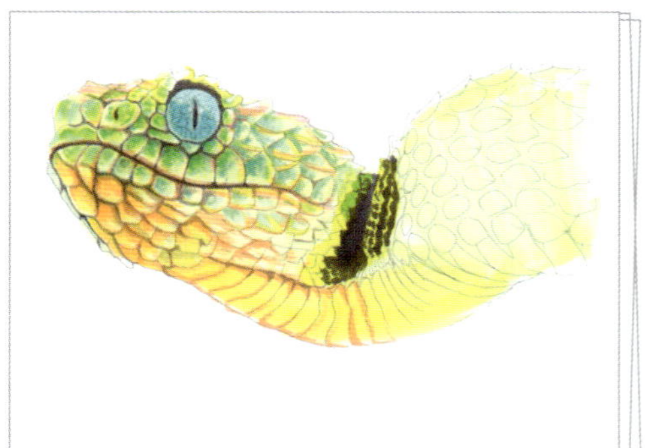

4 Jetzt diese verblenden und Stück für Stück zum Körper vorarbeiten. Mit BV25 können Sie besonders tiefe Schatten vorgeben, das Auge grundieren Sie mit B00. Anschließend mit einem grauen Multiliner die Maserung des Auges einzeichnen.

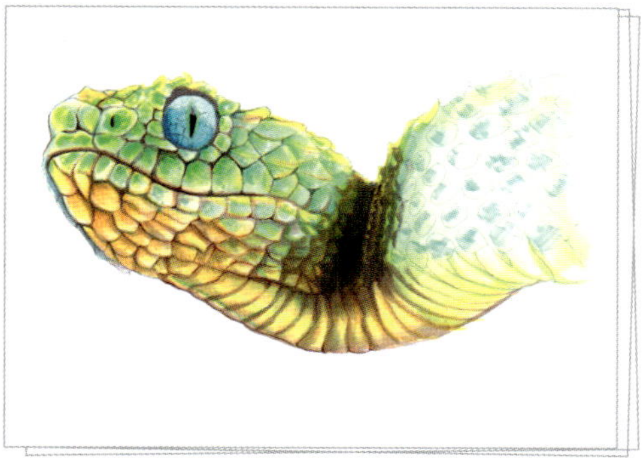

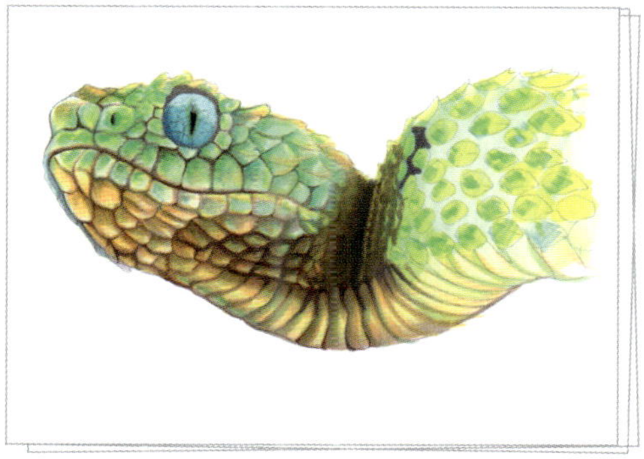

5 Mit Multilinern lassen sich harte Konturen zeichnen. Diese können abgemildert werden, indem sie wie hier mit COPIC Markern direkt nach dem Auftragen übermalt werden.

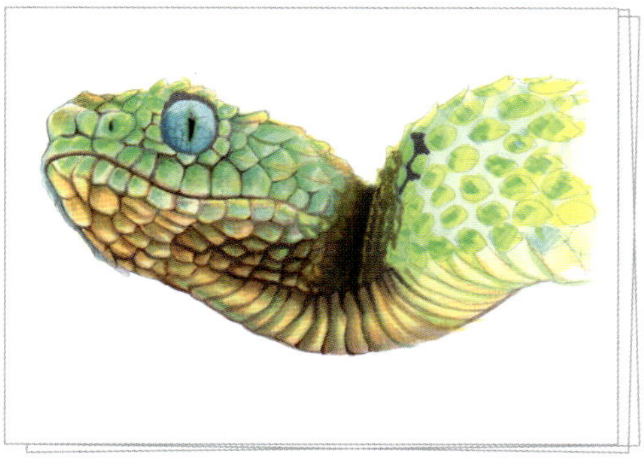

6 Schritt für Schritt arbeiten Sie sich nur vom Kopf zum Rumpf weiter vor. Beim Rumpf liegen die Schuppen weit auseinander, deshalb werden diese zunächst nur grob ausgearbeitet. Da die Zwischenräume dunkel werden, sind übermalte Konturen später nicht mehr zu sehen.

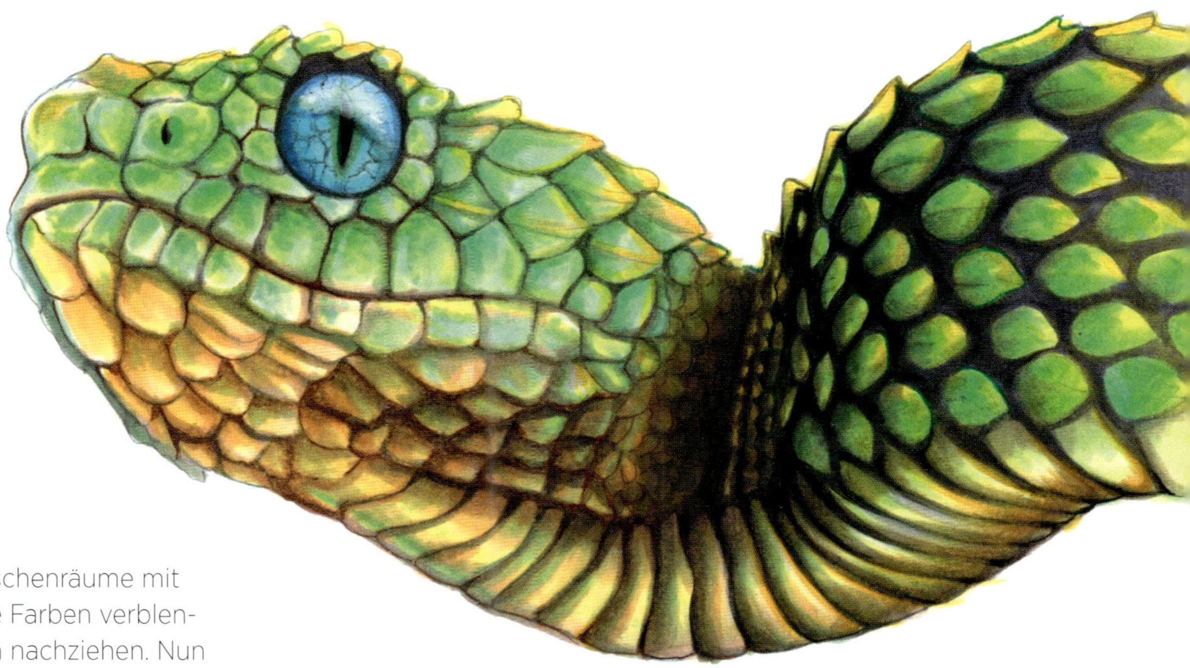

7 Zuletzt die Zwischenräume mit BV25 füllen, alle Farben verblenden und die Konturen nachziehen. Nun fehlen nur noch die Highlights, die Sie mit einem weißen Gelliner setzen.

Goldfisch

Im Gegensatz zu Reptilien liegen die Schuppen von Fischen sehr eng beieinander und glänzen oftmals. Im Folgenden finden Sie zwei Beispiele für das Kolorieren von Fischen und deren Schuppen. Die Vorgehensweise ist dabei sehr ähnlich.

COPIC MARKER

YR00 · YR01 · YR04 · YR12 · YR14 · YR15 · E00 · E51 · Y00 · Y02 · Y04 · Y06 · Y13 · Y17 · Y23 · Y26 · Y28 · Y38 · B00 · W1 · W3 · 100

MULTILINER

Warm Grey · Cool Grey
Orange · Yellow
Sepia

1 Besonders bei Fischschuppen sollten die Konturen fein und zart sein, da die Schuppen sich kaum voneinander abheben. Auch hier empfehlen sich Multiliner in den Stärken 0,03-0,05.

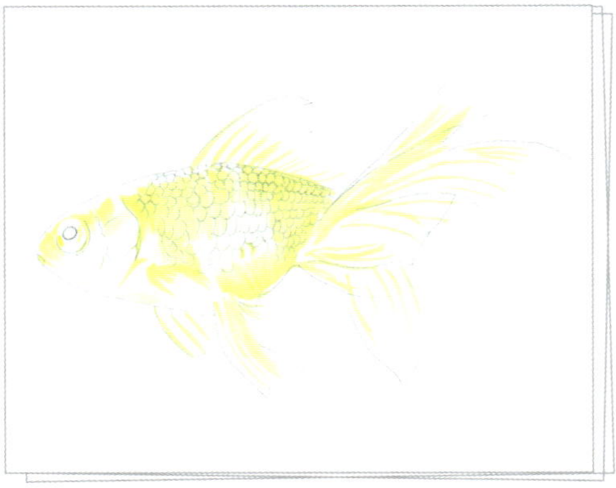

2 Bei einem Goldfisch gibt es einige weiße Stellen sowie Lichtreflexe, die Sie entsprechend aussparen müssen. Deswegen ist hier eine Markierung der farbigen Partien mit einer hellen Farbe besonders wichtig. So verhindern Sie, dass Sie später zu dunkel werden.

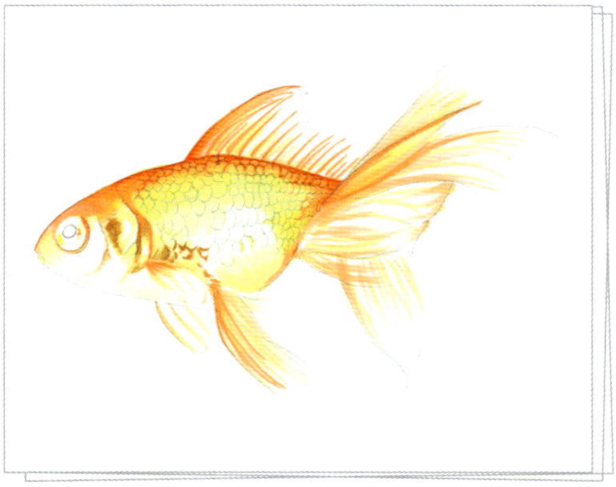

3 Im nächsten Schritt die dunklen Stellen markieren.

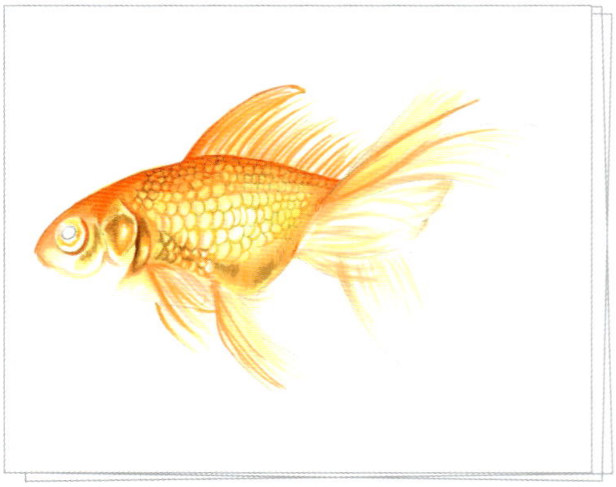

4 Diese Farben anschließend in der „Dunkel-nach-Hell"-Technik verblenden. Mit linearen Strichen und Pinselstrichen definieren Sie jetzt die Flossen.

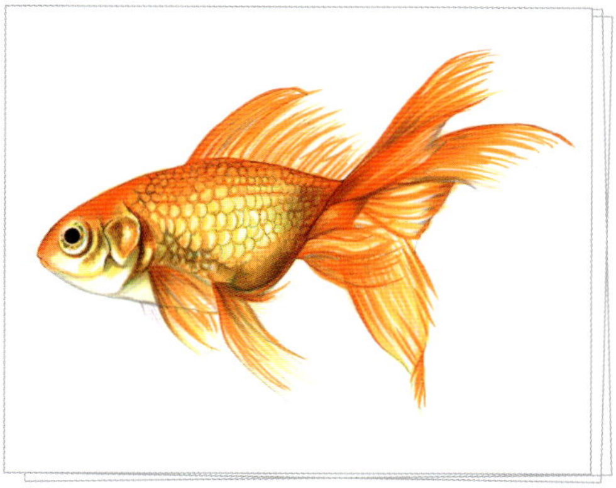

5 Danach alle Farben mit helleren Farbtönen wie Y00 verblenden.

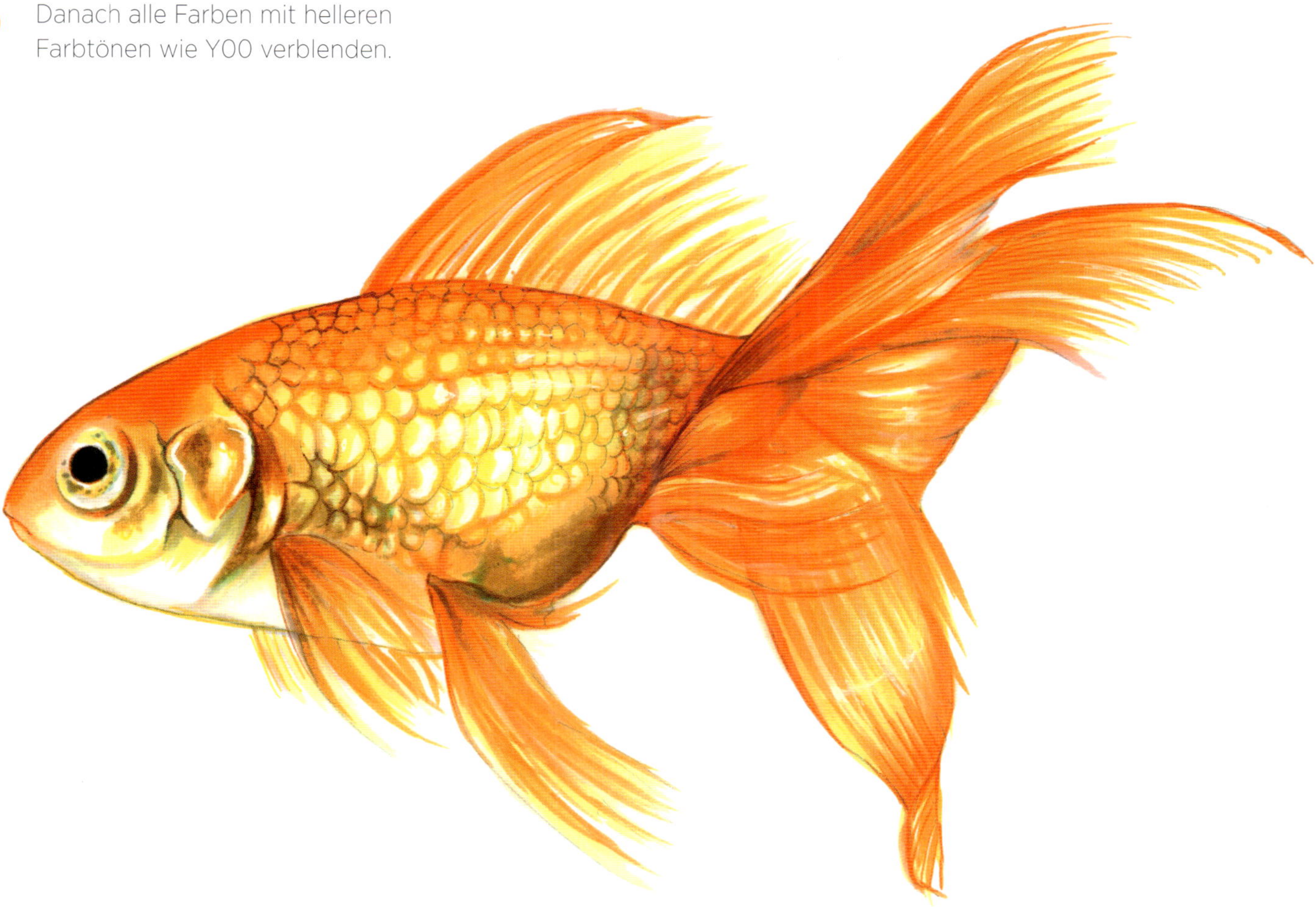

6 Ganz zum Schluss die Konturen mit farbigen Multilinern nachziehen und betonen. Außerdem mit einem weißen Gelliner Highlights setzen.

Siamesischer Kampffisch

COPIC MARKER

BV00 BV23 BV31
B01 B02 B05
B12 B23 B24
BG0000 BG01 BG02
R02 R22 R24
R27 R32 R37
100

MULTILINER

Red · Sky Blue
Cobalt Blue
Cool Grey

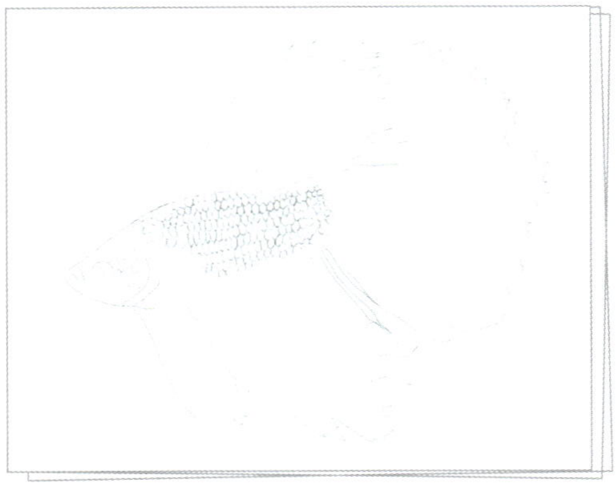

1 Im ersten Schritt die Konturen zeichnen. Definieren Sie dabei nur die Umrisse und die Schuppen, um möglichst viel Spielraum zu lassen.

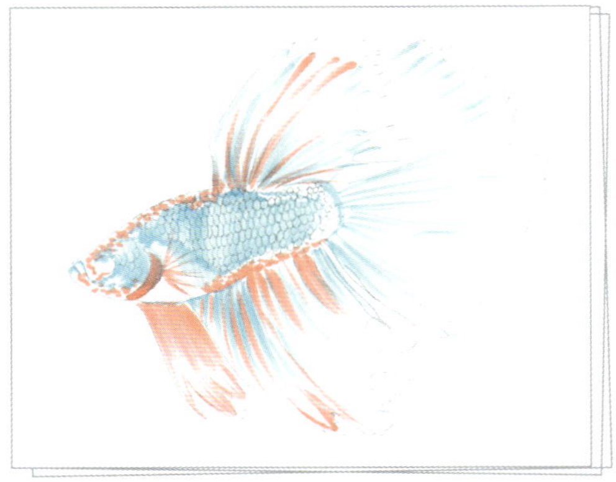

2 Dann mit B00 und R32 die Farbgebung des Fisches festlegen.

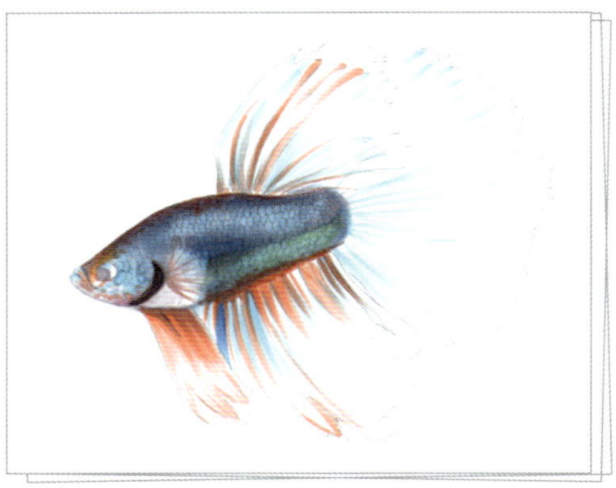

3 Den Rumpf kolorieren, dabei die Schuppenstruktur völlig ignorieren. Mithilfe des Pinselstrichs und verschiedener Farbtöne bereits erste Lichtreflexe setzen.

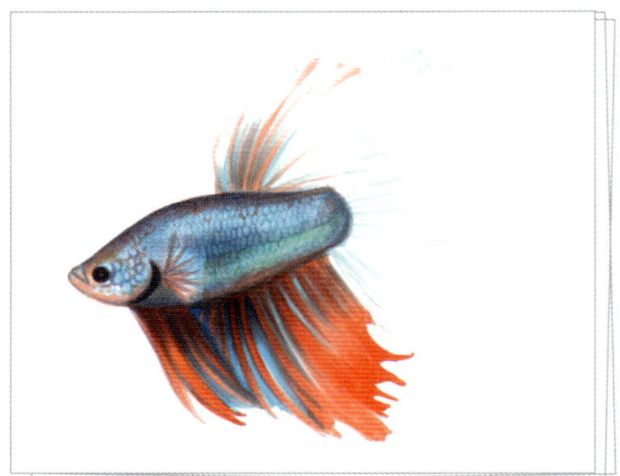

4 Im nächsten Schritt arbeiten Sie die Schwanzflossen weiter aus. Dabei kommen zuerst nur hellrote Töne wie R22, R27 und R32 zum Einsatz, da bei dunkleren die Gefahr besteht, dass sie in Mischung mit Blau schmutzig wirken würden. Einzelne Schuppen hervorheben, indem Sie sie mit verschiedenen Blautönen wie B23, B12 und BG02 zart umranden.

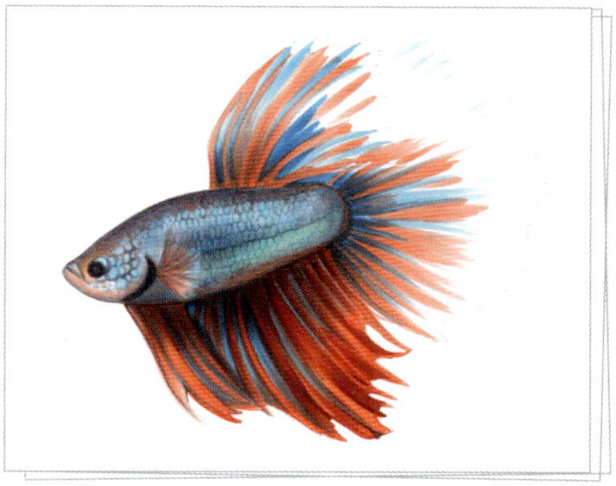

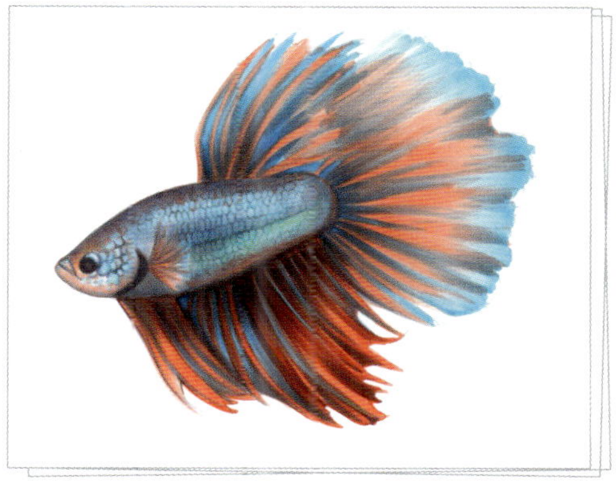

5 Bei der Schwanzflosse achten Sie unbedingt darauf, dass sich Blau und Rot nicht zu stark mischen.

6 Deswegen tragen Sie die Farben hier nur Stück für Stück mit dem Pinselstrich auf.

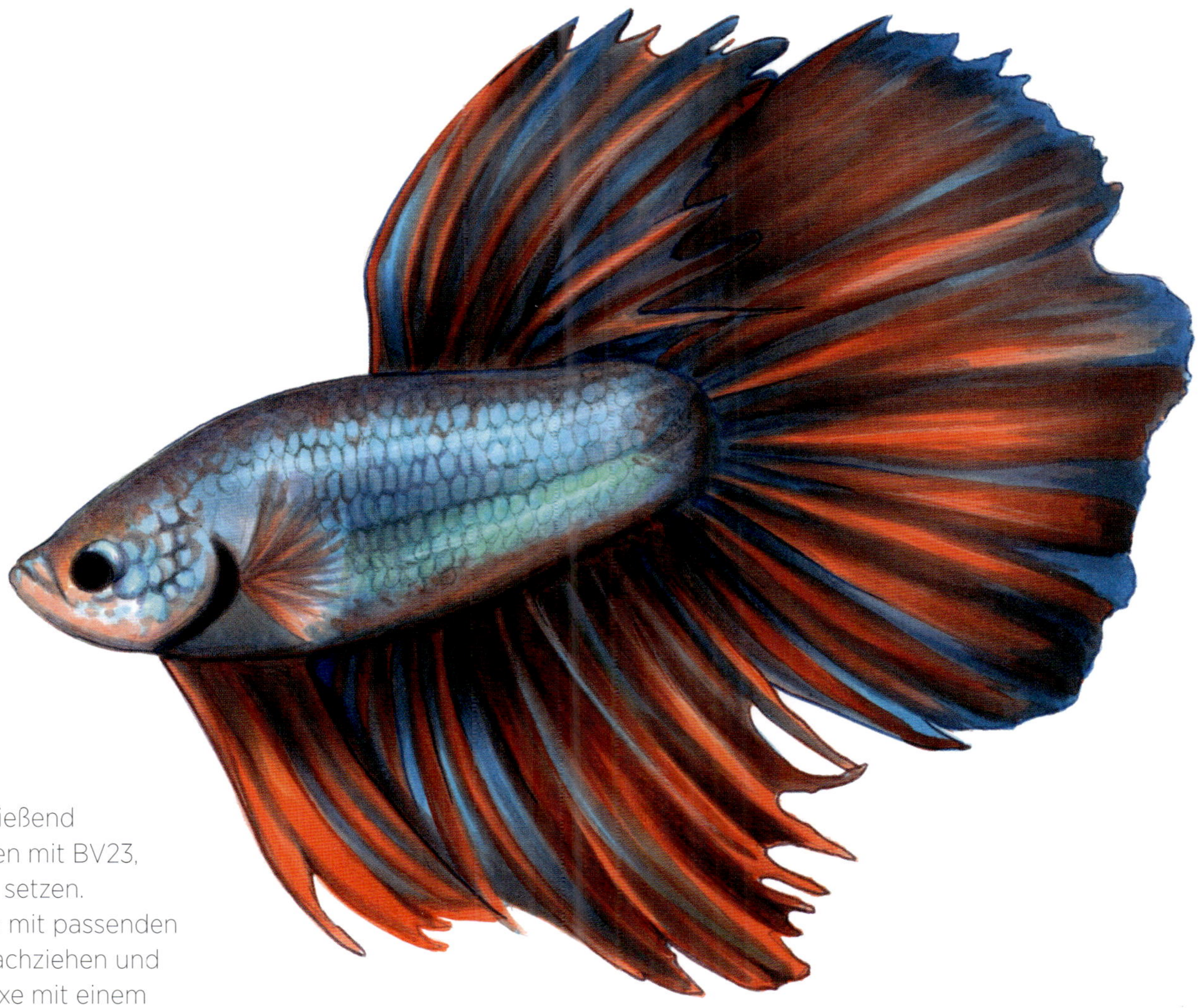

7 Abschließend Schatten mit BV23, B24 und R37 setzen. Die Konturen mit passenden Multilinern nachziehen und die Lichtreflexe mit einem weißen Gelliner betonen.

Holz

Holz begegnet uns in vielerlei Formen: Angefangen bei der Tischplatte bis hin zum Baumstumpf gibt es viele Gelegenheiten, Holz zu zeichnen.

Genauso vielzählig sind die Möglichkeiten, Holz darzustellen. Hier zeige ich Ihnen zwei Varianten:

Holz 1

COPIC MARKER

W1 W3 W5
C3 E00 E15
E23 E31 E33
E43 E74 B00
BV25

MULTILINER

Black · Cool Grey

1. Die Baumstruktur zuerst in einem hellen Farbton (W1) mit dem Pinselstrich vorgeben.

2. Im nächsten Schritt kommen weitere Farben hinzu.

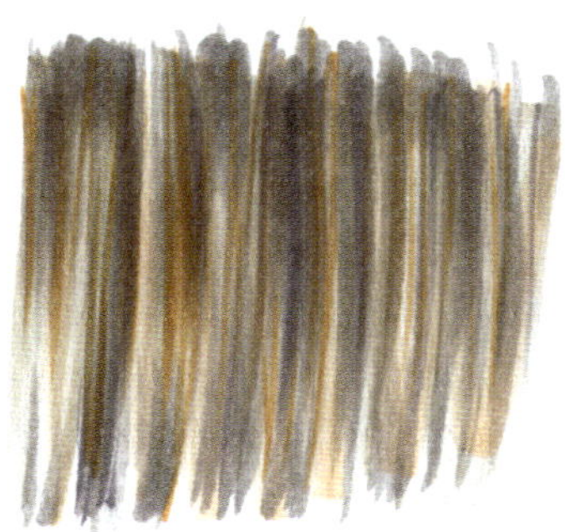

3. Im dritten Schritt Vertiefungen und Struktur mit verschiedenen Farbtönen herausarbeiten. Die Farben werden dabei sowohl in sehr feinen linearen Strichen als auch mit Pinselstrichen aufgetragen.

4. Abschließend die Struktur mit einem Multiliner herausarbeiten.

Holz 2

Variante 2 ist in den ersten Schritten sehr ähnlich.

COPIC MARKER

W1 · W3 · W5 · C3 · E00 · YR00 · E15 · E23 · E31 · E33 · E43 · E74 · B00 · BV23

MULTILINER

Black · Cool Grey

1. Zuerst wird die Grundstruktur vorgegeben.

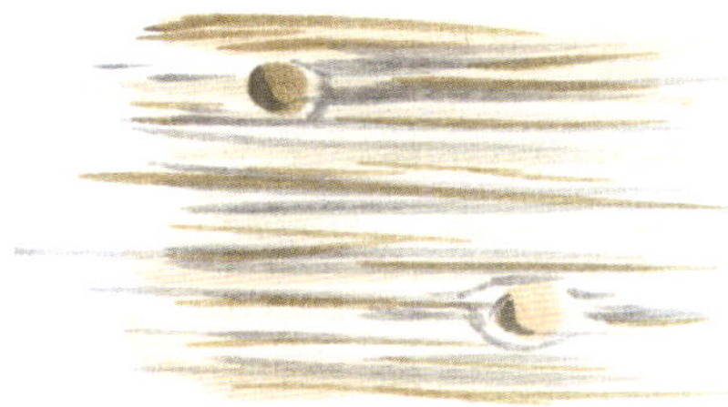

2. Danach wird diese ausgearbeitet.

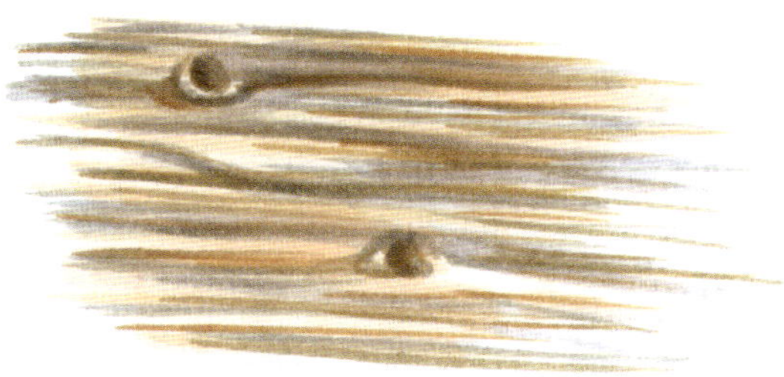

3. Allerdings werden in Schritt 3 wesentlich mehr lineare Striche eingesetzt, um die einzelnen Strukturen nahezu komplett mit COPIC Markern herauszuarbeiten.

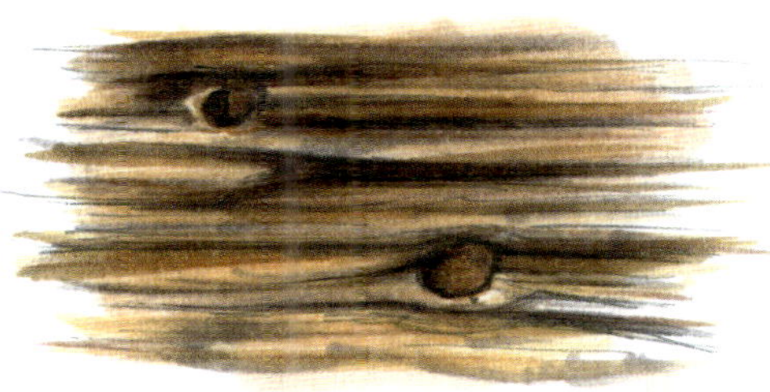

4. Im letzten Schritt mit grauen Multilinern nur noch betonen.

Ast

Das Eichhörnchen von Seite 59 bietet sich als perfektes Übungsbeispiel für einen Ast an.

COPIC MARKER

W1 W3 W5
C3 E00 E15
E23 E25 E31
E33 E35 E74
YR00 Y00 B000
B52 BV20 BV23
BV25

MULTILINER

Black · Sepia
Cool Grey · Warm Grey

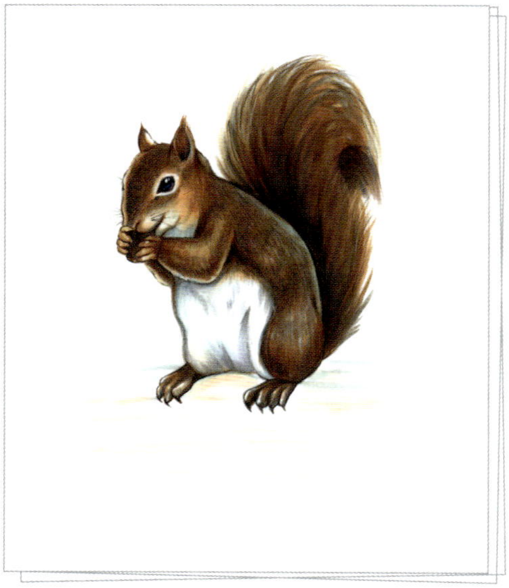

1 Im ersten Schritt die Form sowie Licht- und Schattenpunkte markieren. Da ich beim Eichhörnchen einen blauen Farbton für die Lichtreflexe gewählt habe, sollte dies auch für den Ast gelten, auf dem es sitzt.

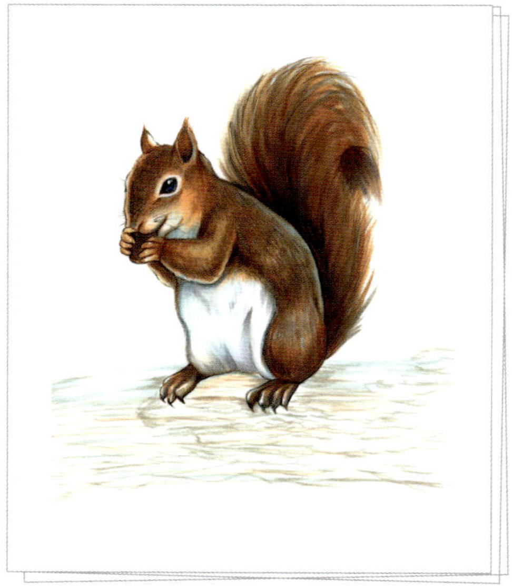

2 Nun mithilfe von W3 die Form des Astes weiter definieren und herausarbeiten.

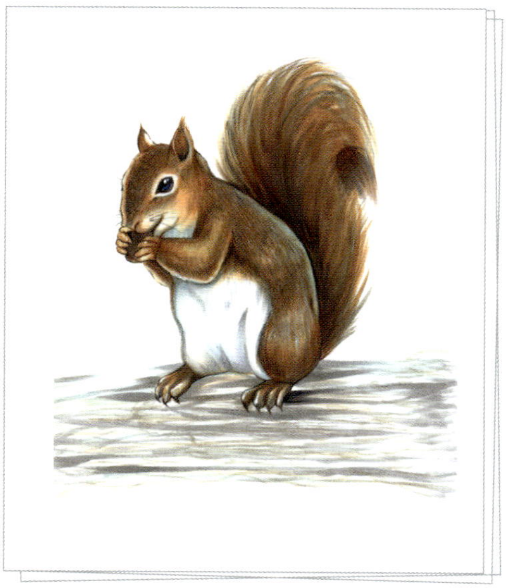

3 Mit BV23 in diesem Schritt weitere Schatten setzen, dadurch ist der Ast mittlerweile klar zu erkennen.

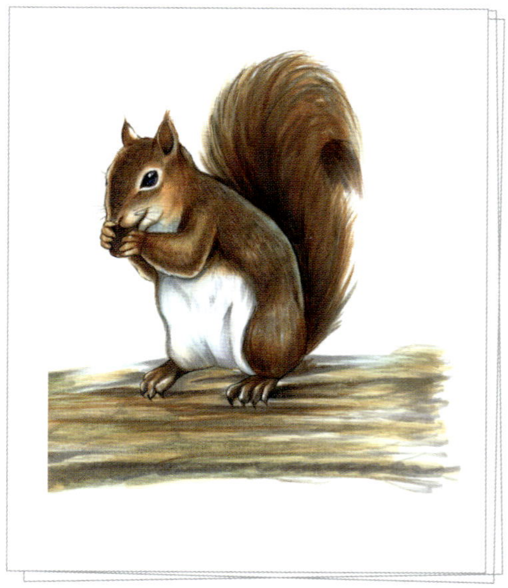

4 Nachdem die Grundstruktur steht, die ganze Fläche mit entsprechenden Farben übermalen und einzelne Elemente weiter ausarbeiten.

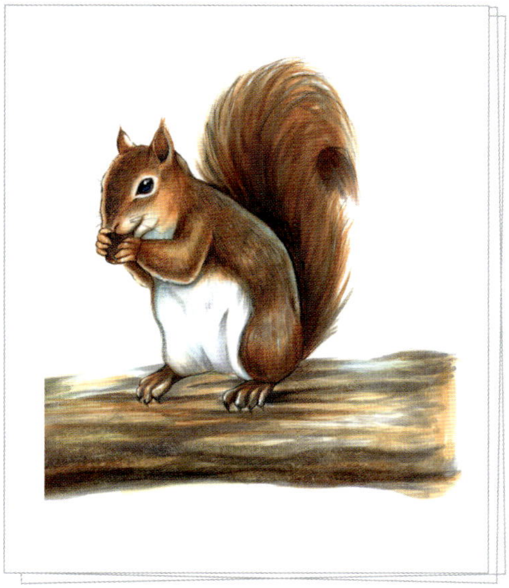

5 In Schritt 5 Licht und Schatten weiter definieren.

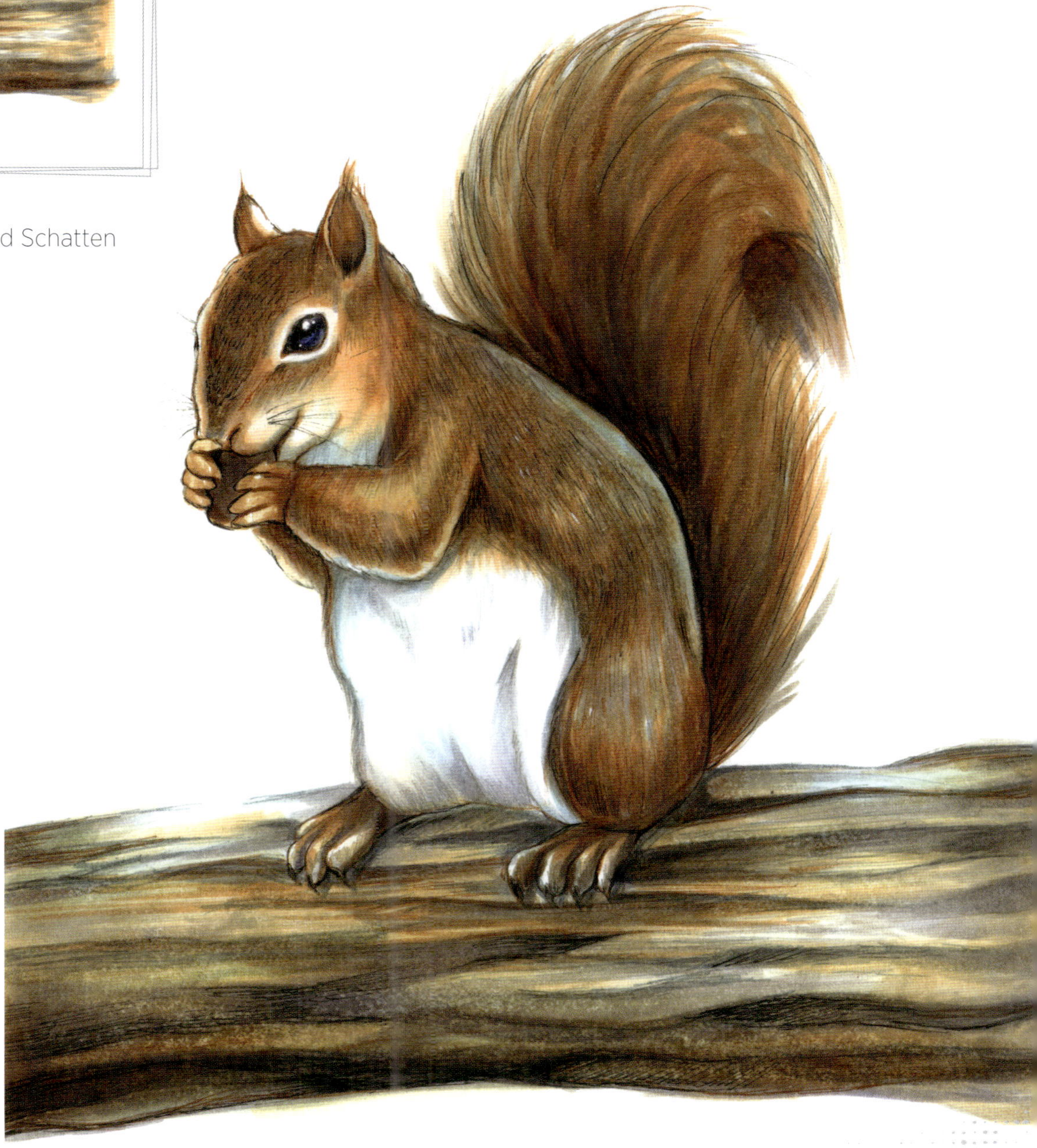

6 Abschließend mit grauen und braunen Multilinern die einzelnen Elemente betonen und Konturen ziehen.

Bäume

Jeder Zeichner musste sicherlich schon einmal einen Baum zeichnen und auf den ersten Blick erscheint dieses Thema komplex und schwierig. Dabei gibt es eine einfache Technik, mit der sich Bäume einfach und für alle Künstlergruppen geeignet darstellen lassen.

Laubbaum

COPIC MARKER

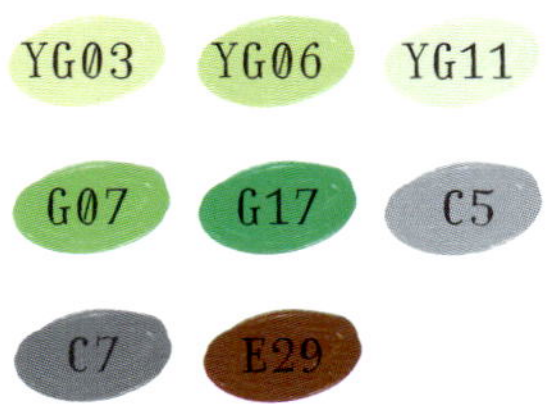

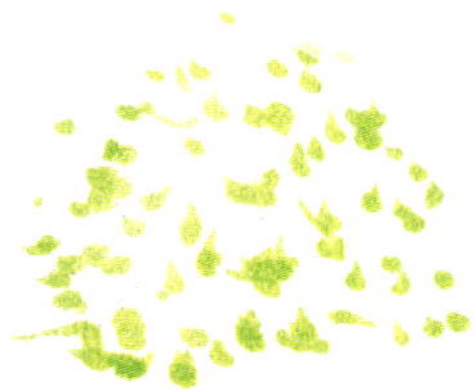

1. Im ersten Schritt wird eine Farbe im Konfettistrich aufgetragen. Das ist die Grundfarbe.

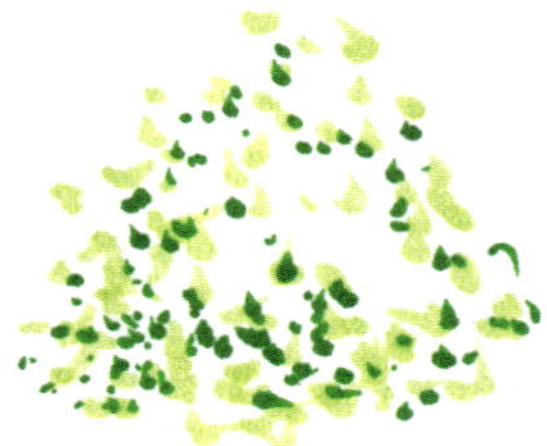

2. Im zweiten Schritt kommt eine weitere Farbe hinzu und die Form des Baumes wird festgelegt.

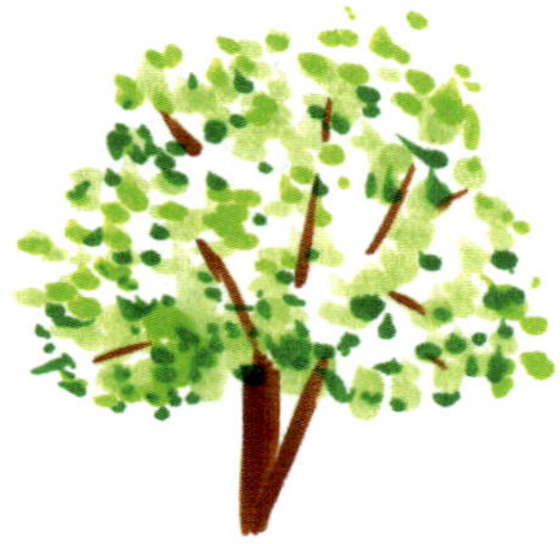

3. Als Nächstes werden Baumstumpf und Äste definiert.

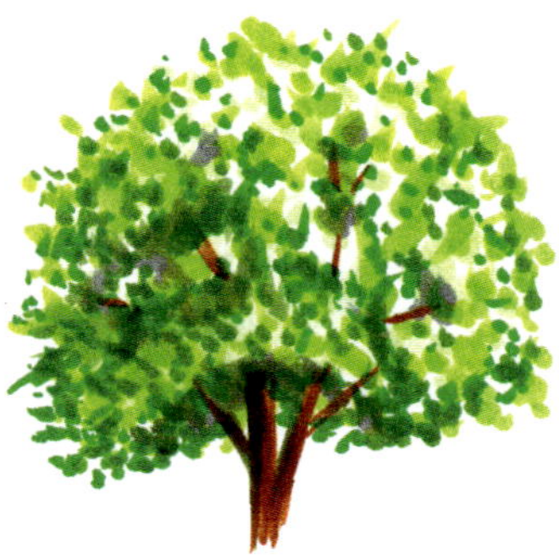

4. Abschließend wird das Blätterdach um weitere Farben ergänzt.

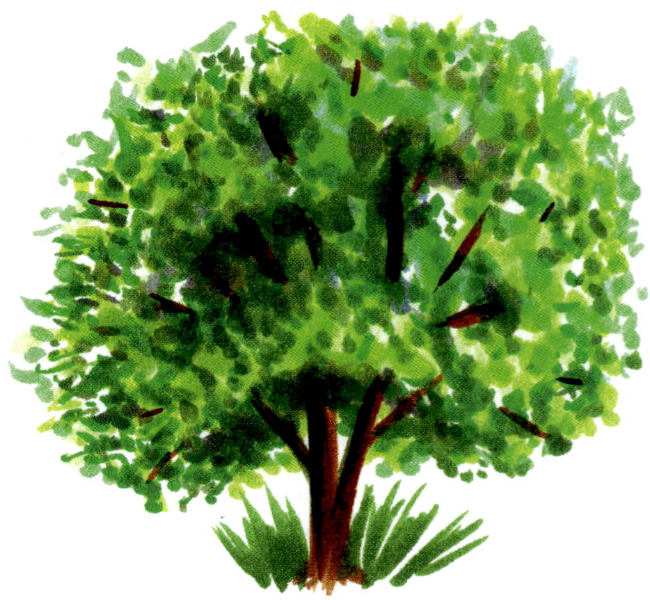

Baumvarianten

Das Geheimnis beim Zeichnen von Bäumen ist eine facettenreiche Farbauswahl. Je größer die Farbpalette ist, desto lebendiger wirkt der Baum.

COPIC MARKER

YG03	YG06	YG11
YG21	YG23	YG63
YG67	G07	G16
G17	G28	G46
BG93	C5	C7
E29	E37	

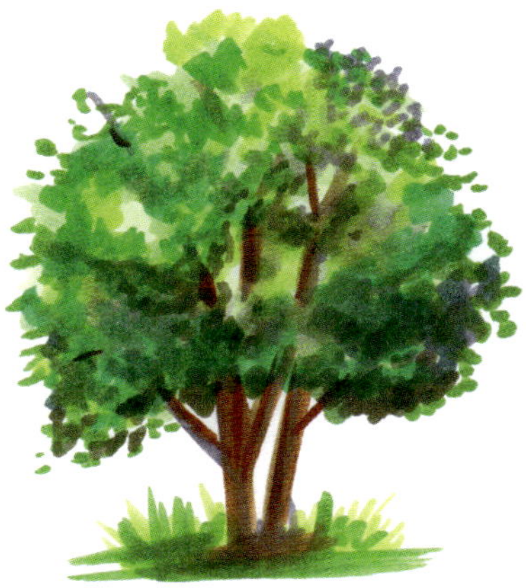

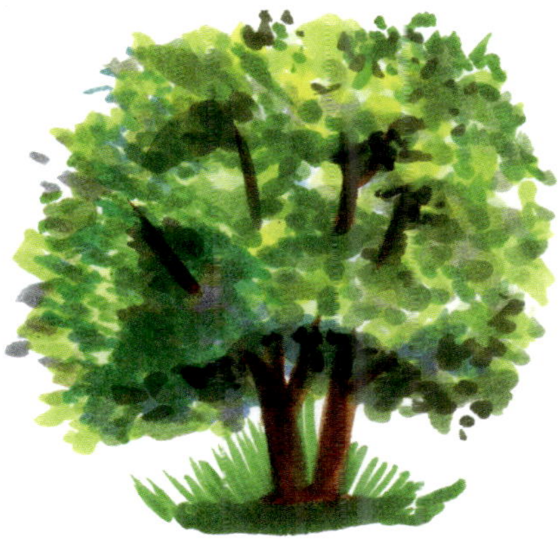

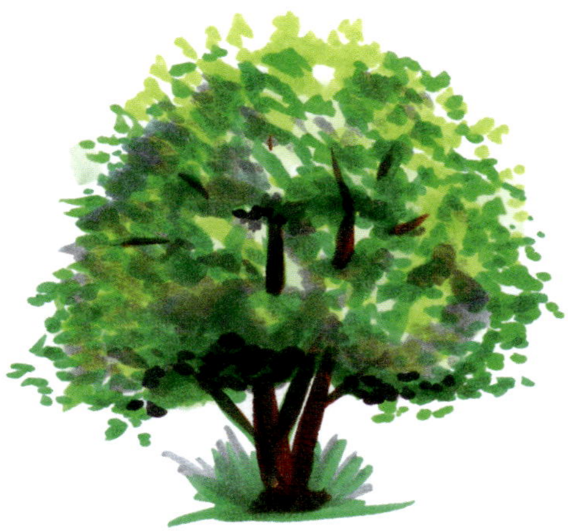

Kirschbaum

Natürlich lässt sich diese Methode auch in anderen Farben umsetzen.

COPIC MARKER

R00	R01	R21
R43	BV00	BV01
YR01	E29	E37

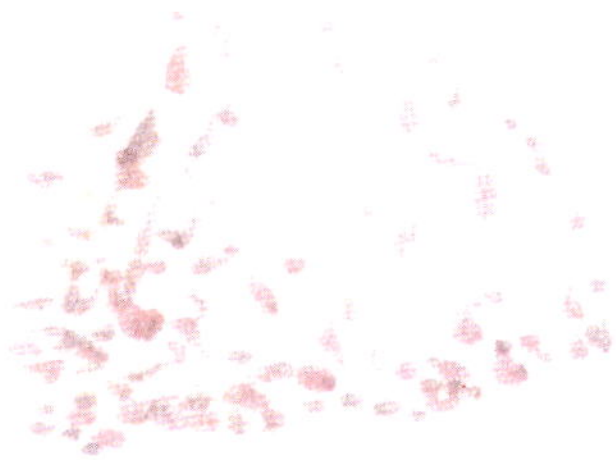

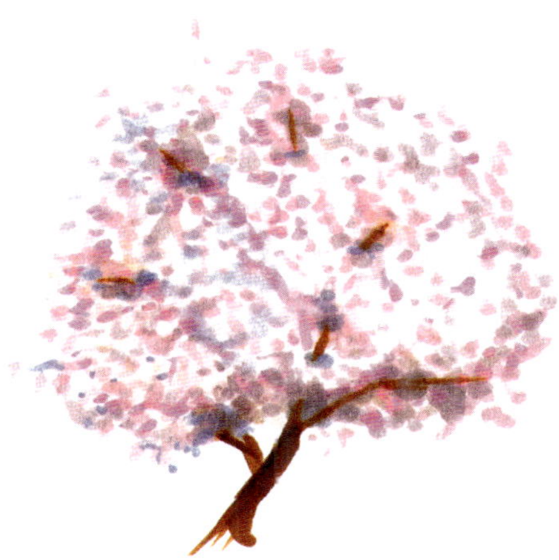

Steine

Sobald Sie Licht und Schatten gemeistert haben, werden Sie keinerlei Probleme mit einfachen Steinen haben.

Stein 1

COPIC MARKER

W1 W3 W5 W7

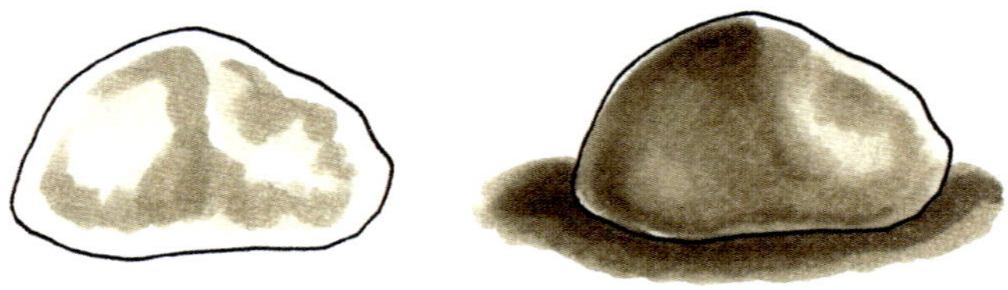

1. Im ersten Schritt geben Sie Licht und Schatten mit einem dunklen Marker.

2. Verblenden Sie diesen anschließend mit einer helleren Farbe.

Stein 2

COPIC MARKER

W1 W3 W5 W7 BV23

Etwas komplexer wird es, wenn der Stein eine Maserung haben soll.

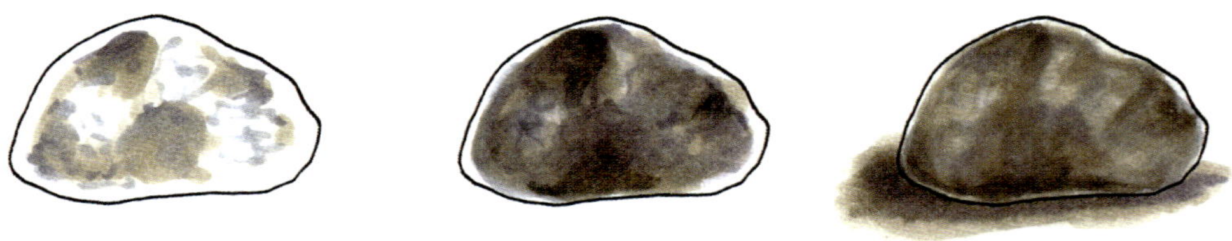

Maserungen können Sie zum Beispiel an einer Kugel erst einmal üben. Dabei gehen Sie wie beim Kolorieren einer normalen Kugel vor:

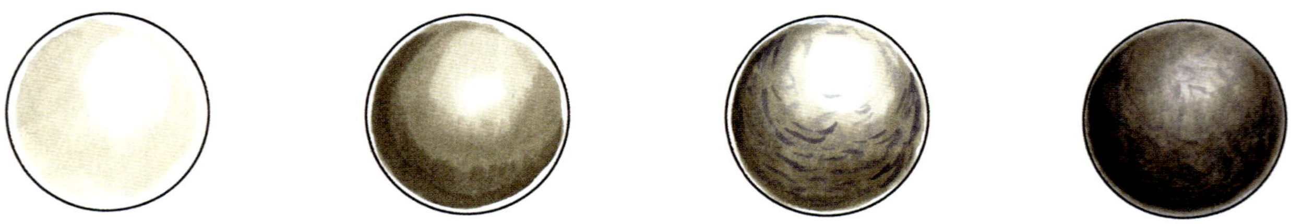

1. Zuerst wird grundiert.

2. Danach werden Schatten gesetzt.

3. Im vorletzten Schritt wird die Maserung hinzugefügt.

4. Abschließend wird diese verblendet.

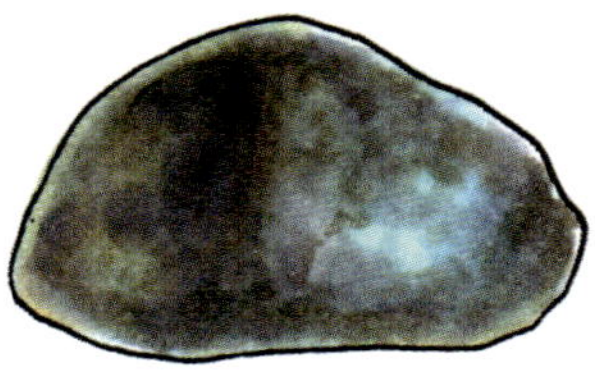

Stein 3

Da Steine in verschiedensten Formen und Farben vorkommen, sind der Kreativität keine Grenzen gesetzt. Diese Technik können Sie natürlich auf alle Formen übertragen.

COPIC MARKER

W1	W3	W5
W7	B00	B01

Gras

Wenn Sie sich bereits mit dem Thema Fell (Seite 57) beschäftigt haben, sollte Gras kein großes Problem für Sie darstellen. Ähnlich wie bei Bäumen liegt der Trick in der Strichtechnik und der Farbwahl.

COPIC MARKER

YG03	YG06	YG11
G07	G46	G99

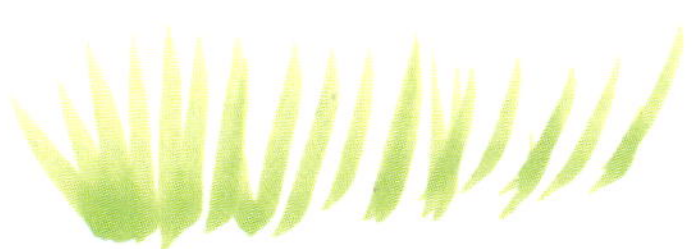

1. Die Grasstruktur wird mithilfe des Federstrichs zunächst mit einer Grundfarbe vorgegeben.

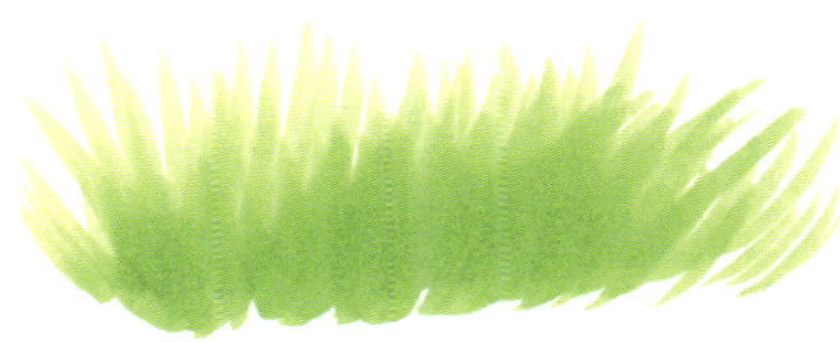

2. Im nächsten Schritt fügen Sie weitere Federstriche hinzu.

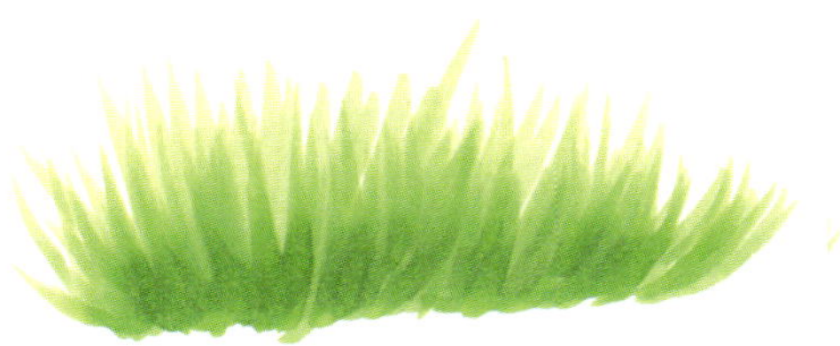

3. Ähnlich wie bei langem Fell ist es wichtig, dass Sie in eine Richtung arbeiten.

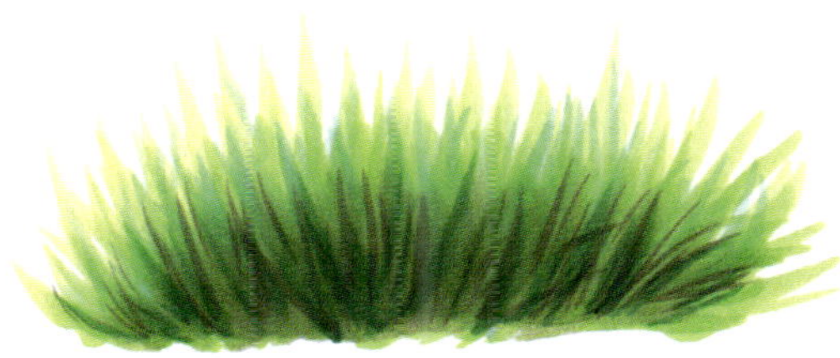

4. Nach und nach mehrere Farben in unterschiedlichen Strichbreiten ergänzen, bis Sie mit dem Ergebnis zufrieden sind.

Blumen

Blumen sind ein sehr beliebtes Motiv unter Künstlern. Es gibt viele Arten und Möglichkeiten, Blumen zu zeichnen. Im folgenden Abschnitt finden Sie zwei der populärsten Vertreter, die Rose und die Sonnenblume. Die Vorgehensweise und die gezeigten Techniken lassen sich aber auf viele andere Arten anwenden.

Rose

Rosen zählen zu den beliebtesten, aber auch schwierigsten Blumenmotiven. Nicht nur ihre Form ist sehr komplex, rote Rosen sind aufgrund ihrer pigmentreichen und satten Farbe nicht so leicht zu kolorieren. Schnell kann es passieren, dass man zu dunkel wird oder die Farbe verschmiert. Deswegen sollten Sie Rosen immer sehr bedacht ausmalen.

COPIC MARKER

R22 R24 R27
R37 R46 R59
BV23 BV25 YG41
G05 G07 YG67
BG23

MULTILINER

Olive · Wine
Cool Grey

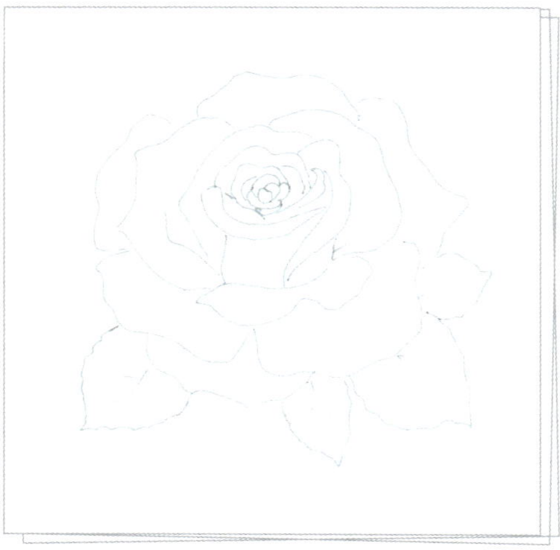

1 Rosen haben eine sehr komplexe Form. Beachten Sie beim Zeichnen und beim Linienziehen, dass die Blätter nicht kreuz und quer angeordnet sind, sondern aus der Mitte spiralförmig entwachsen.

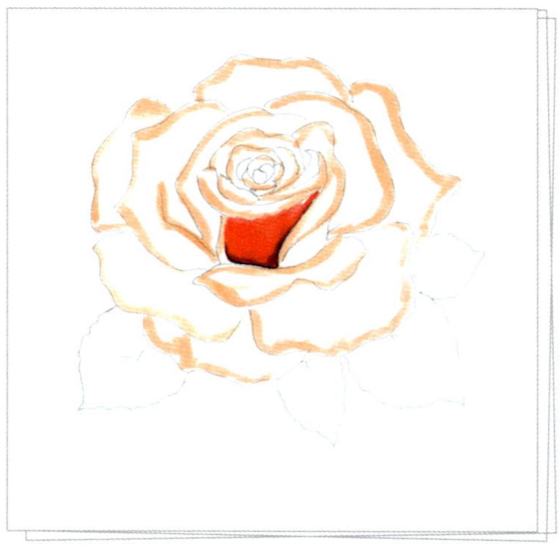

2 Zuerst markieren Sie die Lichtpunkte Ihrer Blütenblätter mit einem hellen Marker. So verhindern Sie, dass Sie zu schnell zu dunkel werden. Für rote Rosen bietet sich besonders die „Dunkel-nach-Hell"-Methode (Seite 37) an. Beginnen Sie dafür mit dem dunkelsten Farbauftrag, verblenden Sie ihn dann mit einem mittleren Farbton und ziehen Sie anschließend einen helleren Farbton bis zum Rand.

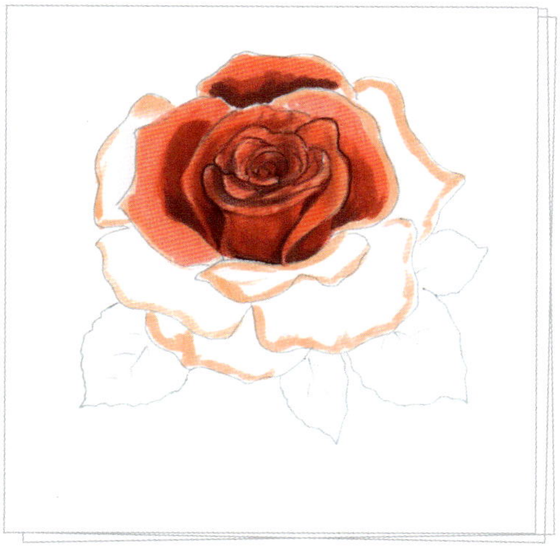

3 Haben Sie Geduld und arbeiten Sie sich Blatt für Blatt vor. Solange die Farbe noch nass ist, lassen sich einfach weiche Übergänge erzeugen.

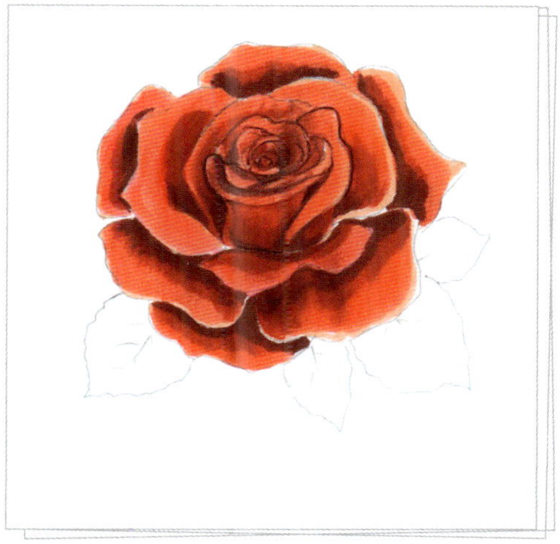

4 Bei satten Farben besteht leicht die Gefahr, dass am Ende alles wie ein monotoner Farbbrei wirkt. Arbeiten Sie sich vorsichtig vor und lassen Sie Abstände zwischen den einzelnen Blättern. Mit Hilfe eines hellen Farbtons wie R22 können Sie diese zum Schluss übermalen.

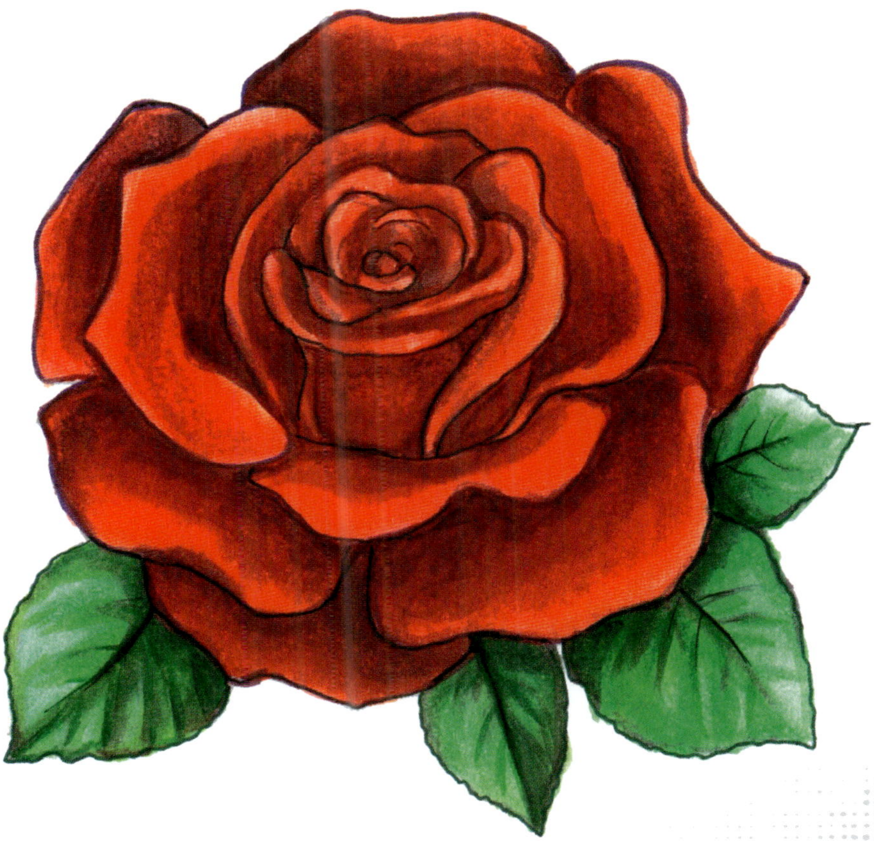

5 Im letzten Schritt die Konturen mit Hilfe eines roten und grünen Multiliners ziehen. Harte Übergänge mit R22 und R32 übermalen.

Sonnenblume

Je nach Stil und Geschmack lassen Blumen sich völlig unterschiedlich darstellen und zeichnen. Im Folgenden finden Sie einige Beispiele, wie man eine Sonnenblume auf unterschiedliche Weise zeichnen kann.

Blütenblatt

Zentrales Element einer Blume sind die Blütenblätter. Bevor Sie sich also an Ihre erste Blume wagen, sollten Sie das Kolorieren der Blätter beherrschen

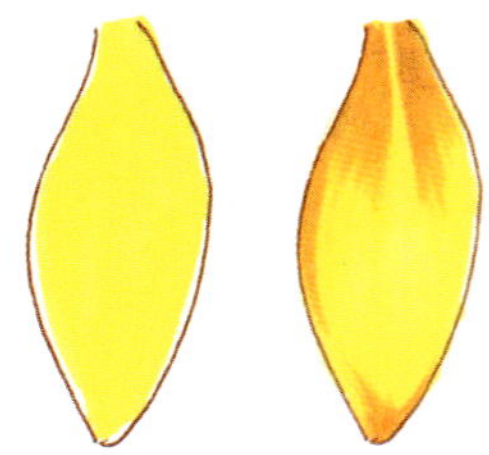

Eine einfache Variante besteht darin, dass Sie das Blatt zunächst grundieren und an den Rändern Schatten setzen.

Wer es komplexer möchte, kann Lichtreflexe setzen, indem man die Grundierung von beiden Seiten aufeinander zulaufen lässt. Mit mehreren Farben Schatten und eine Maserung setzen.

Sonnenblume 1

Diese Variante einer Sonnenblume ist äußert komplex und stellt für Anfänger sicherlich eine Herausforderung dar, die aber mit ein wenig Übung zu meistern ist.

COPIC MARKER

Y00 · Y02 · Y21
Y23 · E00 · E02
YR01 · E27 · E31
E33 · E47 · G00
G01 · G21 · YG41
G21 · W1 · W3
Y00 · BV23

MULTILINER

Yellow · Sepia

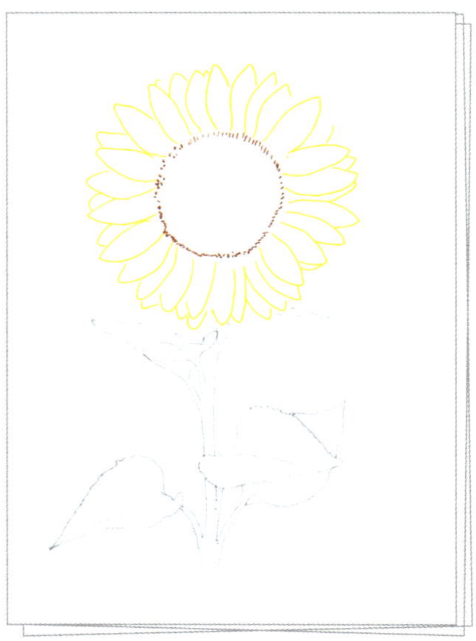

1 Die Konturen der Blütenblätter werden in dieser Variante mit einem gelben Multiliner gezogen. Da die Blütenblätter ebenfalls einen gelben Farbton haben, verschwinden die Linien beim Zeichnen nahezu vollständig und lassen somit größtmöglichen Spielraum.

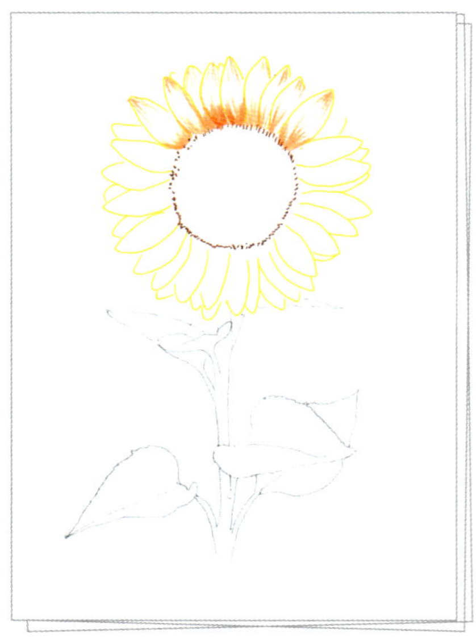

2 Im nächsten Schritt die ersten Schatten mit YR01 setzen.

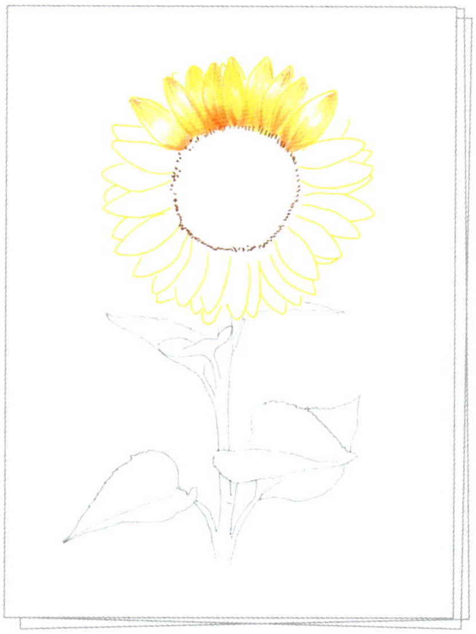

3 Mit Hilfe von Y02 verblenden Sie nun YR01. Dabei die Farbe von der Spitze und dem Kern aufeinander zulaufend mit dem Pinselstrich auftragen. Dadurch entsteht eine Art Lichtreflex.

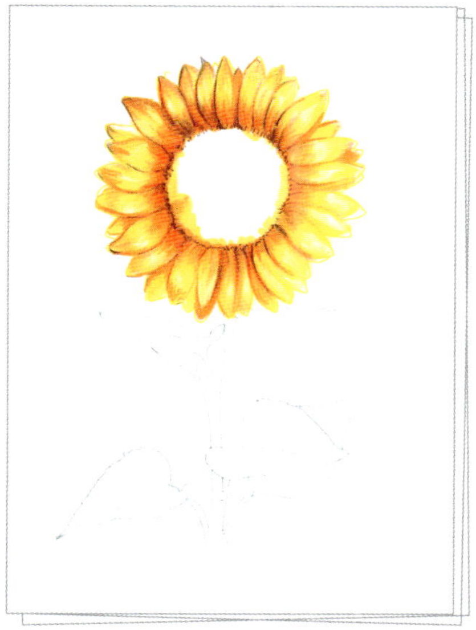

4 Stück für Stück werden so alle Blütenblätter ausgearbeitet.

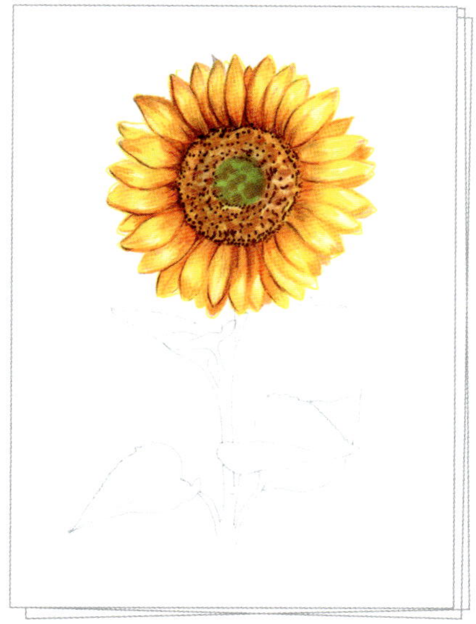

5 Im nächsten Schritt den Kern ausarbeiten: Dafür grundieren Sie ihn mit E31 und YG03 im Konfettistrich. Die Körner mit einem braunen Multiliner zeichnen.

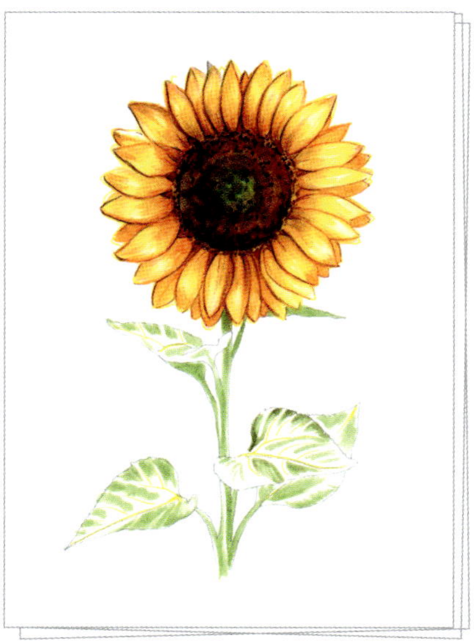

6 Anschließend den Kern mit E27 und E47 verblenden und die Konturen der Blütenblätter nachziehen. Dann die Maserung und die Schatten des Stängels und seiner Blätter definieren.

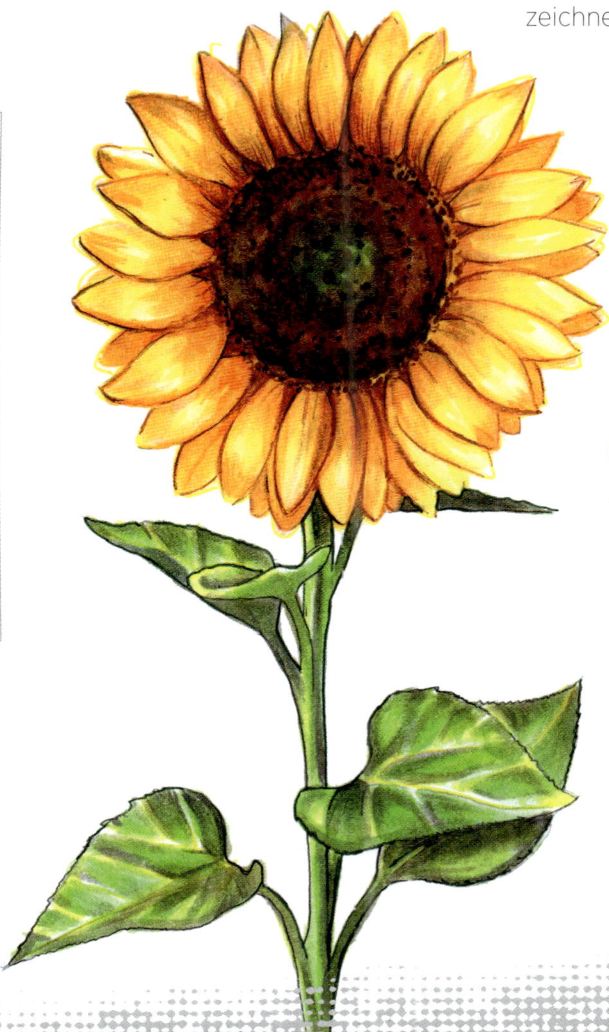

7 Im letzten Schritt werden die Blätter mit G00 und W1 verblendet und abschließend die Konturen gezogen.

Sonnenblume 2

COPIC MARKER

Y02 Y04 Y17
Y21 YR00 W3
E15 E25 E49
E74

MULTILINER

Sepia

Die zweite Variante der Sonnenblume ist weitaus weniger realistisch und komplexer, eignet sich aber besonders für schnelle Skizzen und Bilder.

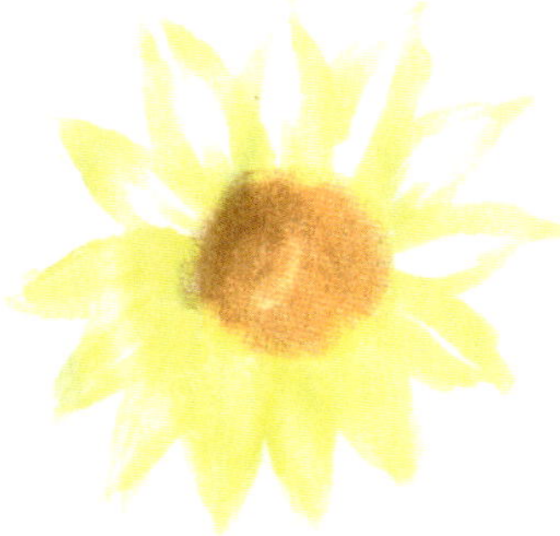

1. Im ersten Schritt Blätter und Kern freihand mit Y00 und E31 grundieren.

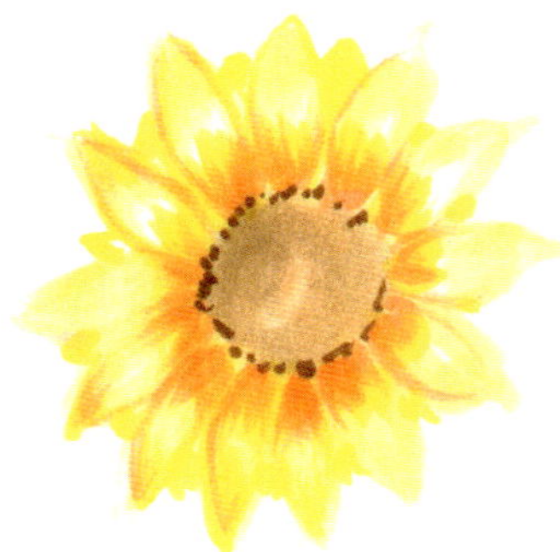

2. Mit YR01 die Schatten der Blütenblätter setzen.

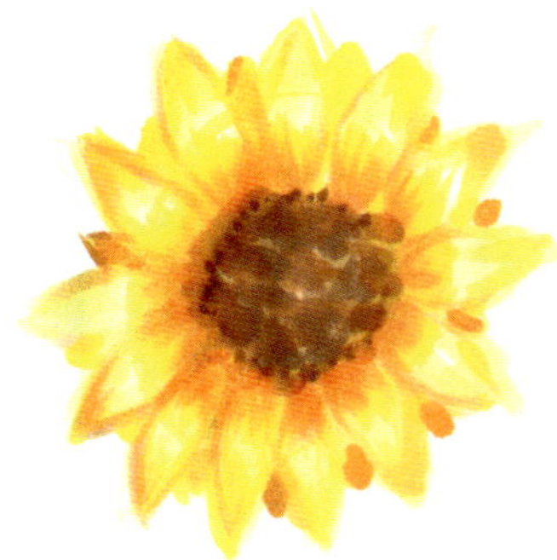

3. Nun arbeiten Sie mithilfe des Konfettistrichs den Kern aus. Die Blütenblätter mit weiteren Farben fertigstellen.

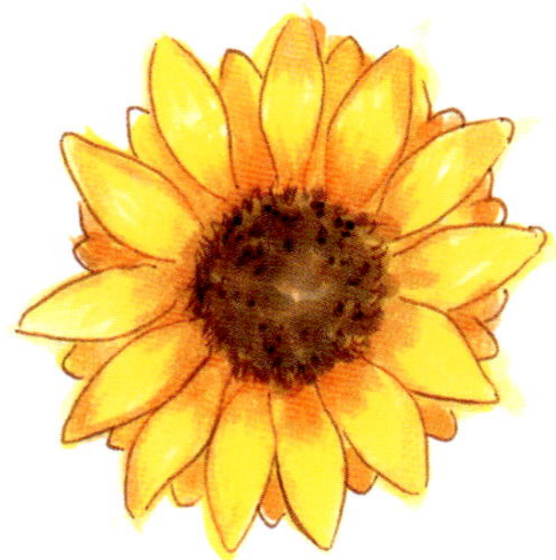

4. Zuletzt die Konturen ziehen.

Sonnenblume 3

COPIC MARKER

Y00 Y21 E31
E33

MULTILINER

Black

Manche Künstler bevorzugen für Konturen starke Kontraste und starke Farben. Möglicherweise bevorzugen Sie einen anderen Stil, deuten die Farbe nur an und legen mehr Wert auf die Linien.

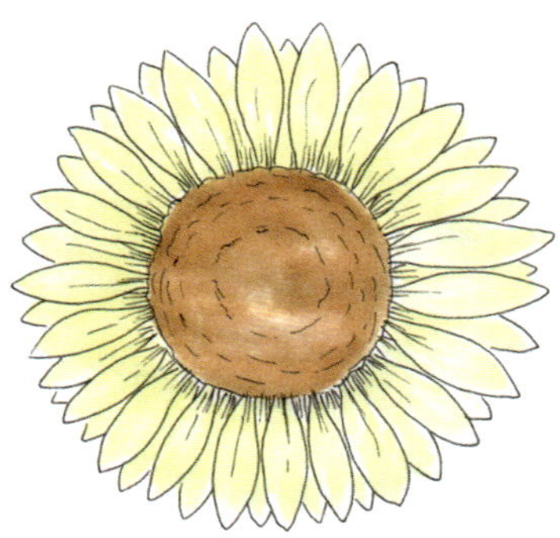

1. In dieser Variante werden klare Konturen mit einem schwarzen Multiliner gezogen und mit Y00 und E31 grundiert. Beim Grundieren achten Sie bitte darauf, dass die Konturen vollständig getrocknet sind, andernfalls verschmieren sie.

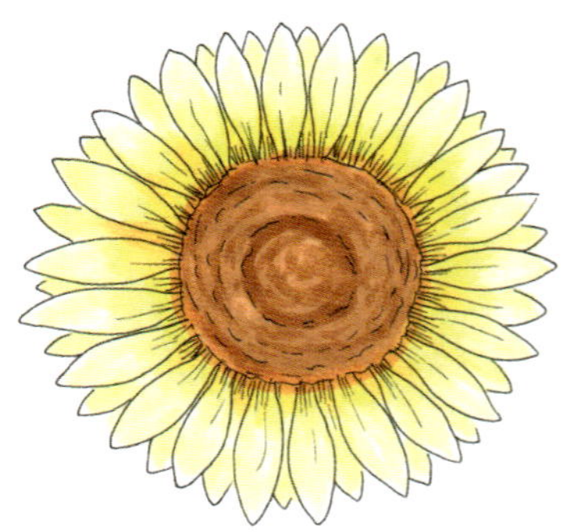

2. Im zweiten Schritt lediglich zarte Schatten mit Y21 und E33 setzen.

Himmel

Himmel sind Bestandteile vieler Bilder und können Stimmung und Ton einer Arbeit bestimmen. Für Anfänger stellt das Malen von Himmeln mit COPIC Markern möglicherweise eine kleine Herausforderung dar, denn für einen farbenfrohen Himmel sollte man sicher in den Strichtechniken und in der Farbauswahl sein. Mit der richtigen Herangehensweise meistern Sie aber auch diese Übung!

Blauer Himmel

Der blaue Himmel ist wohl die einfachste und häufigste Variante. Die größte Herausforderung besteht im ebenmäßigen Farbverlauf und im Zeichnen der Wolken.

1. Zu Beginn markieren Sie Ihre Wolken mit einem hellgrauen oder blauen Marker. So verhindern Sie, dass beim Malen versehentlich zu wenig Platz für die Wolken bleibt.

2. Im zweiten Schritt legen Sie die blauen Bereiche des Himmels fest. Dabei sollten Sie sich am besten von den Kanten aus zu den Wolken vorarbeiten.

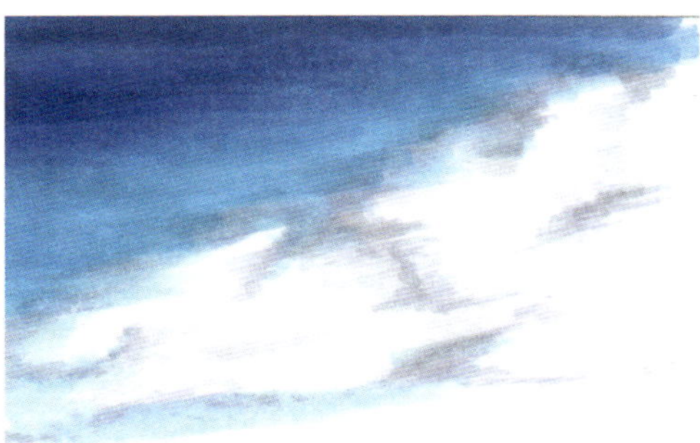

3. Sobald Sie mit dem Blauanteil Ihres Himmels zufrieden sind, können Sie sich an die Wolken wagen. Markieren Sie mit einem grauen Marker vorsichtig die Schatten Ihrer Wolke. Seien Sie zunächst sparsam. Bei weißen Wolken besteht die Gefahr, zu schnell zu dunkel und zu „grau" zu werden.

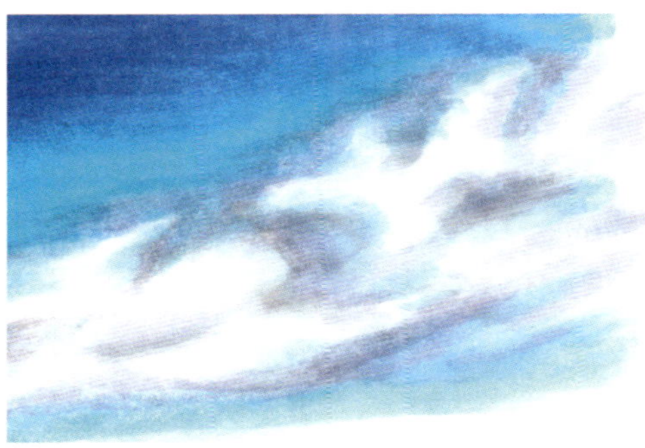

4. Abschließend die Schatten mit verschiedenen Farben ausarbeiten. Für einen luftigen Effekt empfehle ich Ihnen den Kreisstrich (Seite 33).

COPIC MARKER

B00	B01	BG02
B23	B24	B26
C00	C1	C3
BV20	BV31	B60

TIPP

Für einen farbenfrohen Himmel brauchen Sie viele Farben. Dementsprechend sollten Sie ein Papier wählen, das viele Schichten Farbe verträgt. Zudem sollten Sie Farbverläufe und die verschiedenen Strichtechniken beherrschen.

Nachthimmel

Der typische Nachthimmel besteht zumeist aus einem sehr glatten Farbverlauf und dem Mond. Die größte Herausforderung liegt für Sie darin, die Farbe möglichst gleichmäßig und streifenfrei aufzutragen sowie den Mond entsprechend auszusparen. Dafür gibt es einige Tricks.

COPIC MARKER

B29 B26 B24
B23 BG02 BG01
B00 100

TIPP

Gleichmäßige Himmel wie den hier gezeigten, können Sie übrigens auch einfach mit Airbrush oder mit dem Ink Absorber gestalten. Mehr dazu erfahren Sie im nächsten Kapitel „Mixed Media“ (Seite 100 ff.).

1 Für einen natürlichen weißen Mond verwenden Sie am besten Maskierstifte oder -flüssigkeit. Diese Materialien sind eigentlich für die Aquarellmalerei gedacht, eignen sich aber auch für COPIC Marker. Die dickflüssige Masse wird nach dem Trocknen gummiartig und lässt sich abziehen. Allerdings sollten Sie man die Masse nicht länger als zwei Tage auf dem Papier lassen, da sie sich sonst nur schwer ablösen lässt. Auch verträgt sie sich nicht mit jedem Papier und klebt bei einigen so stark fest, dass sie das Papier beim Ablösen einreißt. Testen Sie die Kombination also besser vorher aus. Alternativ bietet sich auch Maskierfolie an, mehr dazu erfahren Sie beim Thema Airbrush (Seite 107).

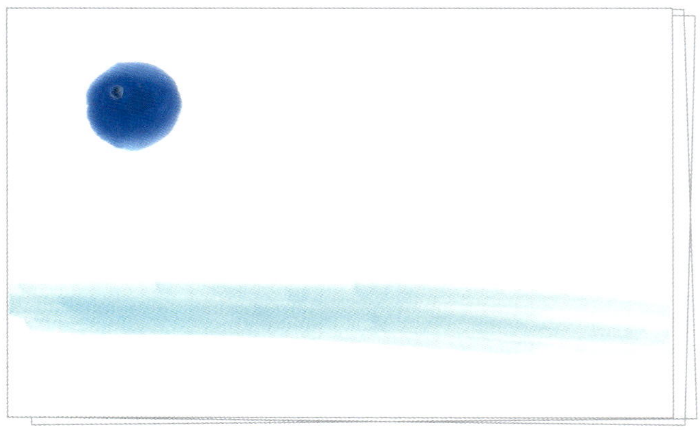

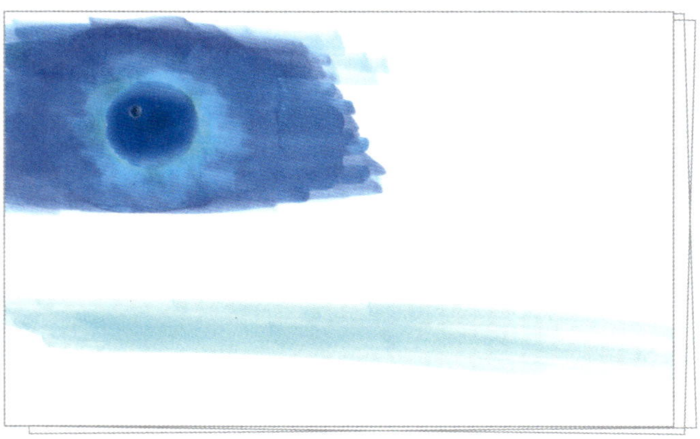

2 Nachdem die Flüssigkeit getrocknet ist, die erste Farbe in gleichmäßigen, linearen Strichen auftragen.

3 Im nächsten Schritt weitere Farben auftragen. Achten Sie darauf, in eine Richtung zu arbeiten.

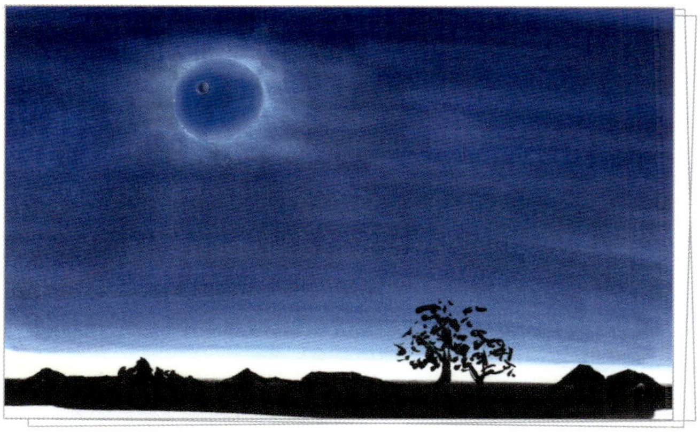

4 Abschließend verblenden Sie die bereits aufgetragenen Farben mit helleren Farbtönen.

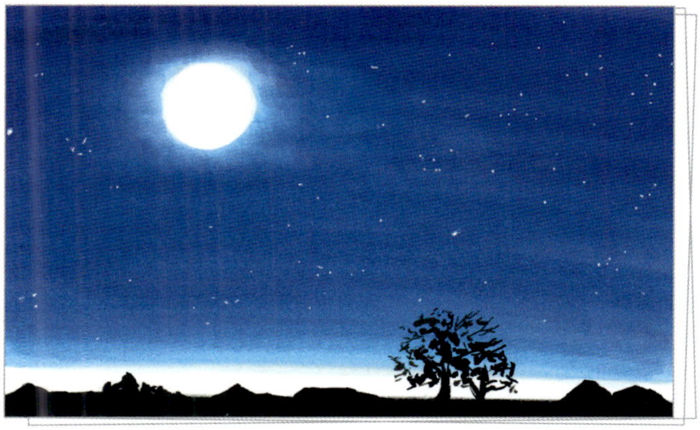

5 Sobald Sie fertig sind, können Sie die Folie oder die Masse abziehen. Mit einem weißen Gelliner einfach noch Sterne und Highlights setzen.

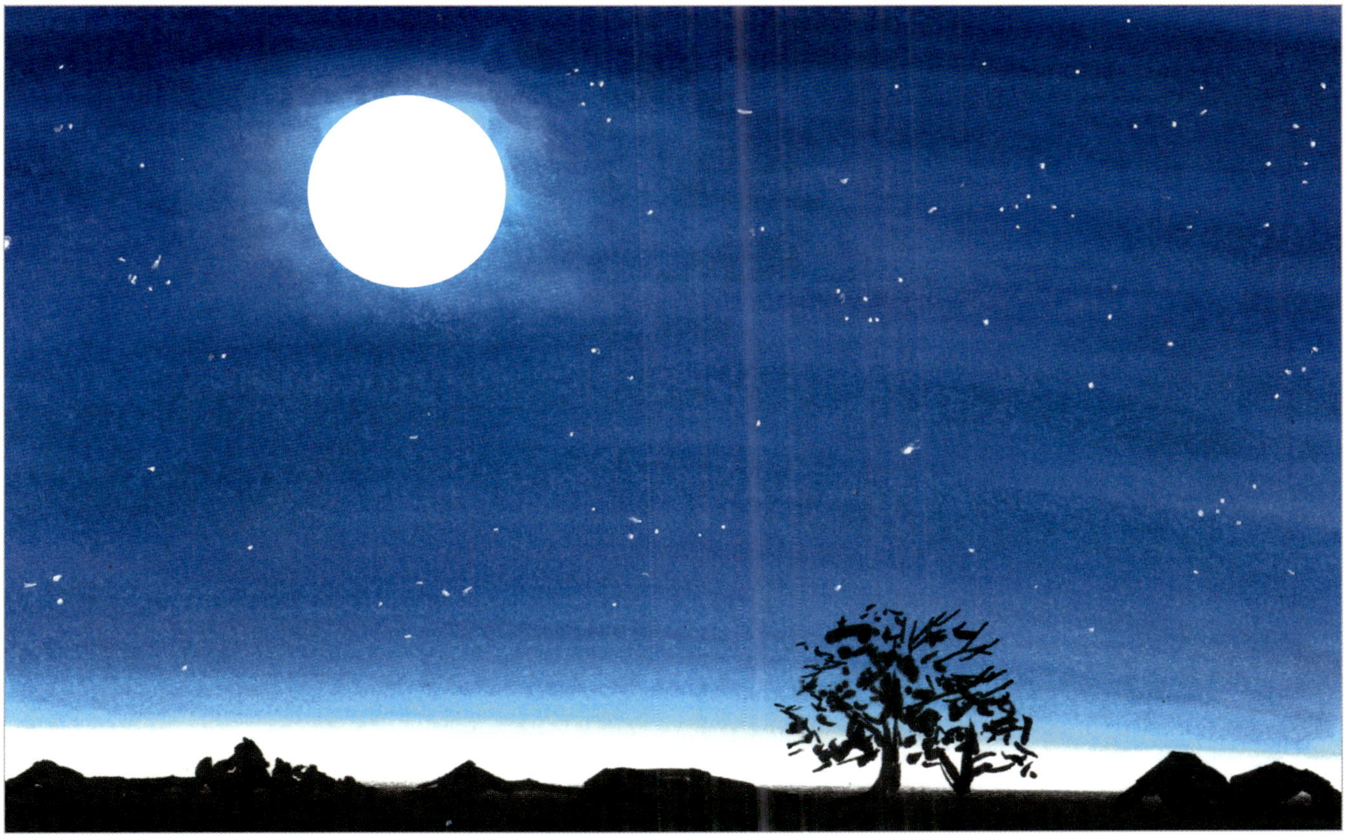

6 Falls der Mond nicht perfekt rund wird oder Ihren Vorstellungen völlig widerspricht, können Sie ihn digital nachbearbeiten. Mehr dazu erfahren Sie auf Seite 112 ff..

Morgenhimmel

Morgenhimmel sind oft sehr leuchtend und farbenfroh. Das sollte sich unbedingt in Ihrer Farbauswahl widerspiegeln!

COPIC MARKER

B00 B01 B32
RV06 V0000 V05
V06 V09 V12
V20 BV000 BV01
BV08 BV31 YR00
YR02 YR61 E50
R32

1 Im ersten Schritt markieren Sie Ihren Leuchtpunkt sowie Wolken und Horizont mit hellen Farbtönen.

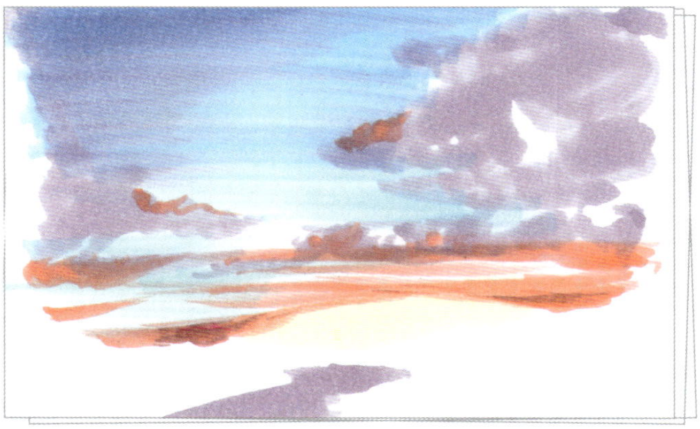

2 Bei der Strukturierung Ihres Himmels ist es besonders wichtig, dass Gelb und Blau voneinander getrennt sind, da sie gemischt Grün ergeben. Zum Trennen eignen sich BV, E- und YR-Töne. Mithilfe verschiedener Strichtechniken können Sie Strukturen festlegen. Ihre Wolken zeichnen Sie mit dem Kreisstrich, den Hintergrund im linearen Strich sowie im Pinselstrich.

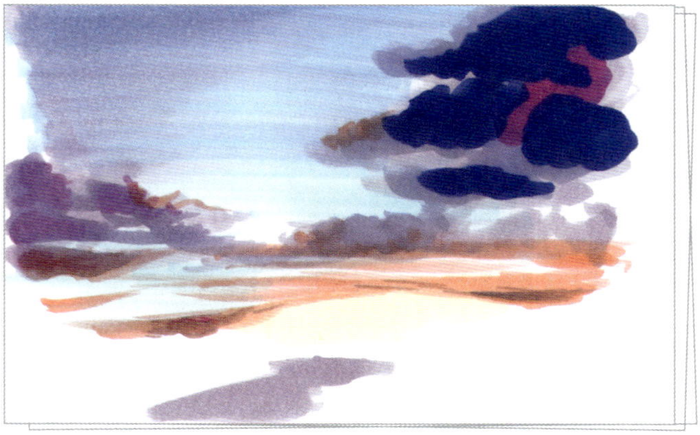

3 Im nächsten Schritt die Wolken mit einem dunklen Farbton grundieren.

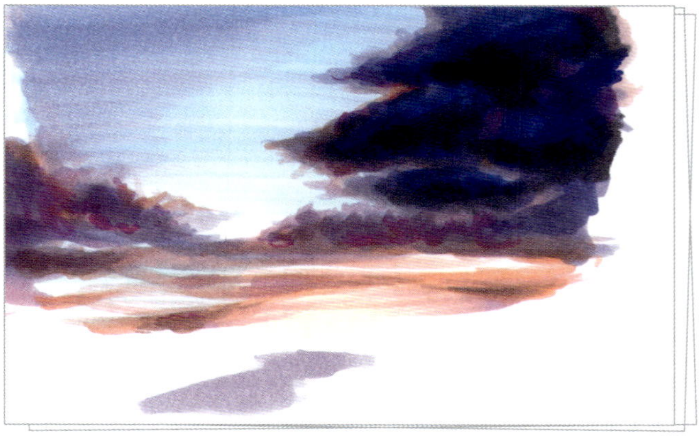

4 Anschließend diese mit weiteren Farben verblenden und ausarbeiten.

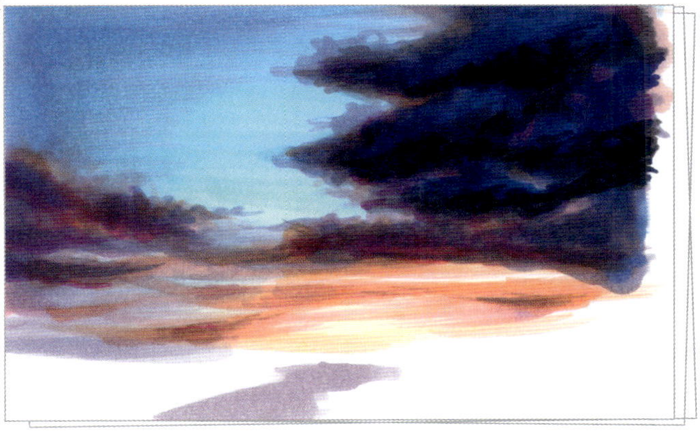

5 Mit dem Pinselstrich können Sie den Hintergrund weiter schattieren. Arbeiten Sie vom Rand zur Mitte und reduzieren Sie dabei Farbe und Dunkelheit.

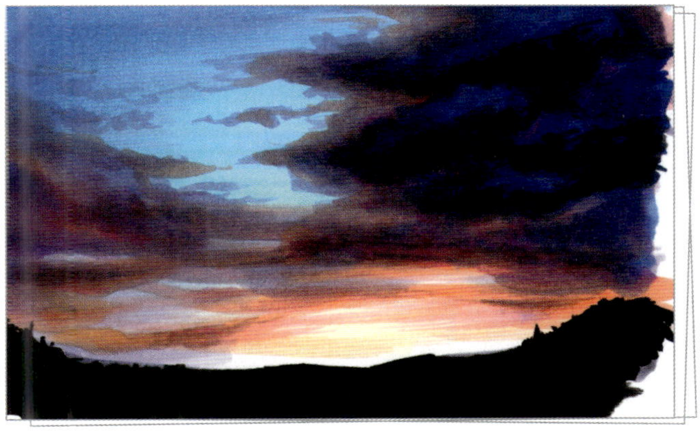

6 Zum Schluss verblenden Sie die einzelnen Farbverläufe und zeichnen mit einem schwarzen COPIC Marker den Horizont. Achten Sie darauf, dass Schwarz immer erst ganz zum Schluss zum Einsatz kommt, da diese Farbe leicht verschmieren kann!

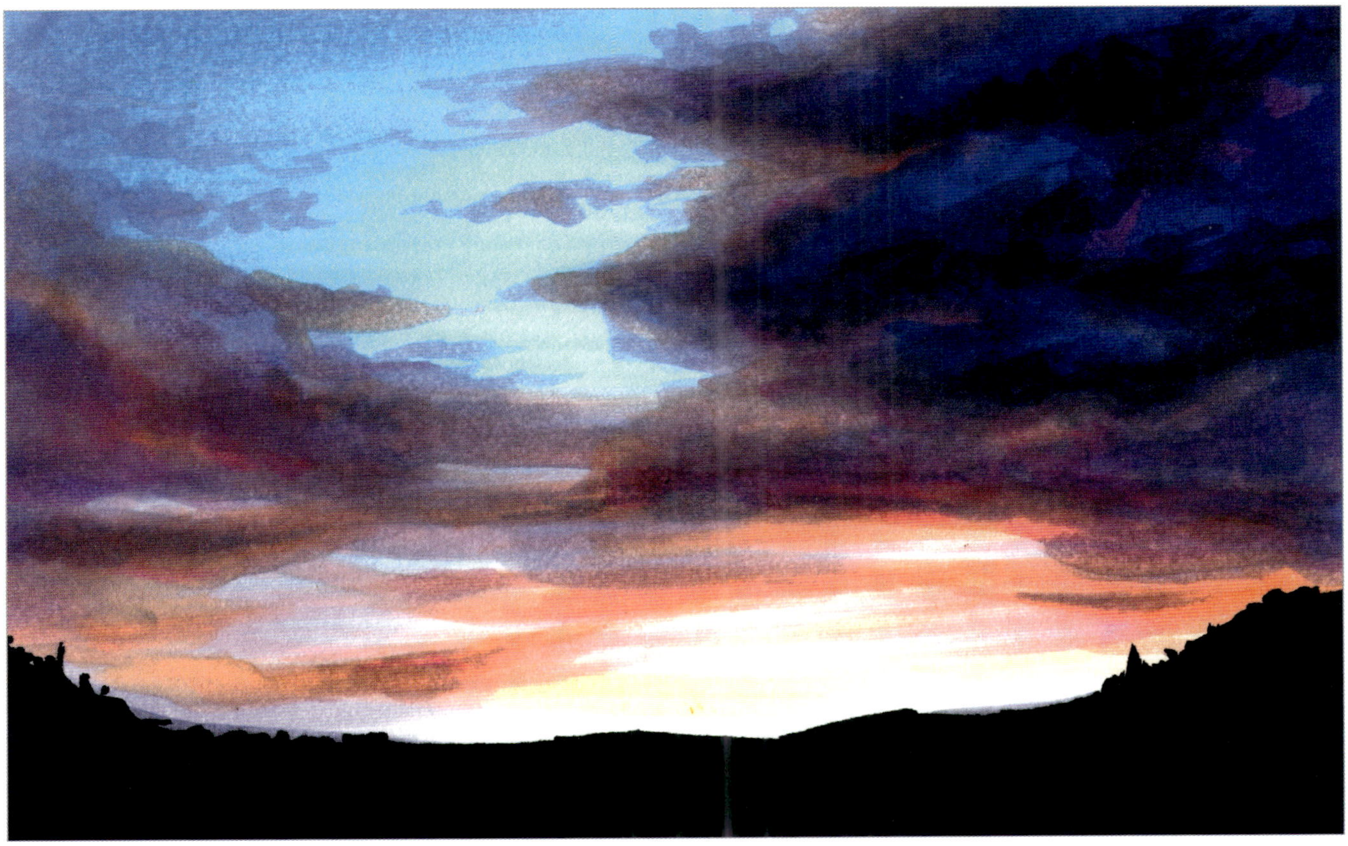

Abendhimmel

Abendhimmel sind oftmals dunkler als Morgenhimmel. Dennoch ist die Vorgehensweise nahezu gleich.

COPIC MARKER

YR01, YR15, YR61, YR21, YR68, Y000, Y00, Y02, Y04, Y21, RV00, RV11, R02, R21, BV20, BV23, B00, B32, B93, B95, W3, W5, 100

1 Zuerst legen Sie die Grundstruktur des Himmels fest.

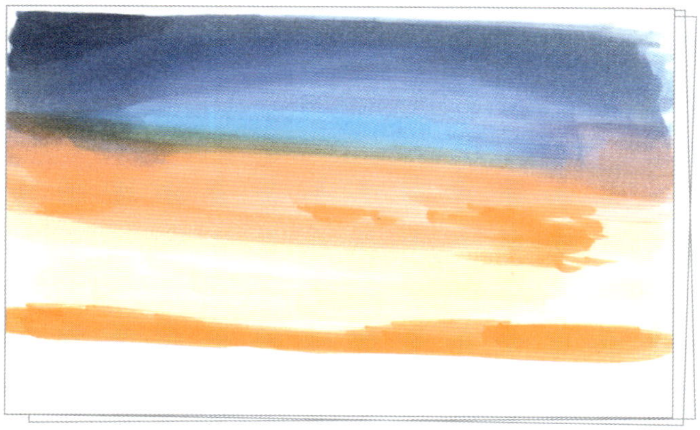

2 Im nächsten Schritt den Himmel mit den entsprechenden Farben im linearen Strich grundieren.

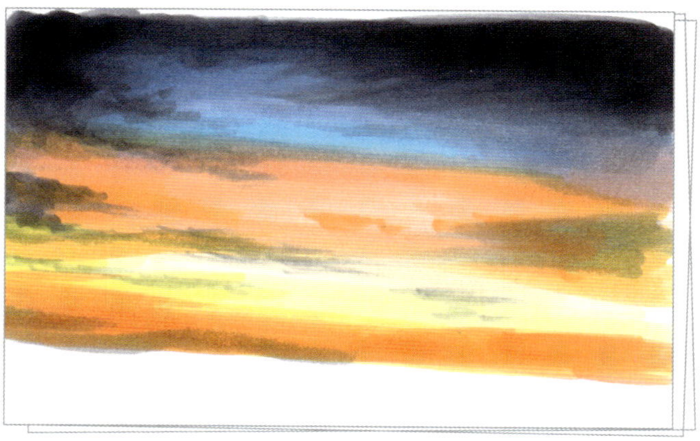

3 Jetzt mit BV20, BV23 und BV25 Wolken im Kreisstrich ergänzen.

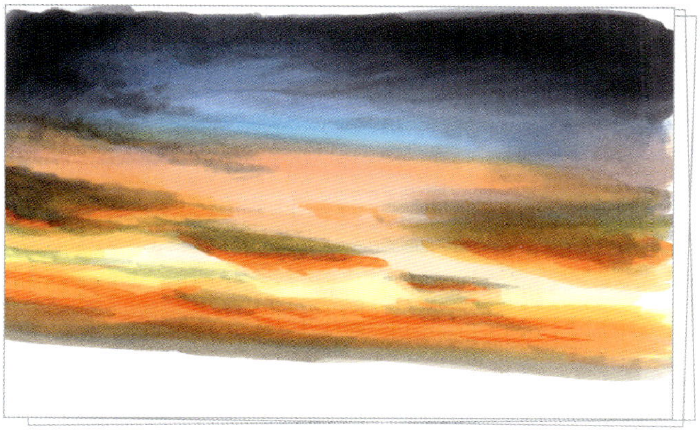

4 Danach verblenden Sie alles mit weiteren Schichten.

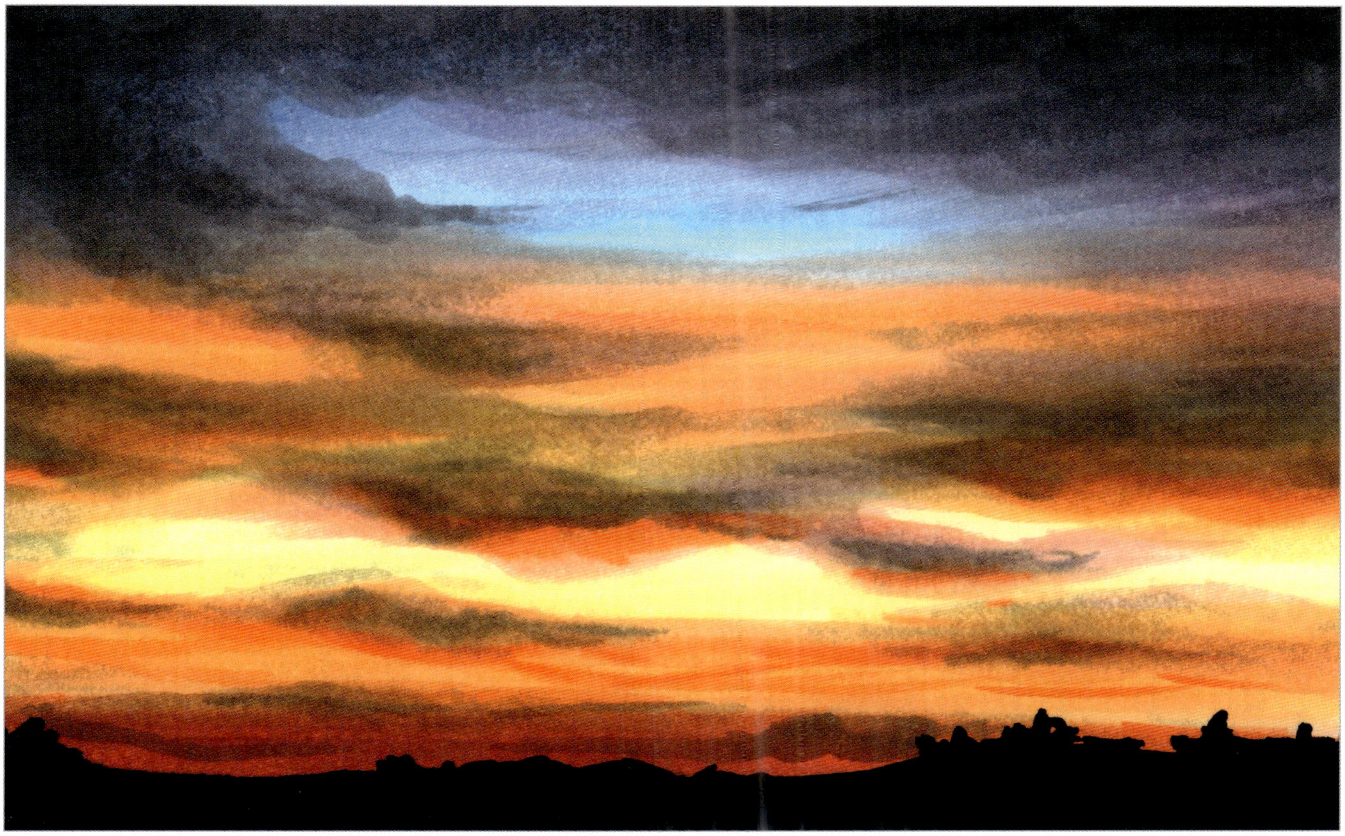

5 Zuletzt malen Sie den Horizont.

Glas

COPIC MARKER

C00 · C1 · C3
C5 · C7 · C9
N1 · N7 · BV00
BV20 · BV23 · BV25
BV31 · B00 · B52

MULTILINER

Black · Cool Grey
Warm Grey

Ähnlich wie Metall ist Glas ein äußert komplexes Thema. Es gibt viele Möglichkeiten, Glas darzustellen: von abstrakt bis realistisch.

Die realistische Darstellung ist wohl am schwierigsten. Zum Üben bieten sich Gläser besonders an, da sie sowohl dicke als auch dünne Schichten Glas enthalten.

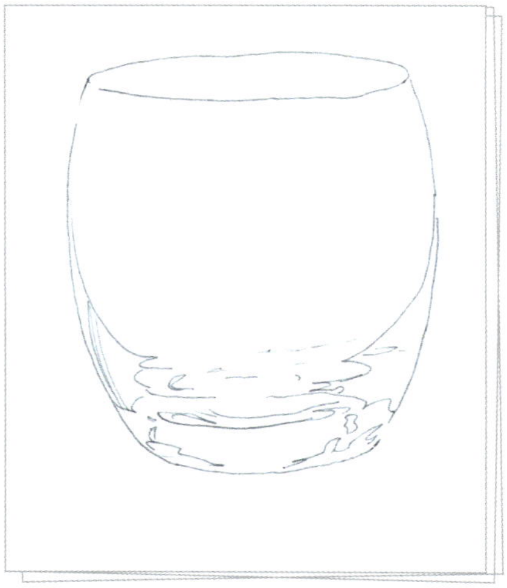

1 Beginnen Sie für die realistische Glasvariante mit besonders zarten und dünnen Konturen.

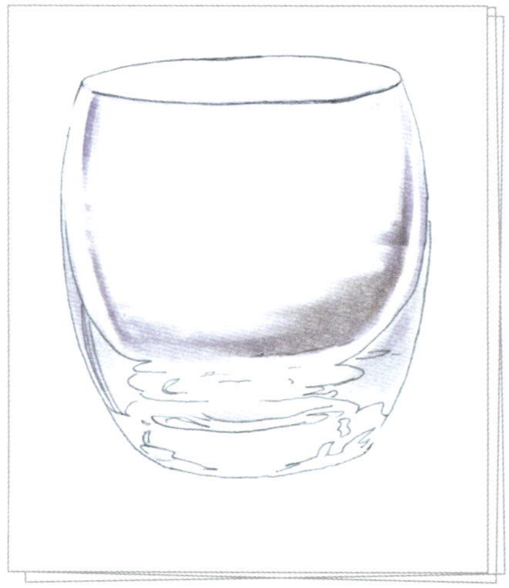

2 Im nächsten Schritt erste Schatten vorgeben. Hier ist es wichtig, viel weißen Raum zu lassen und mit hellen Farben zu arbeiten.

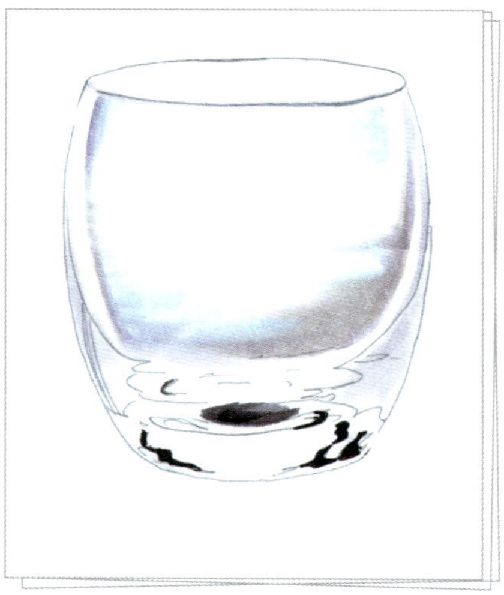

3 Im Boden des Glases finden sich viele dunkle Stellen, die Sie zu Beginn markieren sollten.

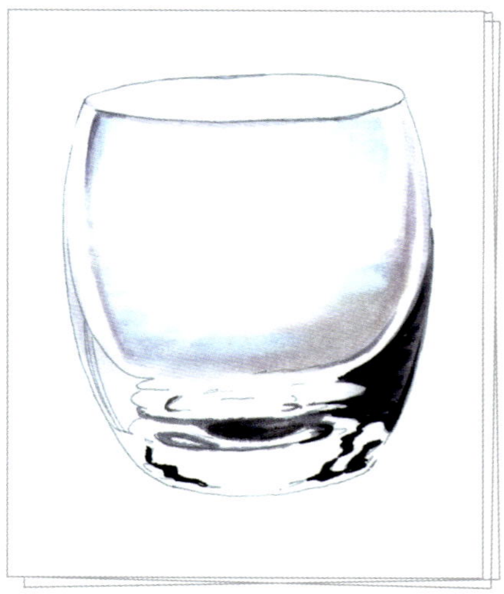

4 Jetzt die dunklen Stellen ausarbeiten und verblenden.

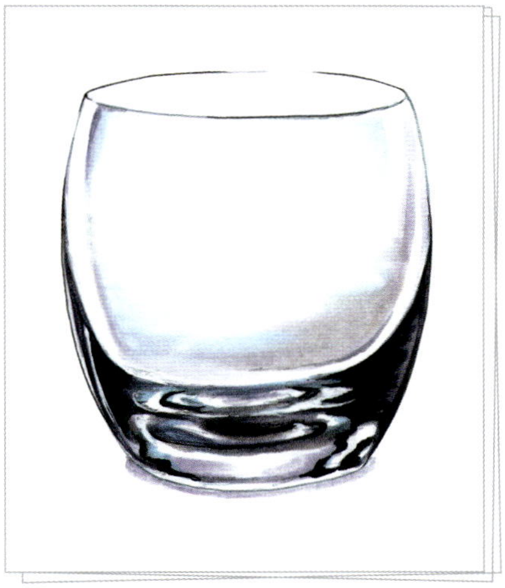

5 Arbeiten Sie sich Stück für Stück vor und achten Sie darauf, viele weiße Flächen stehen zu lassen.

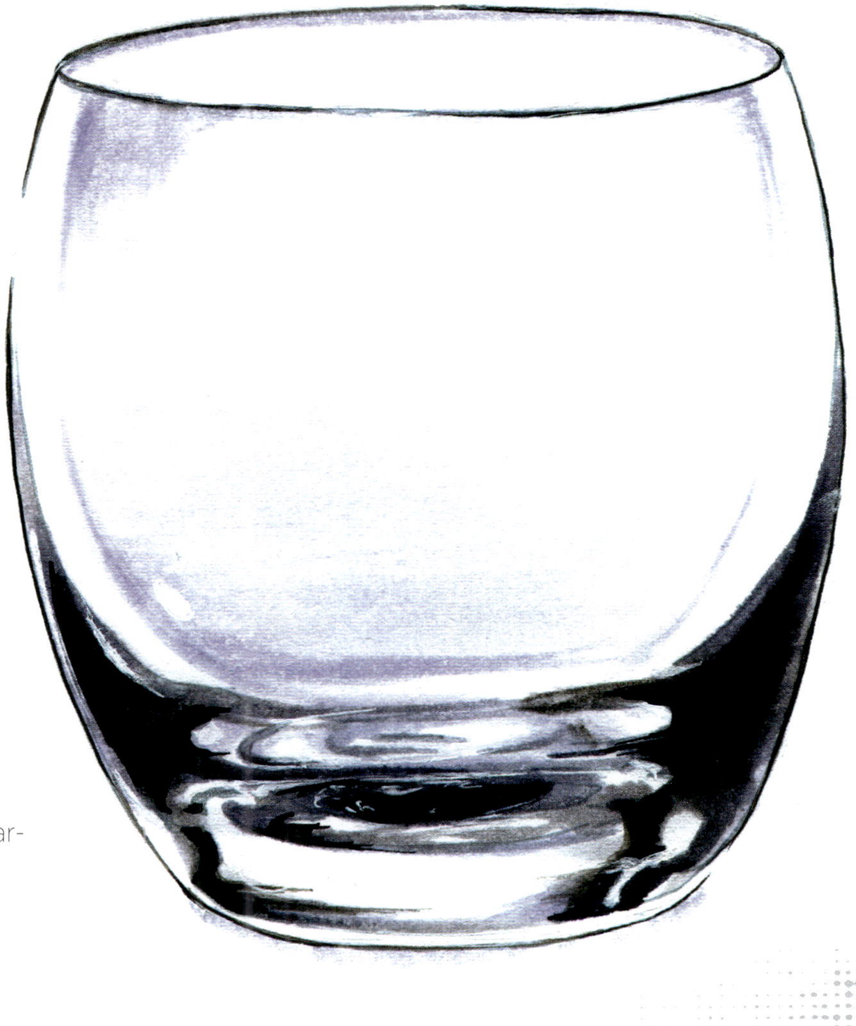

6 Abschließend können Sie die dunklen Stellen mit einem schwarzen Multiliner hervorheben. Für kleinere Korrekturen bietet sich ein weißer Gelliner an.

Wasser

Wasser ist mit COPIC Markern äußert schwierig realistisch darzustellen und wird daher oft stilisiert. Je nach Stil gibt es unzählige Methoden. Ich zeige Ihnen hier eine Vorgehensweise, die Sie auf viele Stile anwenden können.

Wassertropfen

COPIC MARKER

C1 C3 C5 C7

Die Darstellung von Wassertropfen kann ganz einfach sein: Sie brauchen eigentlich nur einen Lichtreflex, der von Schatten umgeben ist, und eine Umrandung.

Wassertropfen 1

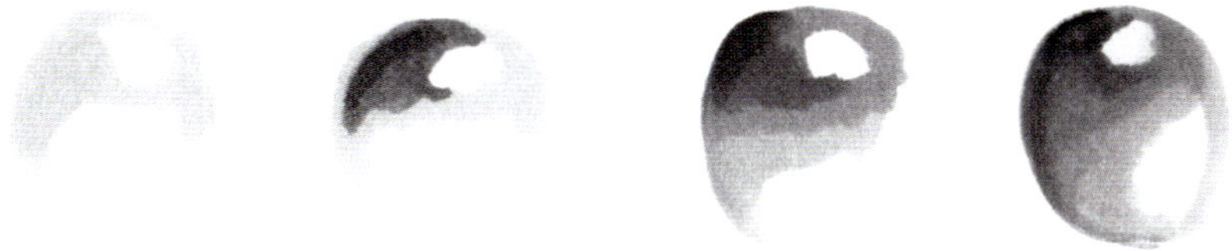

So geht's: Im ersten Schritt markieren Sie Ihren Schatten und sparen dabei den Lichtreflex aus. Dieser wird in den nächsten Schritten vertieft und verblendet. Danach folgt die Umrandung.

Wassertropfen 2

Bei einer alternativen Methode ergänzen Sie die Lichtreflexe erst zum Schluss mit einem weißen Gelliner.

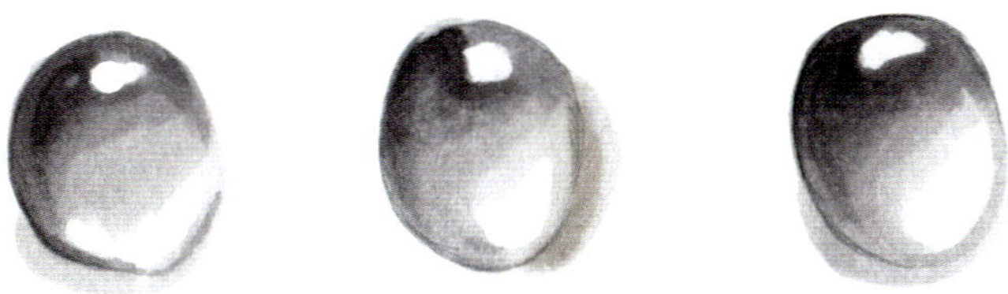

Wassertropfen 3

COPIC MARKER

B00 B01 B24 BG01

Wassertropfen lassen sich auch wunderbar in verschiedenen Farben zeichnen. Dazu wird der Tropfen zuletzt einfach mit entsprechender Farbe eingefärbt.

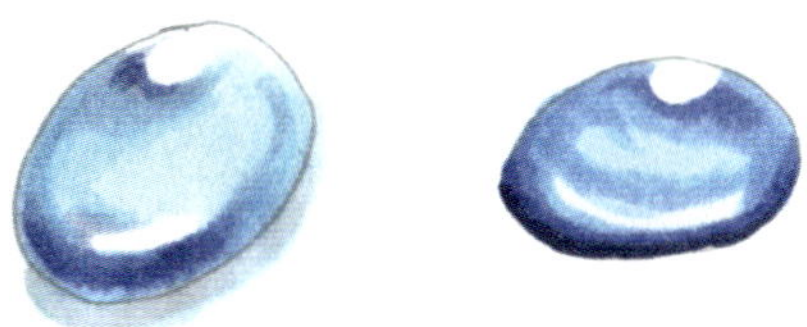

Wasserspritzer

Ein Wasserspritzer in der Momentaufnahme sieht sehr abstrakt aus und kann die verschiedensten Formen haben. Hier finden Sie eine stark stilisierte Form, wie man sie zum Beispiel bei Manga-Illustrationen findet.

COPIC MARKER

B00 B01 B24

BG01

MULTILINER

Cobalt Blue · Cool Grey

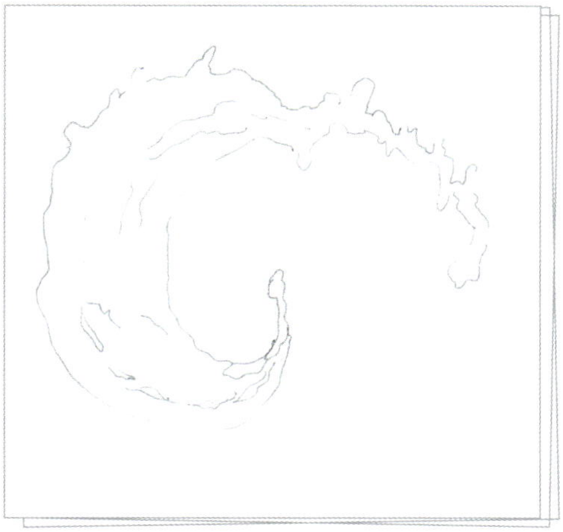

1 Die Struktur des Spritzers zuerst mit feinen Konturen vorzeichnen.

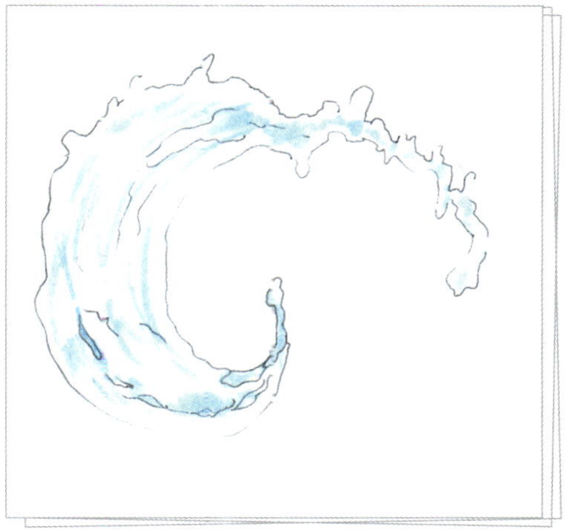

2 Im nächsten Schritt die Schatten mit einem hellen COPIC Marker markieren.

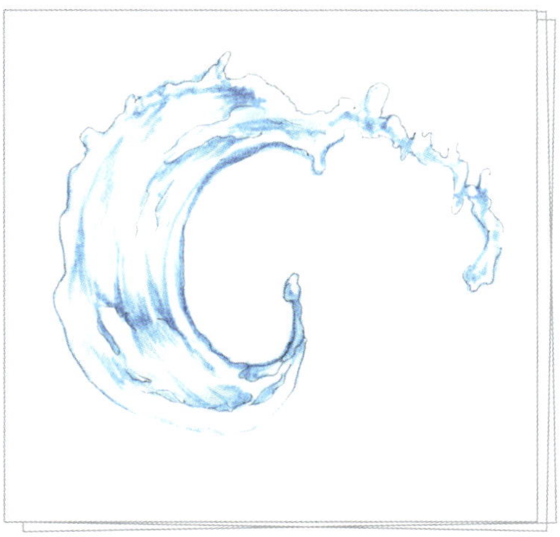

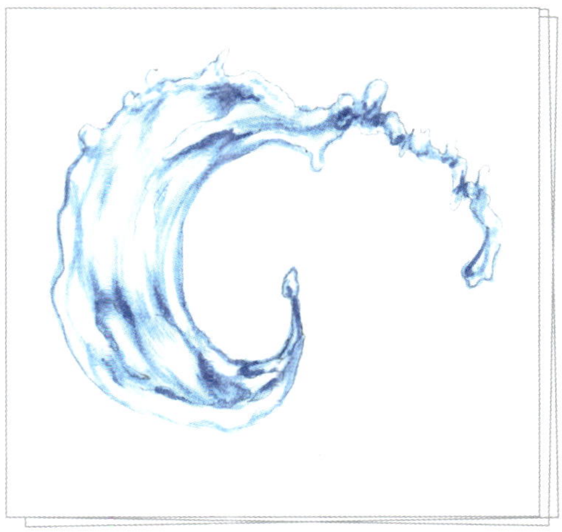

3 Danach arbeiten Sie diese Markierungen mit verschiedenen Farben aus. Achten Sie darauf, genügend weiße Stellen auszusparen.

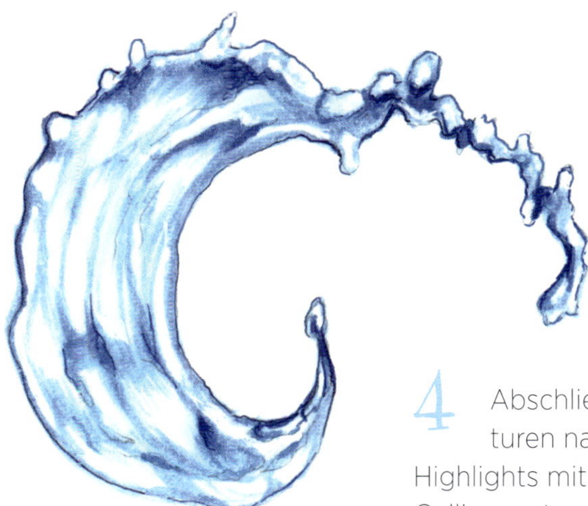

4 Abschließend die Konturen nachziehen und Highlights mit einem weißen Gelliner setzen.

Glas mit Wasser

Glas in Kombination mit Wasser ist eine häufige, aber auch schwierige Darstellung dieser beiden Elemente, die viel Übung erfordert. Nur Mut!

COPIC MARKER

C00 · C1 · C3
C5 · C7 · C9
N1 · N7 · BV00
BV17 · BV20 · BV23
BV25 · BV31 · B00
B01 · B02 · B12
B23 · B24 · B32
B52 · BG01 · BG02

MULTILINER

Black · Cool Grey
Warm Grey

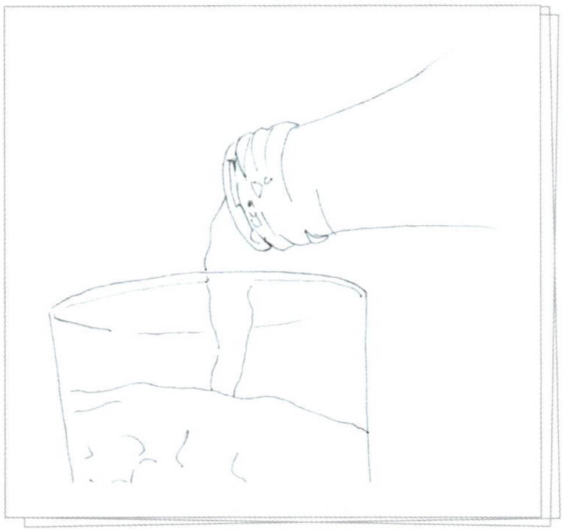

1 Im ersten Schritt die Konturen vorgeben. Dabei können Sie den Schattenpunkt zur besseren Orientierung bereits markieren.

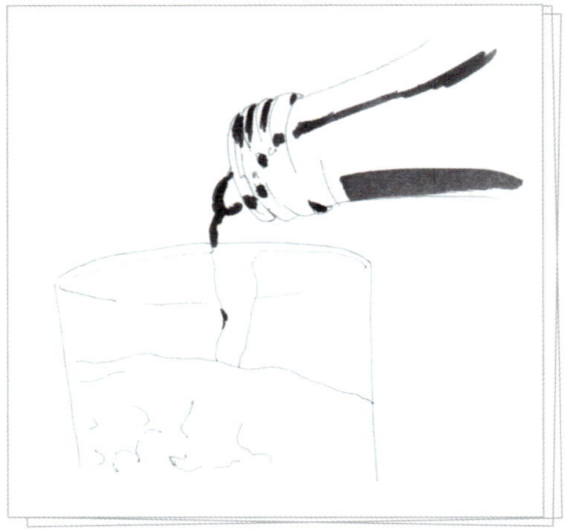

2 Im nächsten Schritt die dunklen Stellen der Flasche und des Wassers mit Grautönen markieren.

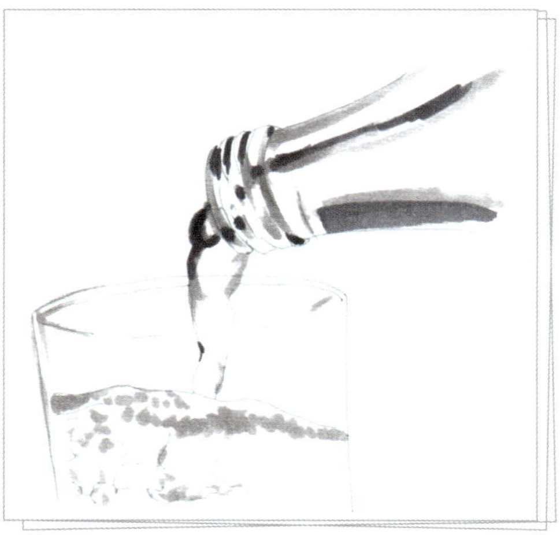

3 Dann arbeiten Sie diese Markierungen weiter aus.

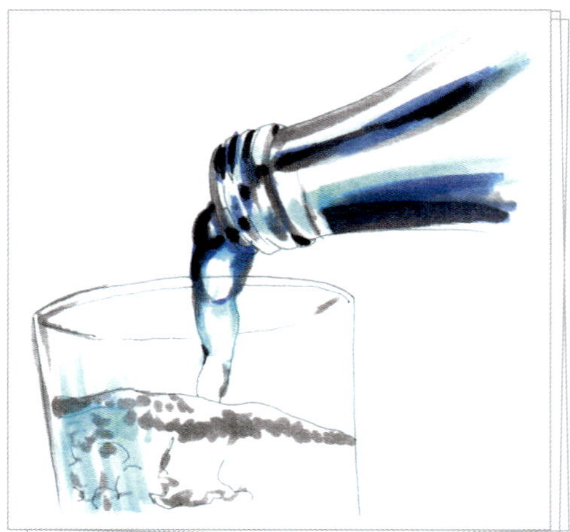

4 Sobald Sie damit zufrieden sind, beginnen Sie mit dem Einfärben.

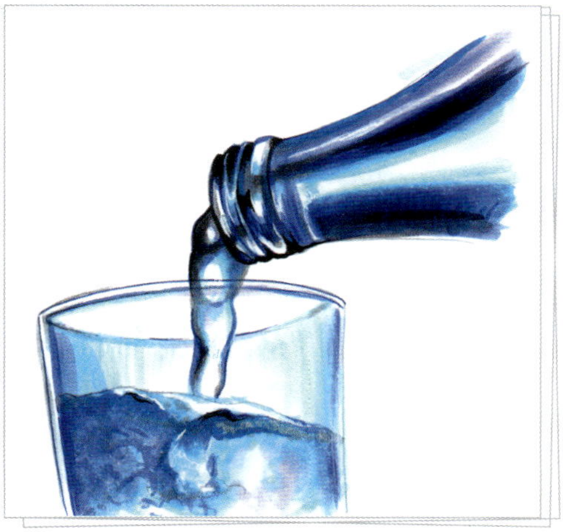

5 Nun arbeiten Sie die Markierungen Stück für Stück aus.

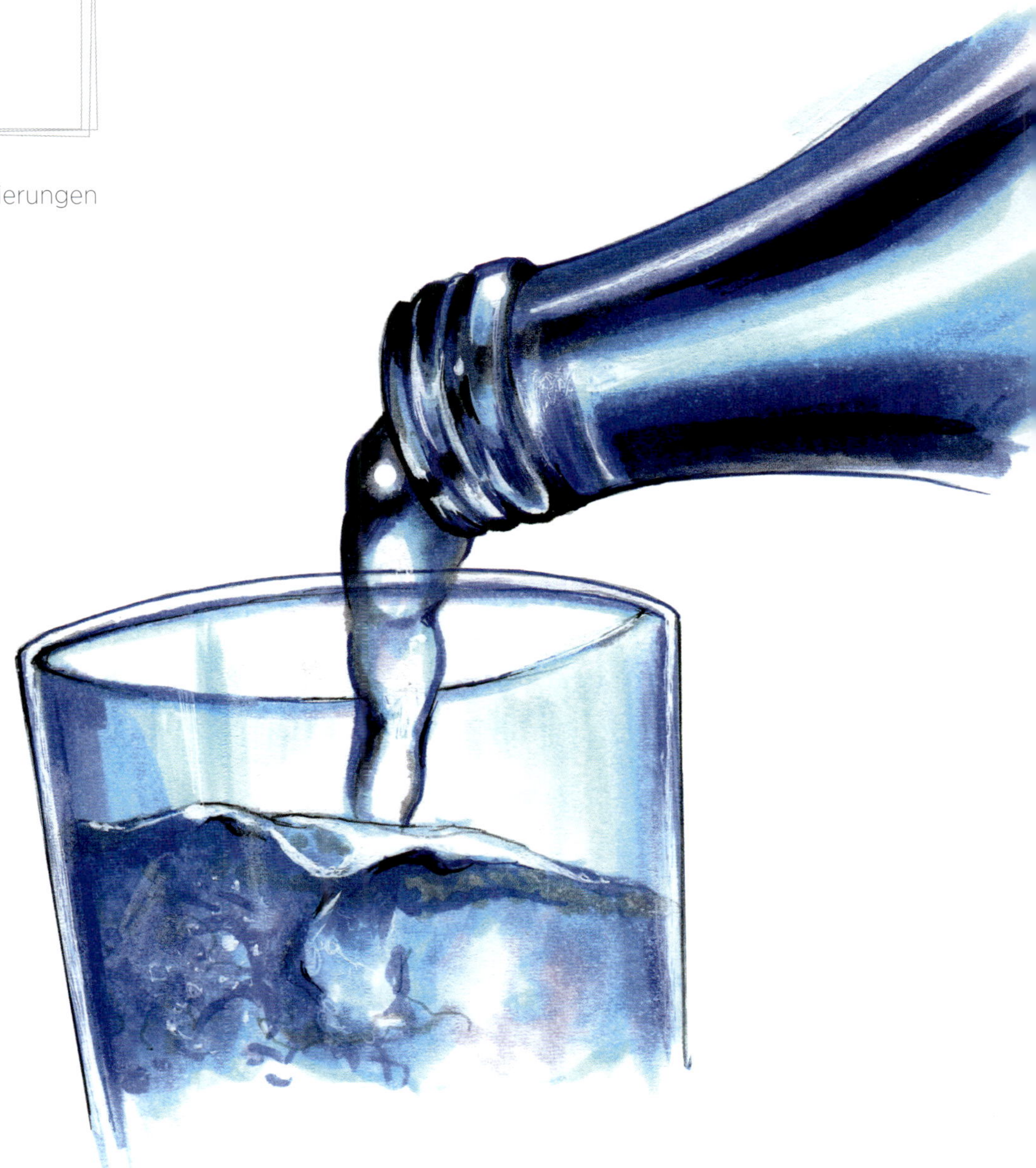

6 Abschließend die Konturen nachziehen und Highlights mit einem weißen Gelliner setzen.

Haare

Haare sind vor allem für Scrapbooker, Comic- und Mangazeichner ein interessantes Thema. Gerade im Mangabereich sind der Fantasie keine Grenzen gesetzt und die Darstellungsmöglichkeiten scheinen unendlich. Daher finden Sie auf den folgenden Seiten verschiedene Techniken, um Haare zu zeichnen. Nutzen Sie diese als Inspiration und Hilfestellung! Sie können damit Ihren eigenen Stil und Ihre eigene Technik entwickeln oder verbessern.

Strichtechnik

Für Haare ist die Strichtechnik ganz besonders wichtig. Für weiche Haarsträhnen sollten Sie den Pinselstrich perfekt beherrschen.

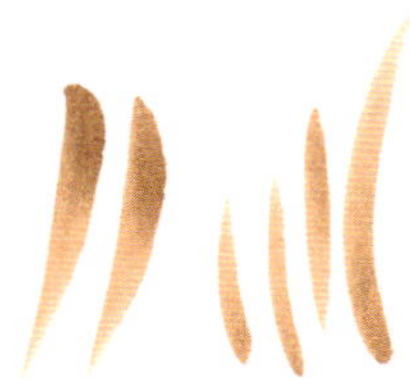

Strähnen zeichnen

Besonders wichtig bei Haaren ist der Lichtreflex. Dafür lassen Sie Pinselstriche von zwei verschiedenen Richtungen aufeinander zulaufen. Wenn Sie mehrere Farben einbauen, wirkt das Haar strähniger und natürlicher. Entscheiden Sie, wie Ihre Haare wirken sollen.

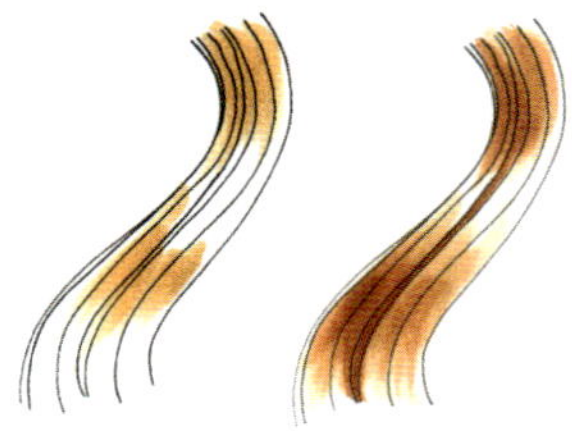

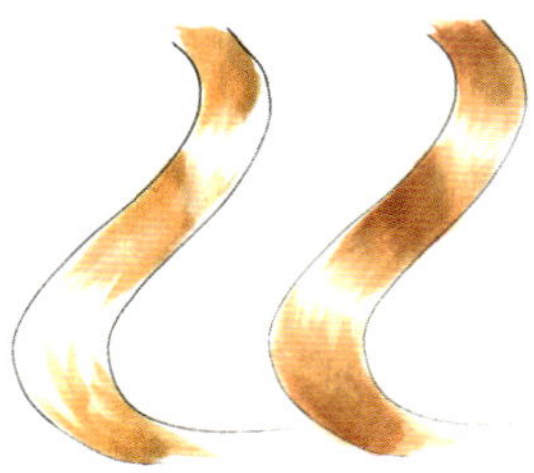

Im Manga- und Comicbereich wird beispielsweise gerne mit fast strähnenlosem Haar gearbeitet.

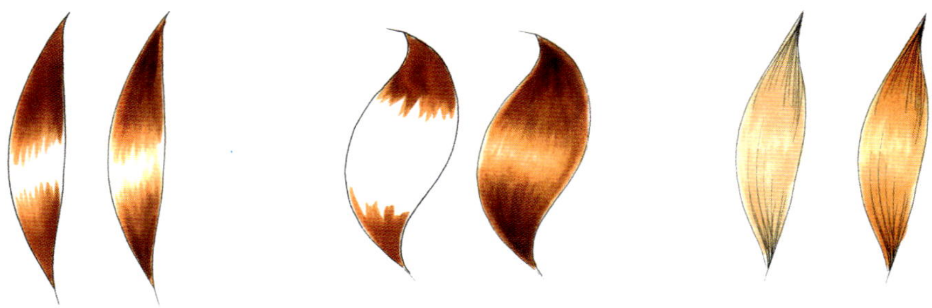

An den Haarspitzen wird das Haar dichter und dunkler. Je nach Vorliebe können die Lichtreflexe weiß sein oder mit einer helleren Farbe verblendet werden.

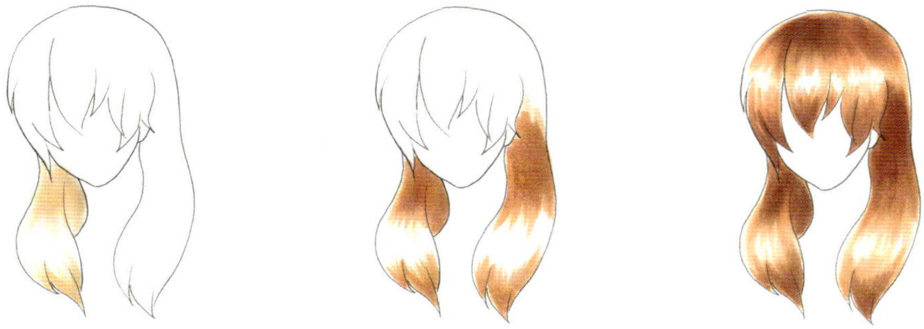

Beim Kolorieren teilen Sie Haare am besten in mehrere Flächen auf, die Sie Stück für Stück im Pinselstrich grundieren (siehe Seite 34 „Flächen kolorieren"). In diesem Beispiel wird zuerst die linke Strähne, dann die rechte und anschließend der ganze Kopf grundiert.

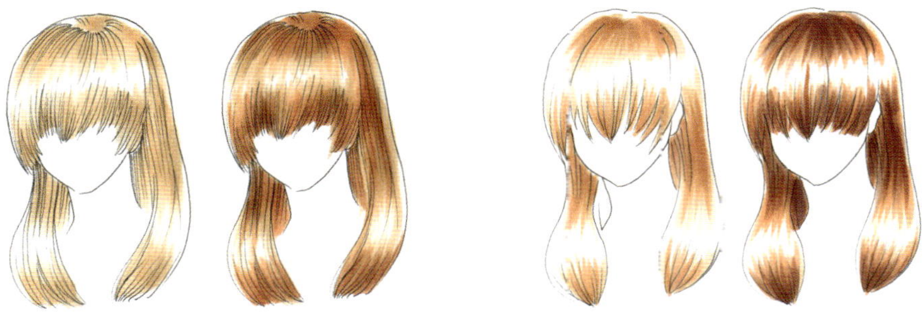

Eine Frisur können Sie auf unterschiedlichste Weise darstellen und kolorieren.

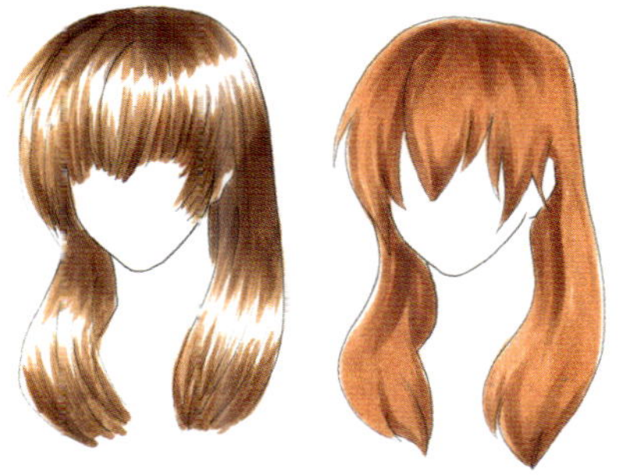

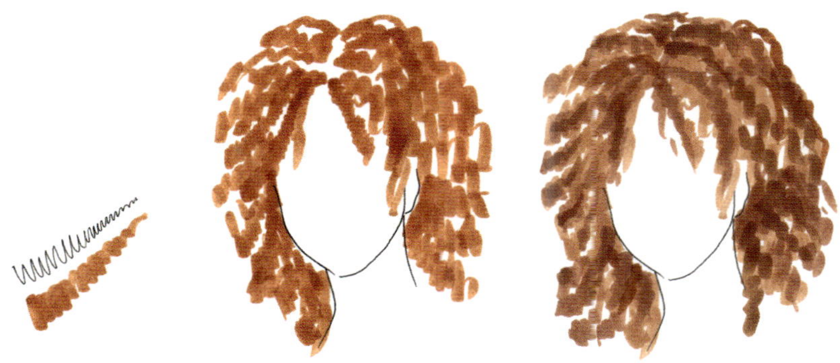

Auch durch Strichtechnik können verschiedene Haartypen geschaffen werden.

Kolorieren von Haaren im Mangastil

Im Mangabereich werden Haare gerne stilisiert und vereinfacht. So sind sowohl eckige Frisuren als auch alle Haarfarben möglich.

Mangahaare 1

COPIC MARKER

B00 B24 B26

Hier finden Sie ein Beispiel für eine Haarkoloration im Mangastil mit der „Dunkel-nach-Hell"-Methode.

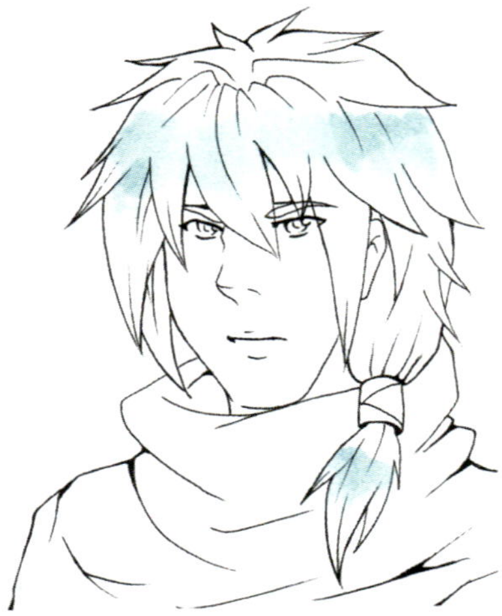

1. Zuerst markieren Sie die Lichtreflexe mit der hellsten Farbe (B00).

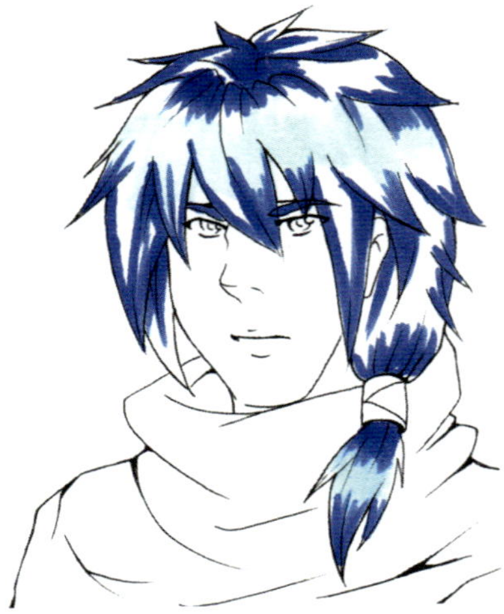

2. Danach die Schatten mit der dunkelsten Farbe (B26) setzen.

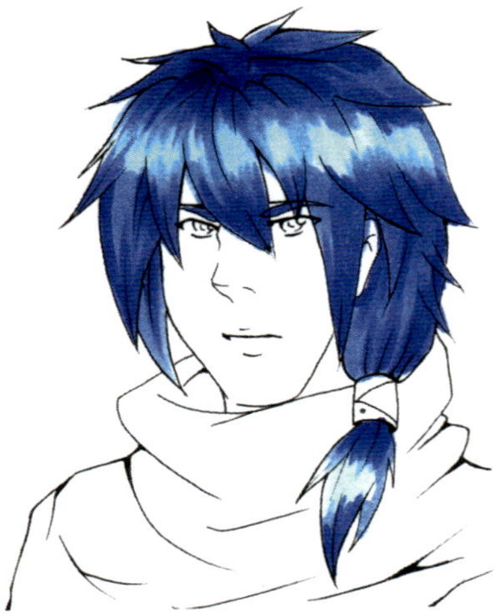

3. Jetzt mit einem Zwischenton (B24) zum Lichtreflex hinziehen.

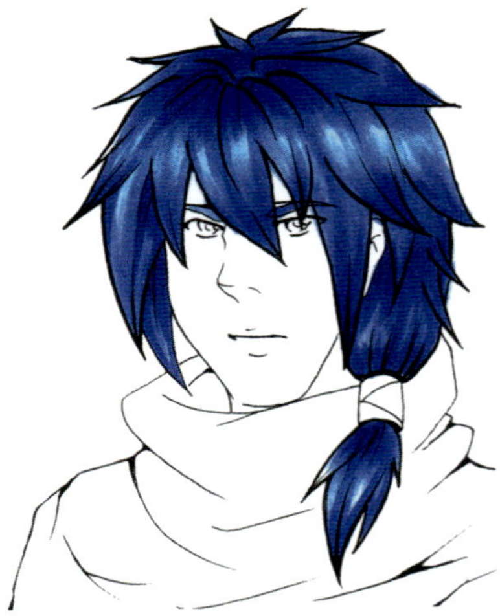

4. Abschließend verblenden Sie alles mit dem hellsten Farbton.

Mangahaare 2

Die Vorgehensweise in der „Hell-nach-Dunkel"-Methode ist sehr ähnlich:

COPIC MARKER

E11 E21 Y21

Y32 Y35

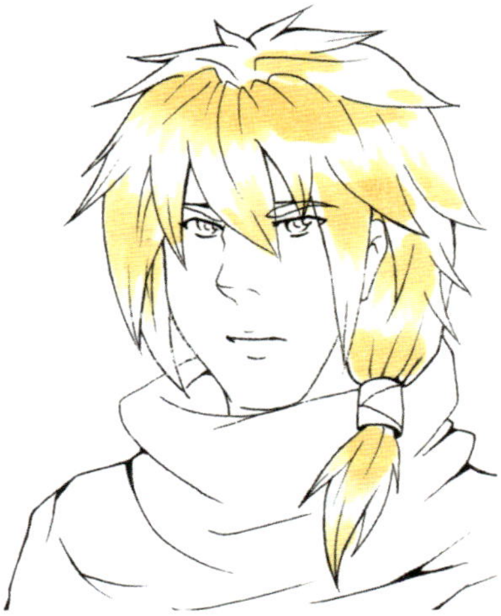

1. Als Erstes markieren Sie mit Y21 die Bereiche um die weißen Lichtreflexe, damit diese später nicht übermalt werden.

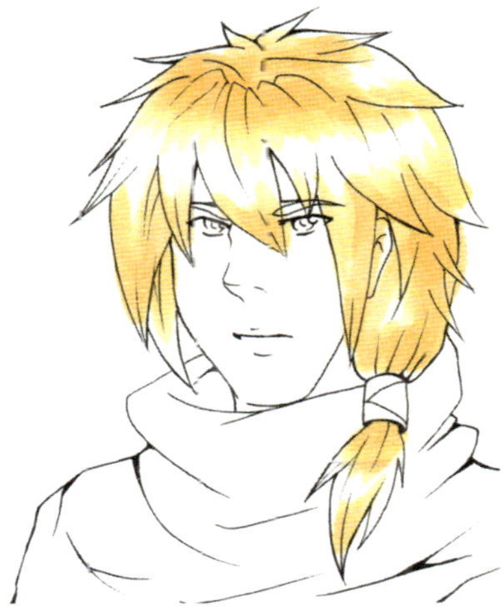

2. Danach die Haare grundieren (Y21) und erste Schatten setzen (Y32).

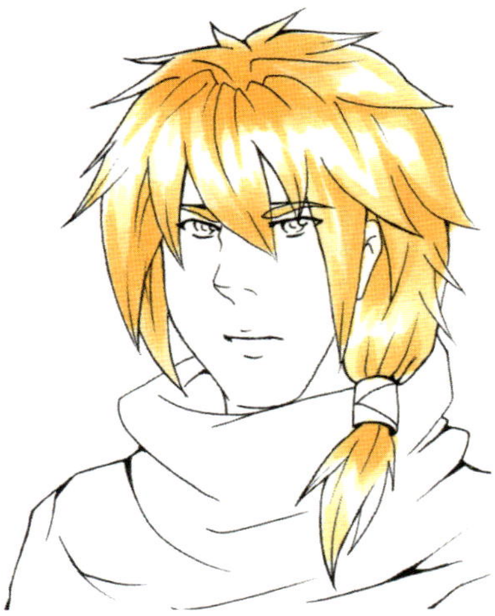

3. Mit weiteren Schatten ergänzen (Y35).

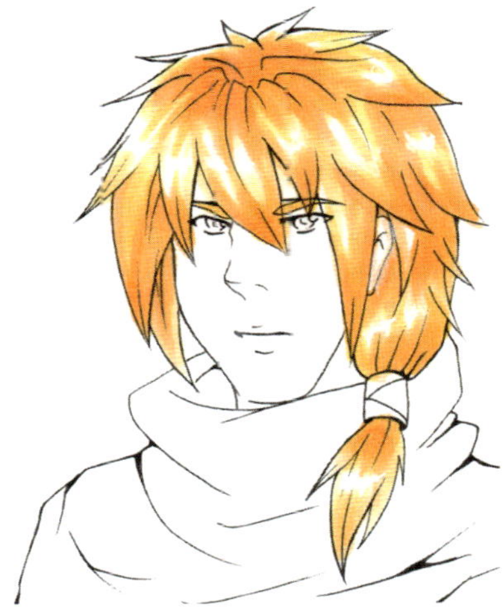

4. Abschließend verblenden Sie alles mit E11 und E21.

Mixed Media

Der Begriff Mixed Media steht für die Verwendung unterschiedlicher Zeichenmaterialien und ist eine beliebte Technik unter COPIC Künstlern. Es gibt verschiedene Medien, die sich hervorragend für die Kombination mit COPIC Markern eignen: Besonders beliebt sind Buntstifte, Aquarellfarben, Airbrush, Pastellkreiden und die digitale Nachbearbeitung.

Da jedes Medium seine Eigenheiten und individuellen Anforderungen hat, finden Sie in diesem Kapitel Tipps und Tricks für einen erfolgreichen Einstieg in Mixed-Media-Techniken.

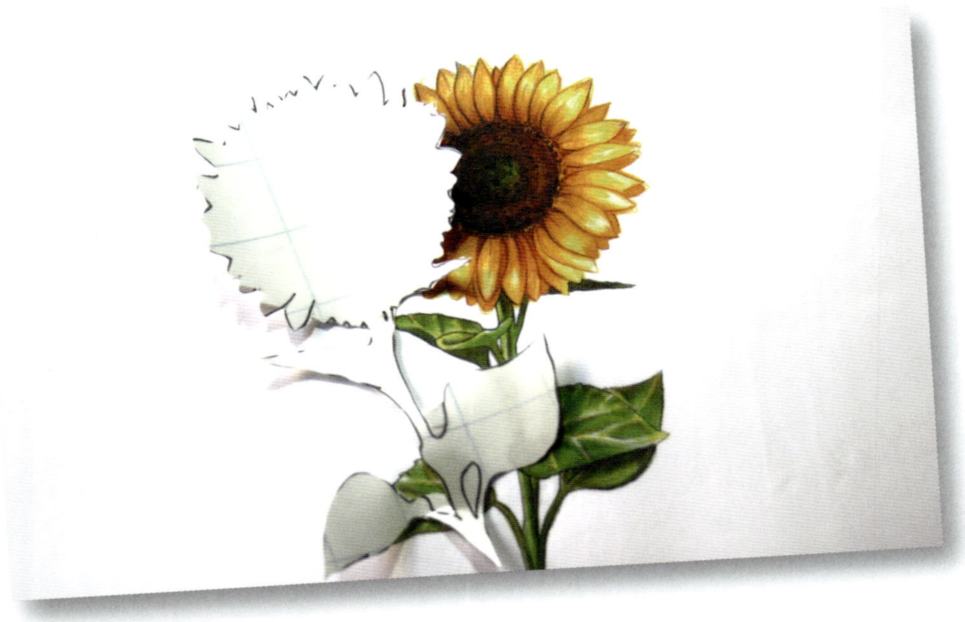

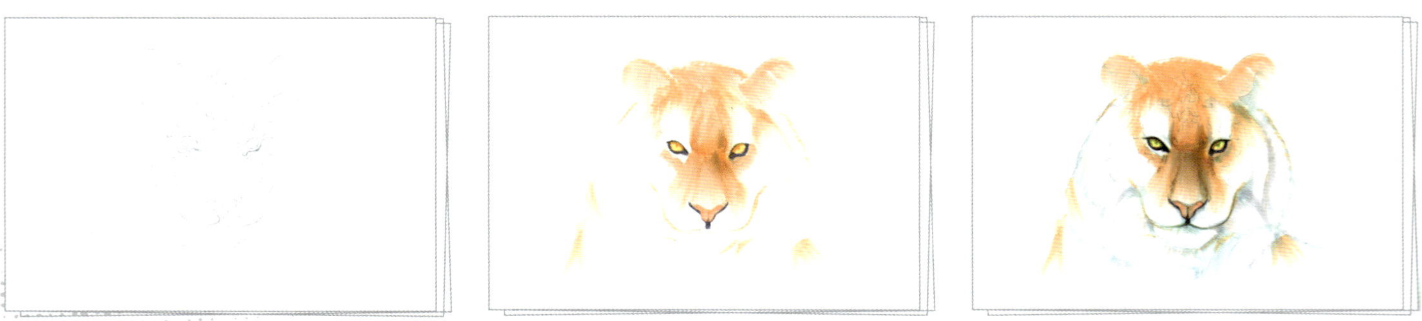

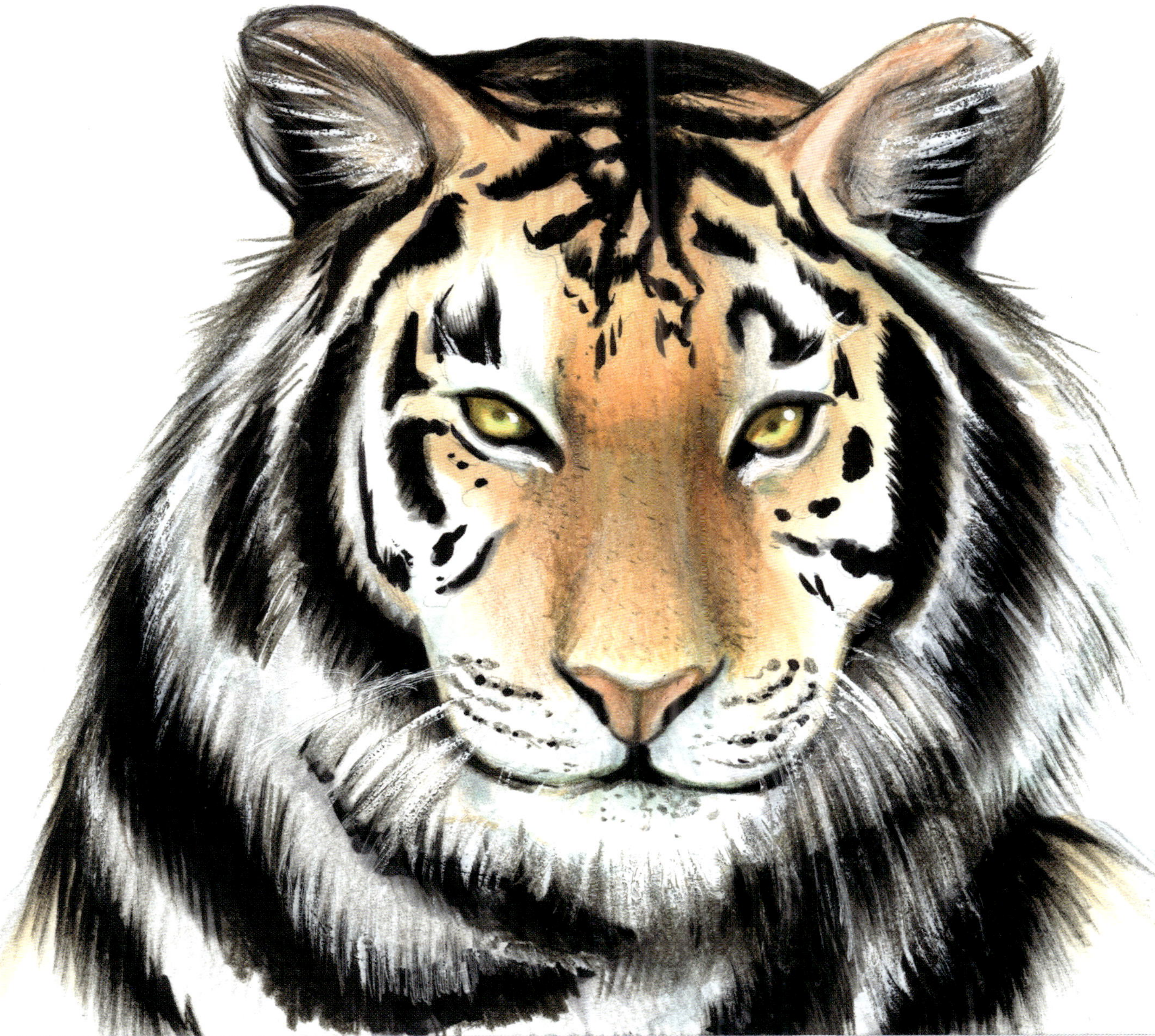

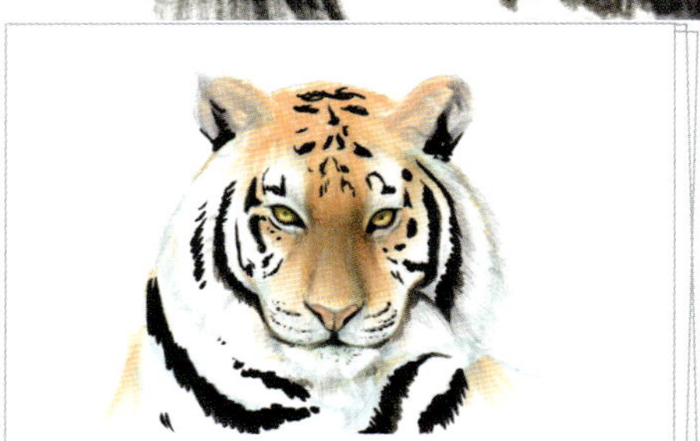

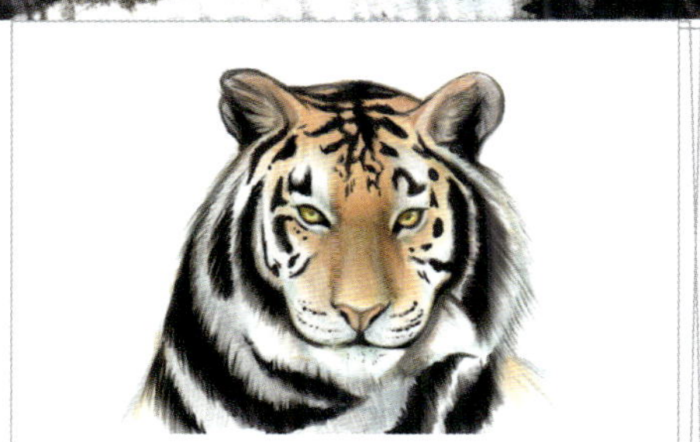

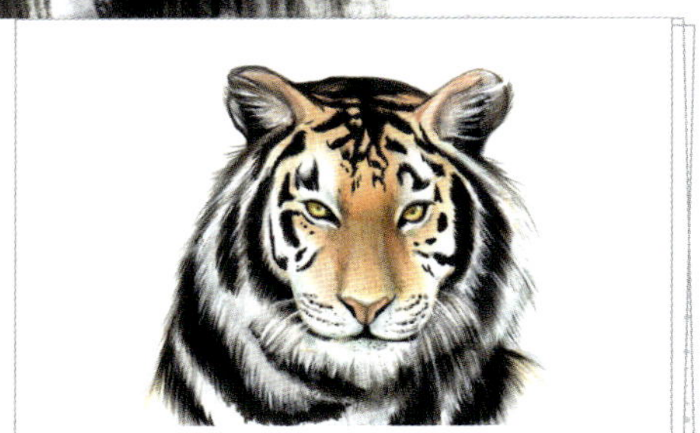

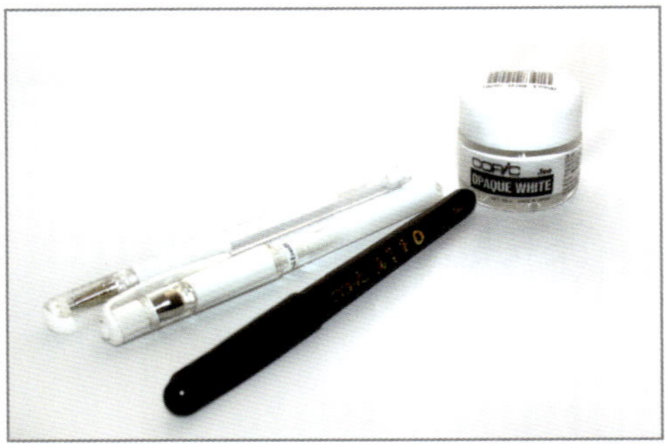

Schwarz & Weiss

Weiße Farbe gehört nicht zur COPIC Marker Farbpalette. Für Effekte und Korrekturen kann weiße Farbe jedoch ein Muss sein. Dafür gibt es verschiedene Möglichkeiten, z. B. COPIC Opaque White, das sehr deckend ist und mit einem Pinsel aufgetragen wird. Für detaillierteres Arbeiten können Sie einen weißen Gelliner verwenden, den es in jedem gut sortierten Schreibwarenhandel gibt. Aber Achtung: er ist nicht sehr deckend!

Die **Farbe Schwarz** ist zwar Bestandteil der COPIC Marker Farbpalette, aber in speziellen Fällen bedarf es einer anderen Spitze. So nutzen Kalligraphen, Mangazeichner und Designer für Effekte gerne Stifte wie den COPIC Gasenfude (Seite 24), der eine sehr lange und feine Pinselspitze hat und auf Pigmenttinte basiert.

HINWEIS

Buntstifte sollten nicht mit COPIC Markern übermalt werden, da die Farbe angelöst wird und die Spitze Ihres Markers verschmutzen kann.

Buntstifte

Buntstifte eignen sich besonders zur Kombination mit COPIC Markern und sind sehr unkompliziert. Im Gegensatz zu Aquarell und Airbrush brauchen Sie weder ein spezielles Papier noch eine besonderen Ausrüstung. Für die Mischung mit COPIC Marker eignen sich so gut wie alle Buntstiftsorten, allerdings sollten Sie beim Einsatz von Aquarellbuntstiften Vorsicht walten lassen: Diese sind wasserlöslich und können zwar mit einem COPIC Marker vermalt werden, allerdings kann die Farbe die Spitze verkleben und verschmutzen.

Tiger

COPIC MARKER

YR01 YR02 YR12
YR24 YR61 Y00
Y02 Y24 Y26
R12 E11 C1
C3 C5 W1
W3 B00 100

MULTILINER

Warm Grey · Cool Grey
Sepia

1 Im ersten Schritt werden die Konturen mit einem grauen Multiliner grob vorgegeben.

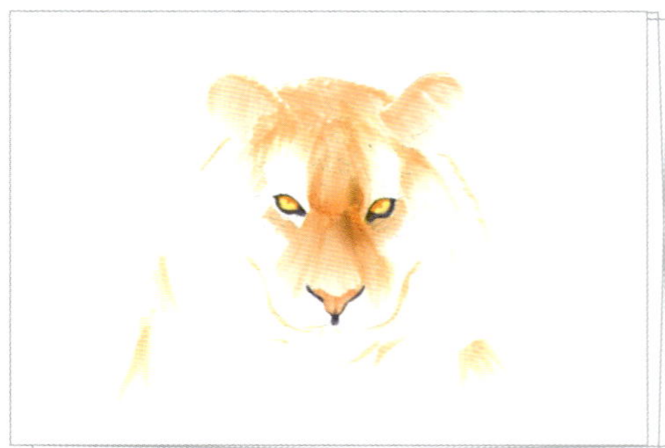

2 Danach die Grundfarben festlegen.

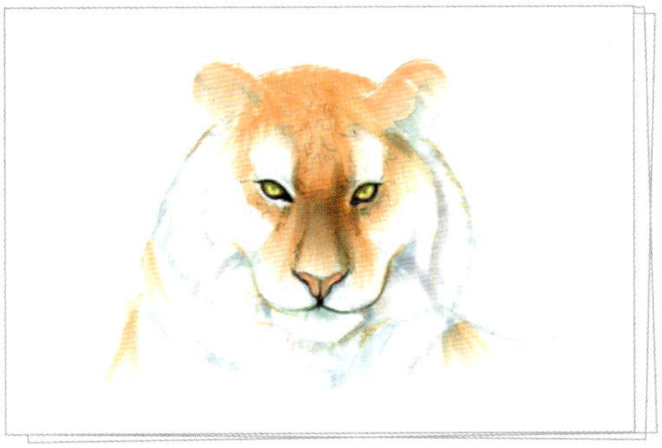

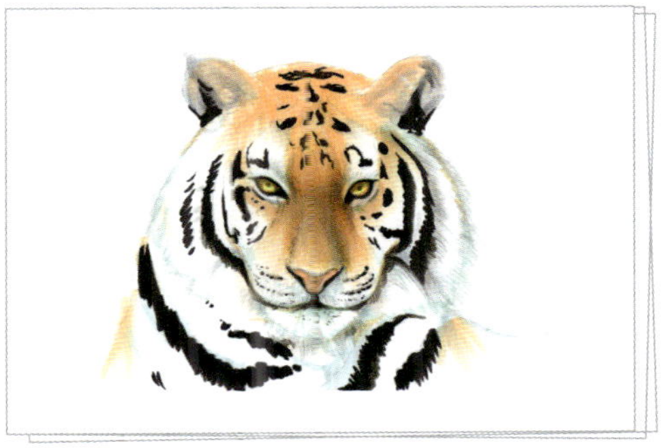

3 Anschließend markieren Sie Schatten und grobe Strukturen.

4 Im nächsten Schritt die schwarzen Streifen des Tigers unter Berücksichtigung der Fellrichtung grundieren und die Fellstrukturen mit Buntstiften weiter ausarbeiten.

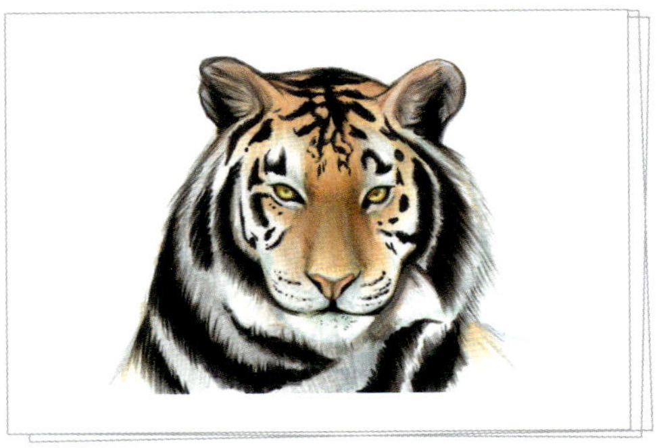

5 Jetzt die Streifen mit dem COPIC Gasenfude ausfransen und mithilfe der Buntstifte die Fellstruktur weiter ausarbeiten.

6 Zum Schluss mit COPIC Opaque White und Gelliner die Schnurrhaare zeichnen und das Fell buschiger machen.

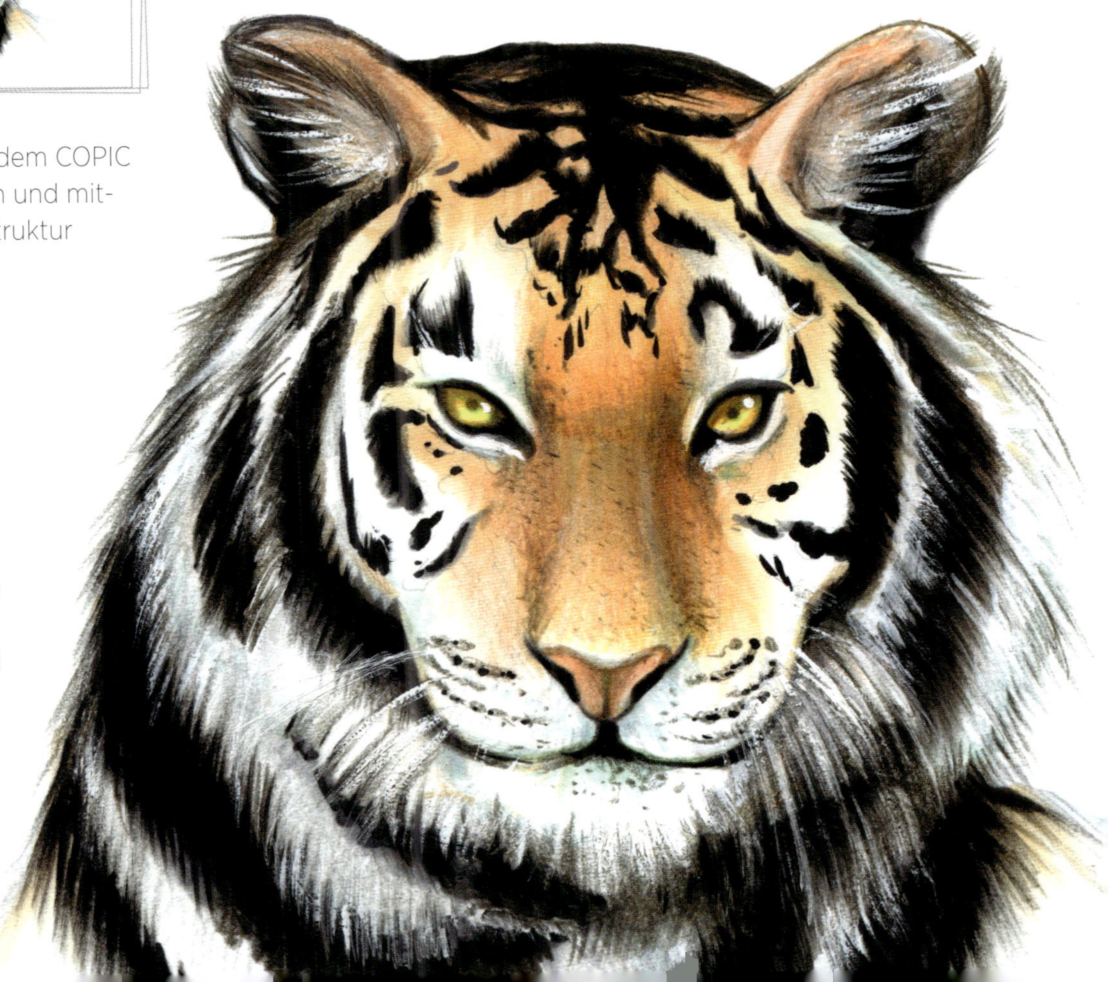

Pastelle

Pastelle erfreuen sich großer Beliebtheit unter COPIC Künstlern und werden besonders gerne für Hintergründe und Effekte verwendet. Es gibt sie in unterschiedlichen Formen wie Buntstifte, Kreiden, Pulver und Näpfen.

Für die Verwendung von Pastellen brauchen Sie nur wenig Zubehör: Eine Schere oder ein Cuttermesser sowie Wattestäbchen und -pads reichen für die Erstausstattung.

Mit der scharfen Klinge können Sie einzelne Partikel von der Kreide abschaben. Diese werden anschließend mit Watte verstrichen.

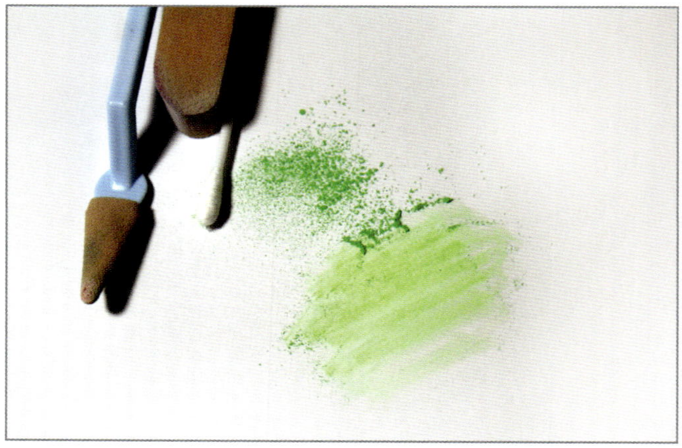

Wer häufiger mit Pastellen arbeitet, sollte sich mit speziellen Schwämmen ausstatten. Diese sind sowohl auswaschbar als auch wiederverwendbar und eignen sich besser für ein detailliertes Arbeiten.

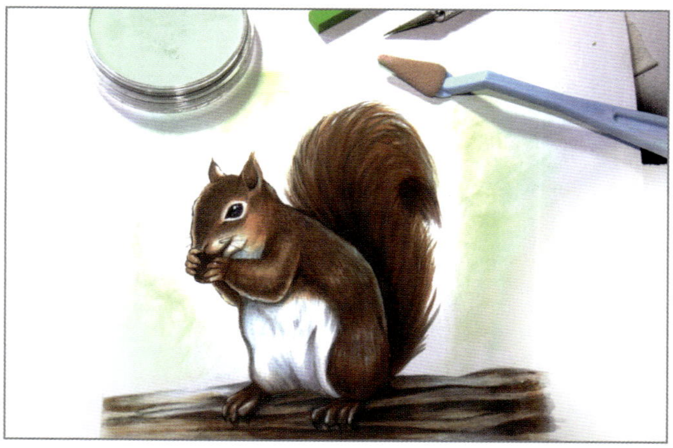

Zudem werden unter dem Namen PanPastel® Pastelle in Näpfen angeboten, die sich hervorragend zum Malen eignen. Die Farbe wird durch Tupfen mit dem Schwamm aufgenommen und anschließend auf dem Papier verrieben. Sollte Ihnen ein Fehler passieren, können Sie diesen mit einem Radiergummi problemlos ausbessern.

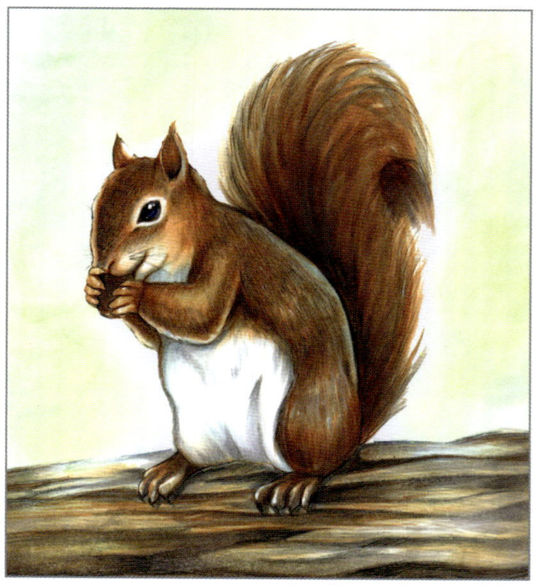

Im Gegensatz zu Aquarellfarben und Buntstiften sind Pastelle nicht sehr deckend und daher für zarte und sanfte Effekte und Hintergründe geeignet.

Aquarellfarben

Aquarellfarben in Kombination mit COPIC Markern sind nicht ganz unkompliziert. Das Problem liegt beim Papier: Während COPIC Marker Papier meist zart und dünn ist und kaum Wasser aufnehmen kann, sollte Aquarellpapier möglichst dick und saugstark sein. Daher neigt Aquarellpapier dazu, COPIC Marker schnell leer zu saugen, während Layoutpapier sich wellt und nur wenig Wasser verträgt.

Die Lösung kann in der Verwendung von Mixed-Media-Papieren liegen, die sich sowohl mit COPIC Markern als auch mit Aquarellfarben vertragen. Allerdings sollten Sie sich bewusst sein, dass dies ein Kompromiss ist und Mixed-Media-Papiersorten oftmals mehr Farbe beanspruchen als COPIC Marker Papiere.

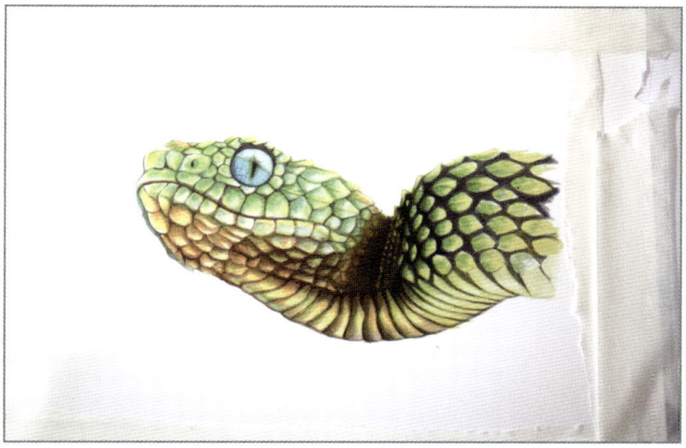

Eine weitere Methode kann darin bestehen, das Motiv zu scannen und direkt auf ein Aquarellpapier zu drucken. Allerdings sollte man dafür einen Laserdrucker oder ein Kopiergerät verwenden, da Inkjet-Tinte nicht wasserfest ist.

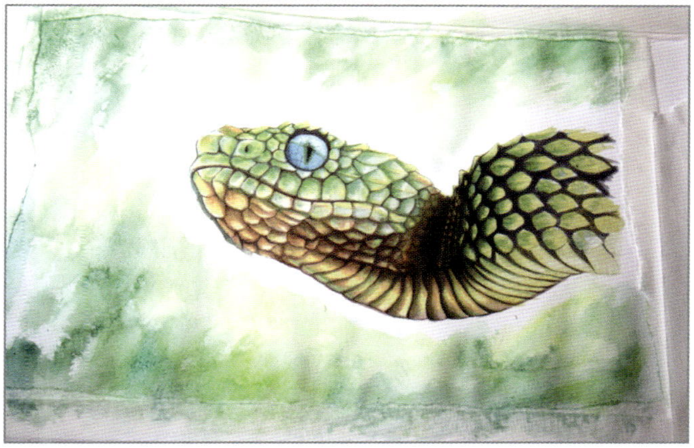

Außerdem sollten Sie das Papier mit Kreppklebeband auf einem festen Untergrund festkleben, damit es nicht wellt.

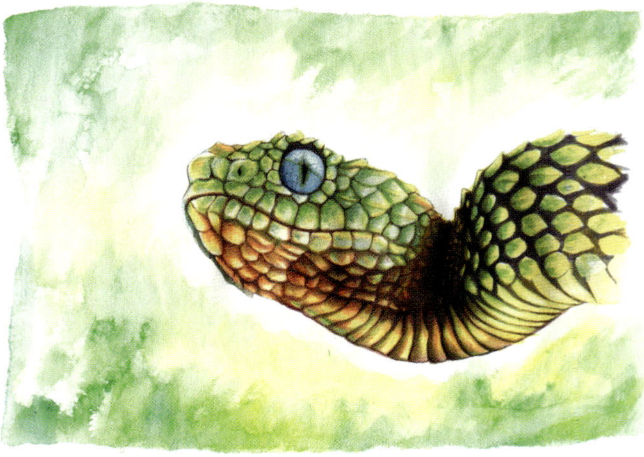

Wenn Sie fertig sind, ziehen Sie das Band einfach wieder ab. Mit Krepp können Sie außerdem tolle Effekte erzeugen. Hier habe ich das Band eingerissen, um einen unregelmäßigen Rand zu erzeugen.

TIPP

Sollte das Papier sich trotz Festklebens wellen, können Sie es bügeln. Beachten Sie aber Folgendes:

- Das Eisen darf nicht zu heiß sein!
- Verwenden Sie ein Bügeltuch.
- Bügeln Sie ausschließlich die Rückseite Ihres Bildes.
- Bei dickem Papier können Sie die Rückseite leicht befeuchten, um sie zu glätten.

VARIOUS INK

VARIOUS INK eignet sich nicht nur zum Nachfüllen Ihres Markers, sondern auch um tolle Effekte zu erzeugen.

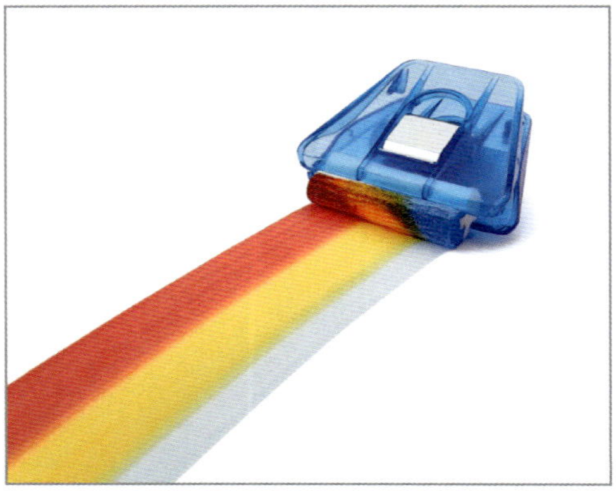

Mit dem Ink Absorber können Sie z. B. problemlos streifenfreie Hintergründe erzeugen.

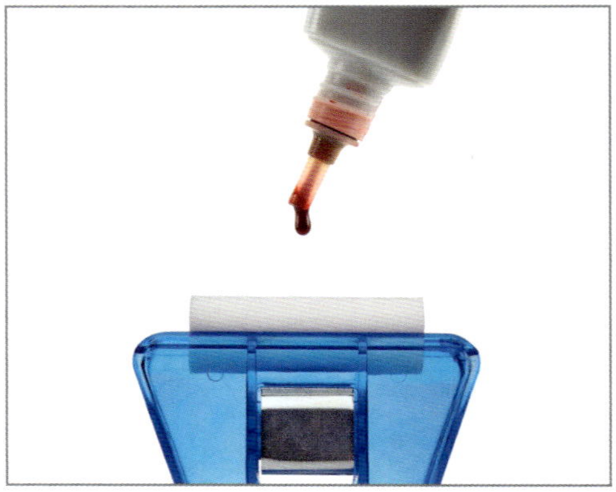

Träufeln Sie dafür einfach die Farbe von VARIOUS INK auf eine Tamponade.

Durch die Verwendung mehrerer Farben können Sie spielend leicht Farbverläufe zaubern.

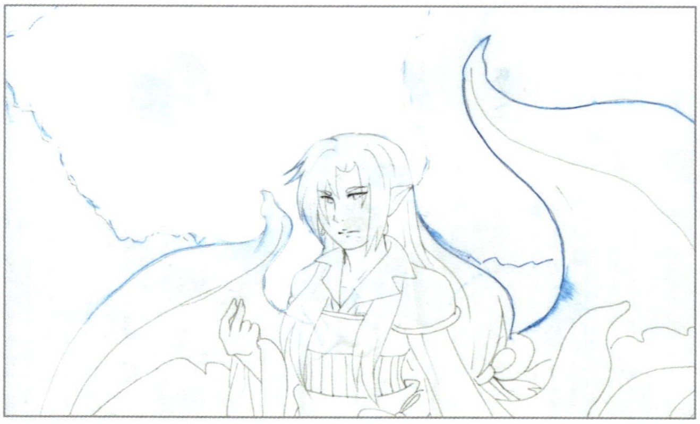

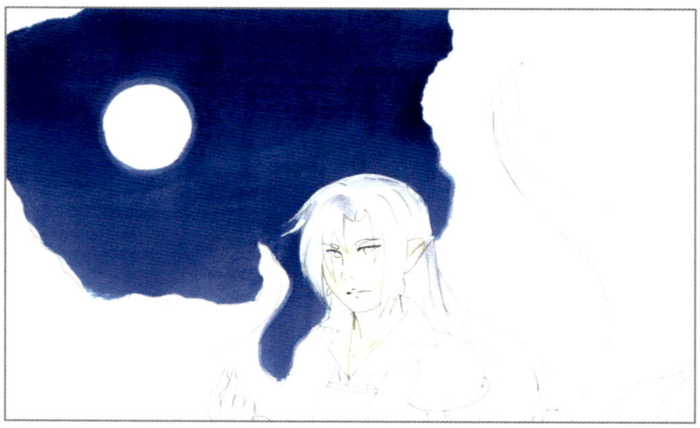

Da der Ink Absorber sehr breitflächig ist, eignet er sich nur bedingt für detailreiches Arbeiten. Falls Sie zum Beispiel einen Hintergrund für ein komplexes Bild malen wollen, empfiehlt es sich, entsprechende Stellen mit Maskierfolie zu schützen. Die ziehen Sie einfach wieder ab, nachdem die Farbe getrocknet ist. Mehr dazu erfahren Sie auf Seite 84.

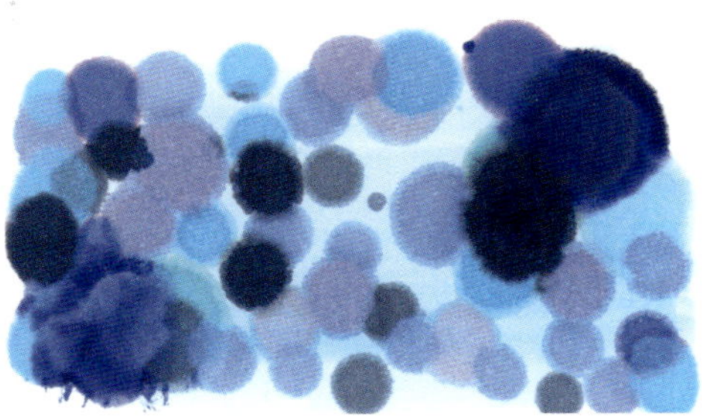

Eine weitere Einsatzmöglichkeit von VARIOUS INK besteht darin, die Farbe direkt auf das Papier zu träufeln. Wenn Sie dies mit mehreren Farben machen, können tolle Effekte entstehen. Die Farbe kann man zusätzlich noch mit einem Pinsel vermalen.

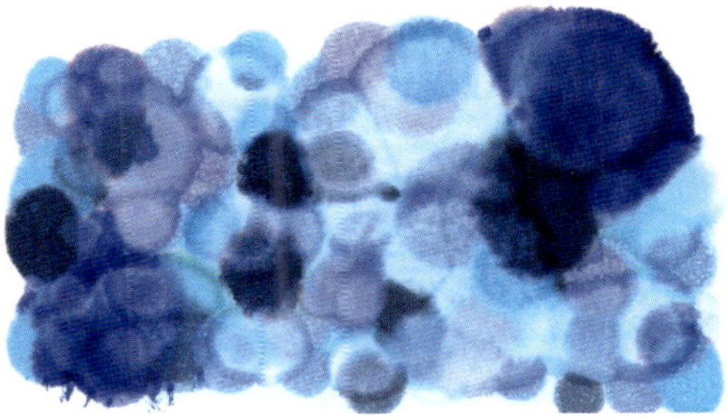

Grundiert man die Fläche zuerst mit dem Blender, so entsteht eine Art Aquarelleffekt.

Airbrush

Airbrush eignet sich sehr gut zum Einfärben großer Flächen. Es ist ein komplexes Medium, für das man eine umfangreiche Ausstattung benötigt, z. B. einen Kompressor mit einem COPIC Air Grip Spritzaufsatz oder das Air-Brush-Set.

Sollten Sie Airbrush nur gelegentlich nutzen, ist das Air-Brush-Set völlig ausreichend, für den Profieinsatz empfiehlt sich jedoch der Kompressor

HINWEIS

Der COPIC Air Grip Spritzaufsatz ist ausschließlich kompatibel mit COPIC classic und COPIC sketch Markern.

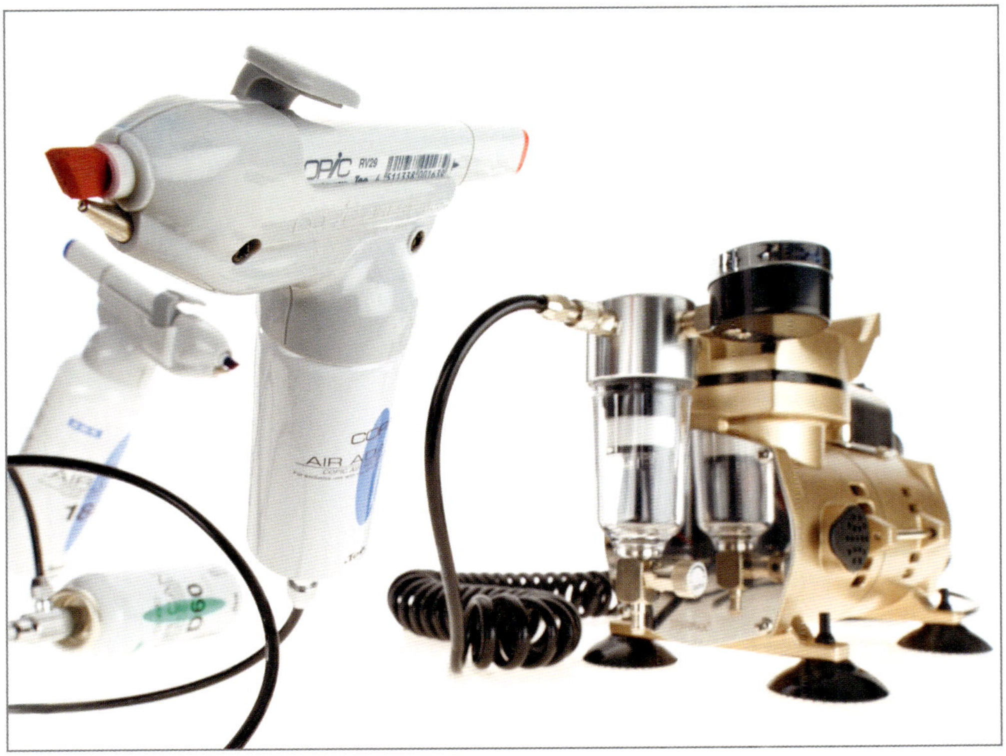

INFO

Achtung, Maskierfolie darf keinesfalls mit Buchbindefolie verwechselt werden. Beide sehen auf den ersten Blick gleich aus. Allerdings klebt Buchbindefolie wesentlich stärker und lässt sich nicht mehr vom Papier lösen. Außerdem ist Maskierfolie nicht bedruckbar.

Zubehör für Mixed-Media-Techniken

Neben der Grundausstattung gibt es noch einiges an wichtigem und nützlichem Zubehör zum Abkleben von Motiven und für den Einsatz von Schablonen.

Schablonen-Folien

Eine sehr dicke Folie, die Sie bedrucken und passend zurechtschneiden können.

Maskierfolie

Eine spezielle, sehr dünne, selbstklebende Folie, mit der Sie Bildbereiche schützen können. Die Folie kann entsprechend zugeschnitten werden und lässt sich leicht wieder ablösen.

Schablonen

Neben den fertigen Schablonen gibt es eine Fülle von Material, das sich als Schablone eignet wie z. B. Tortenspitzen. Hier können Sie Ihrer Fantasie freien Lauf lassen.

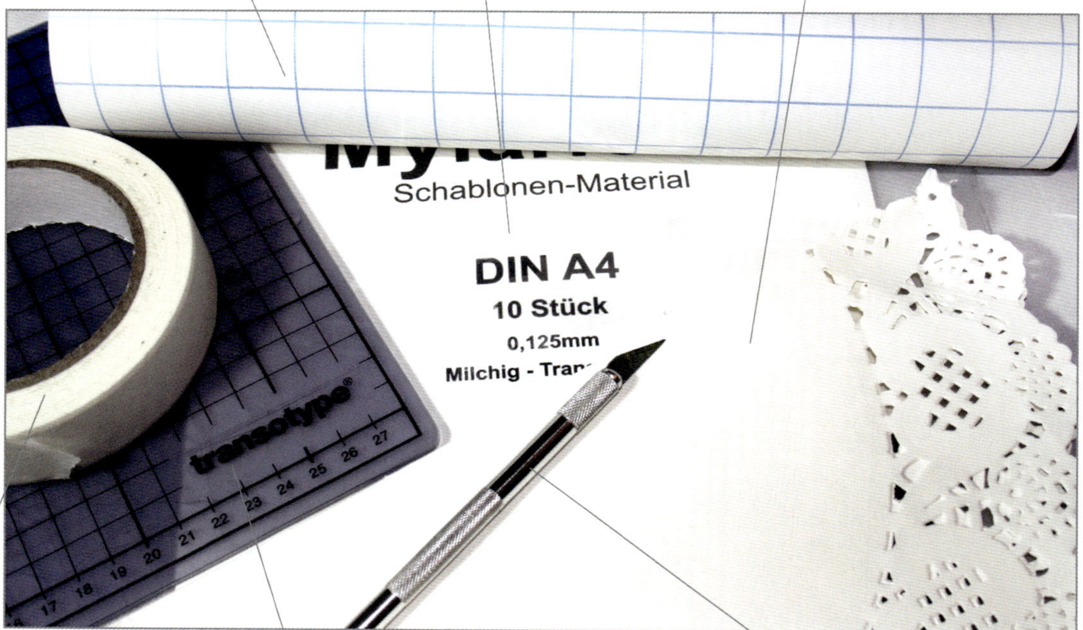

Malerkrepp

Dieses Klebeband ist leicht ablösbar und ideal zum Abdecken und Fixieren von Schablonen.

Schneidematte

Beim Arbeiten mit einem Cuttermesser bitte stets eine Schneidematte verwenden! Wenn Sie nur etwas zu viel Druck ausüben, schneiden Sie durch Ihr Papier und können so den Untergrund beschädigen.

Cuttermesser und Schere

Das brauchen Sie, um Folien entsprechend zuschneiden zu können.

Abkleben von Motiven

Für das Abkleben von Motiven gibt es zwei Methoden. Bei der **ersten Methode** wird die Folie direkt auf das Bild geklebt und entsprechende Stellen mit einem Cuttermesser ausgeschnitten.

Der Vorteil dieser Methode: Sie können sehr präzise arbeiten. Allerdings besteht dabei auch die große Gefahr, dass man sein Motiv und das darunterliegende Papier beschädigt oder mit durchschneidet. Diese Methode eignet sich also nur für dickere Papiersorten und bedarf viel Übung.

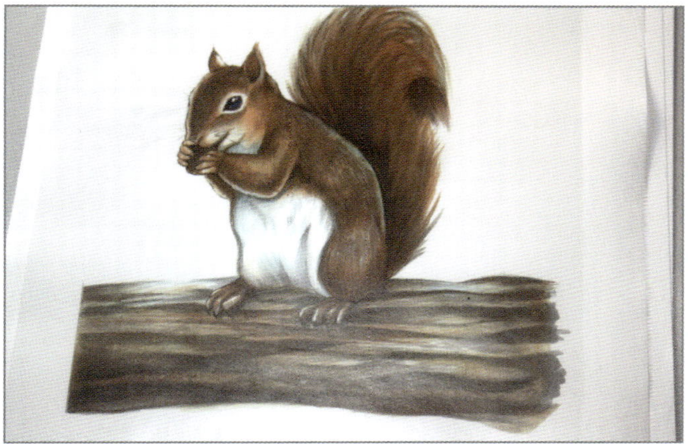

1. Im ersten Schritt bedecken Sie das gesamte Bild mit der Maskierfolie.

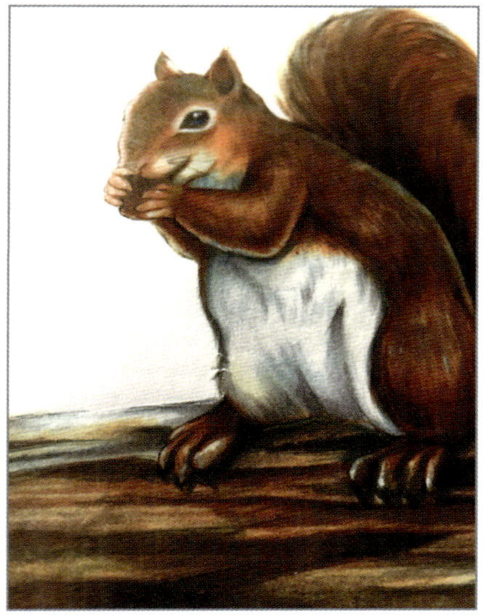

2. Mit einem Cuttermesser die Folie vorsichtig einritzen und die zu besprühenden Stellen ausschneiden. Anschließend entfernen Sie die Folie vom Hintergrund. Ihr Motiv sollte jedoch immer noch bedeckt sein, damit Sie gefahrlos sprühen können.

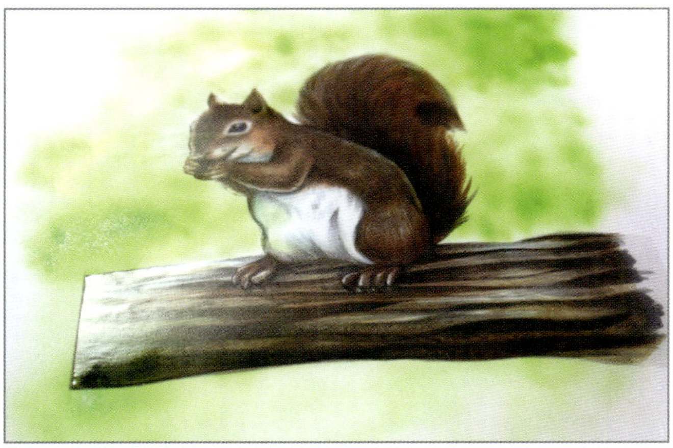

3. Das Bild kann nun vollflächig besprüht werden, ohne dass Ihr Motiv Schaden nimmt.

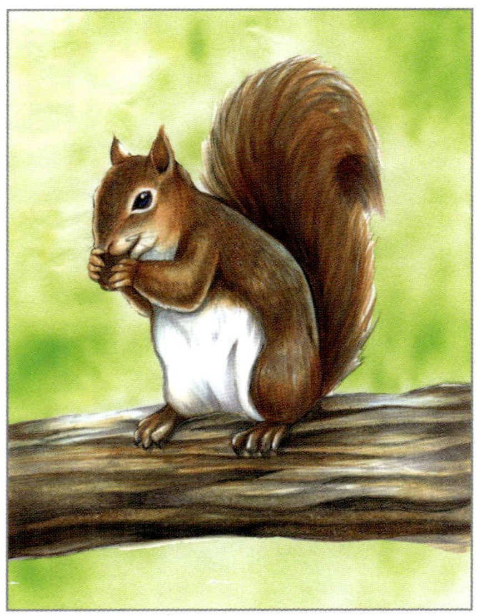

4. Abschließend ziehen Sie die restliche Folie einfach ab.

Bei der **zweiten Methode** wird das Motiv auf die Folie übertragen und anschließend ausgeschnitten und aufgeklebt. Diese Methode ist sehr sicher, allerdings auch nicht so präzise, und eignet sich nur für einfachere Motive.

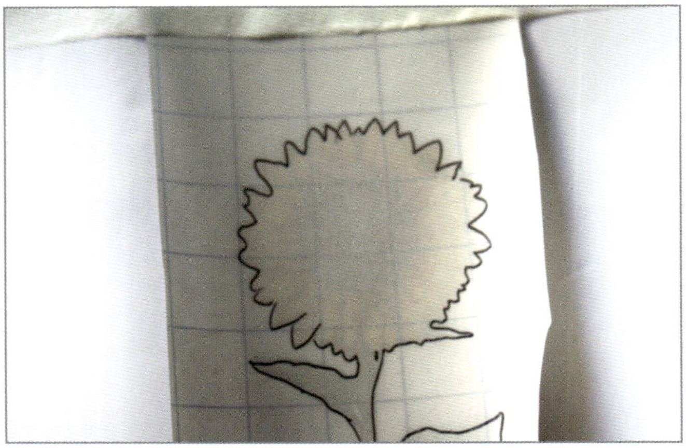

1. Im ersten Schritt die Konturen auf die Folie übertragen.

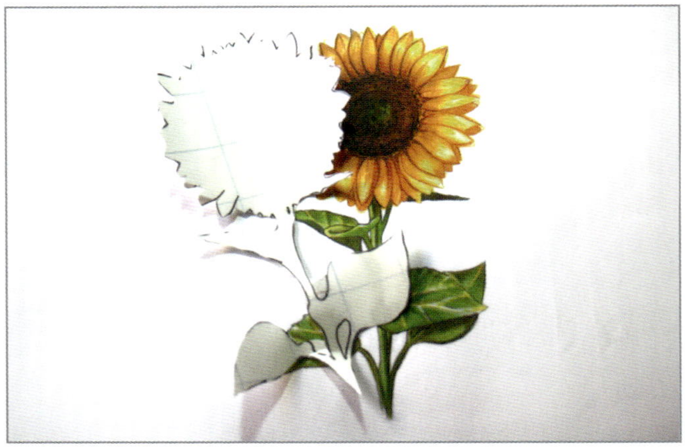

2. Anschließend schneiden Sie diese mit einem Cuttermesser oder einer Schere aus.

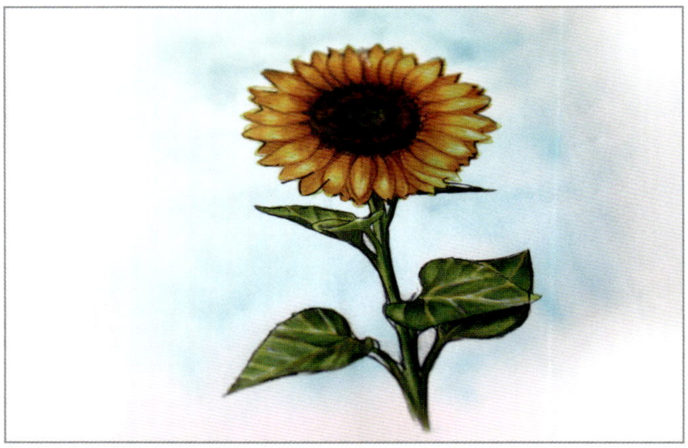

3. Die Folie vorsichtig über das Motiv ziehen und das Bild besprühen.

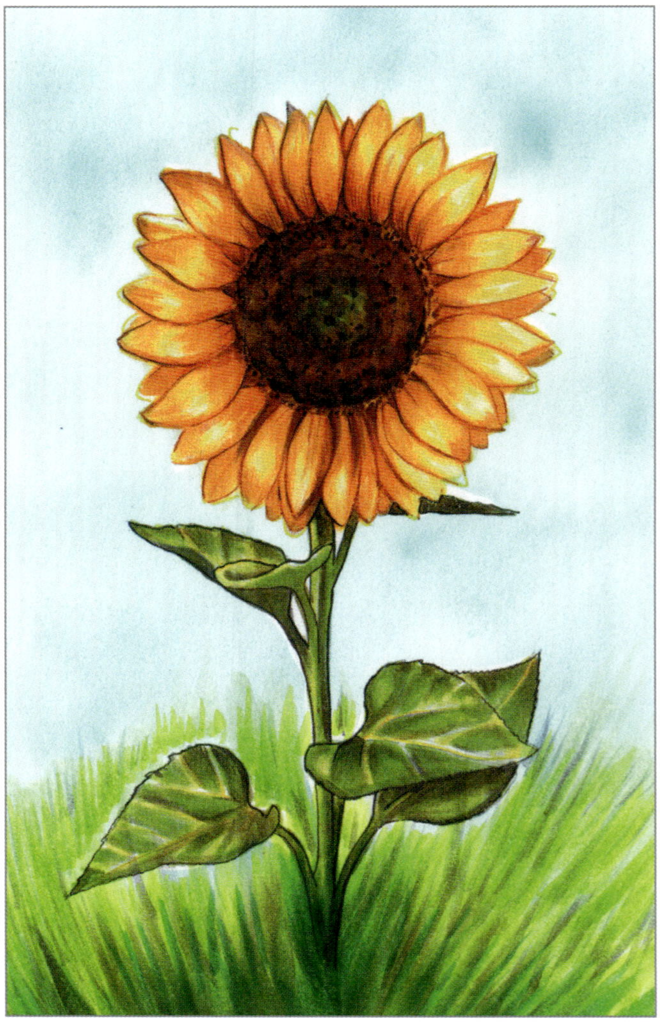

4. Erst jetzt ziehen Sie die komplette Folie ab. Bei hellen Farben, wie in diesem Beispiel, ist es geschickter, bestimmte Bildelemente erst zum Schluss zu zeichnen. Das grüne Gras ist wesentlich dunkler und verdeckt das Blau. So können Sie sich auf einfache Weise viel Arbeit ersparen.

Schablonen

Die Verwendung von Schablonen ist nicht nur sehr einfach, Sie können auch spielend leicht tolle Effekte erzielen.

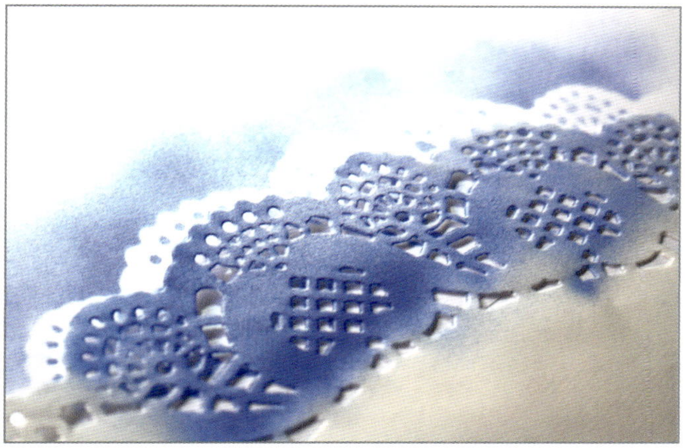

1. Legen Sie die gewünschte Schablone auf Ihr Bild und besprühen es dann. Wichtig ist, dass Sie die Schablone gut festhalten und fixieren. Sprühen Sie so, dass der Luftdruck die Schablone auf das Papier drückt und nicht anhebt.

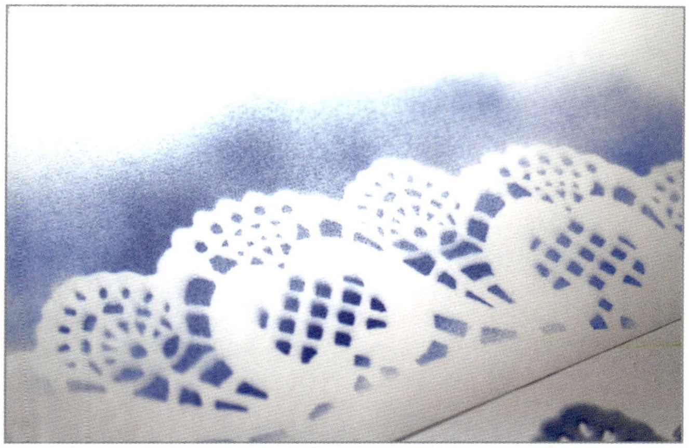

2. Danach heben Sie die Schablone vorsichtig an und entfernen sie.

Schablonen müssen nicht extra gekauft werden. Mit einem Blatt und ein wenig Kreativität können Sie z. B. ganz leicht eine tolle Schablone zaubern:

1. Zuerst ein Blatt Papier in zwei Streifen reißen.

2. Mit der ersten Hälfte die untere Fläche der Arbeitsfläche verdecken. Die obere Hälfte mit B29 besprühen.

3. Anschließend bedecken Sie mit dem zweiten Streifen (dem Negativ) die bereits besprühte Fläche. Jetzt müssen Sie nur noch die untere Hälfte mit Schwarz besprühen. So entsteht auf einfachste Weise eine Berglandschaft samt Nachthimmel.

Digitale Bildbearbeitung

COPIC Marker sind ein zauberhaftes Medium, allerdings wie viele andere Medien leider nicht lichtbeständig. Sie sollten Ihre Werke keinesfalls längere Zeit starker Sonneneinstrahlung aussetzen, da sie sonst an Farbpracht verlieren können. Wenn Sie Ihre Werke trotzdem aufhängen und zeigen möchten, dann empfehle ich Ihnen, sie zu scannen. Gleichzeitig erhalten Sie damit die Möglichkeit, Ihre Bilder digital nachzubearbeiten und Fehler zu korrigieren.

Auflösung

In der Regel sollten Sie Ihre Dateien in einer Auflösung von mindestens 300 dpi (dots per inch) scannen. Dies ist der Mindeststandard für Druckereien! Möchten Sie Ihre Dateien größer als das Ursprungsformat drucken, muss die Auflösung dementsprechend höher sein. Wenn Sie beispielsweise ein DIN-A4-Bild in DIN A3 drucken möchten, sollten Sie es mindestens in 600 dpi scannen, damit es nicht verpixelt.

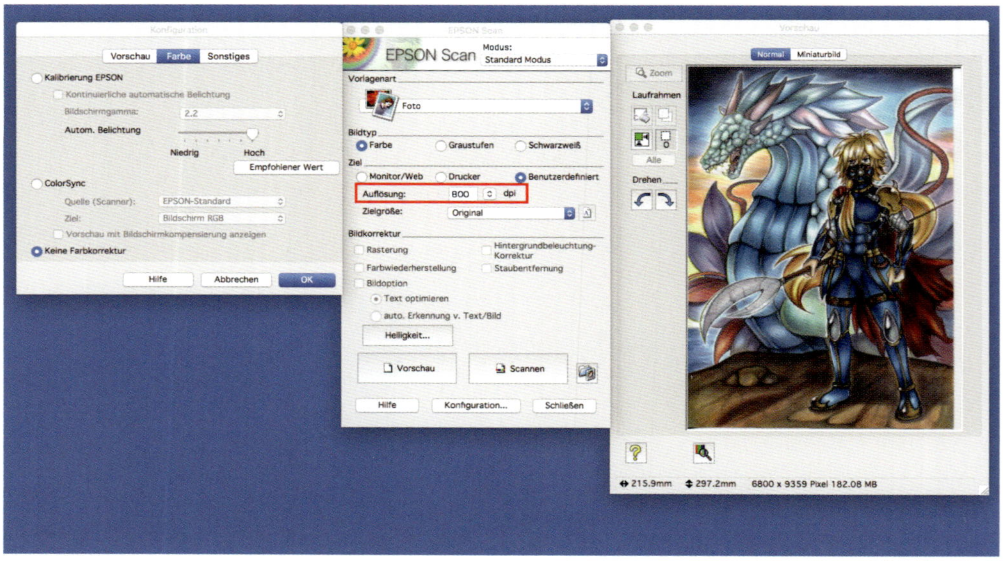

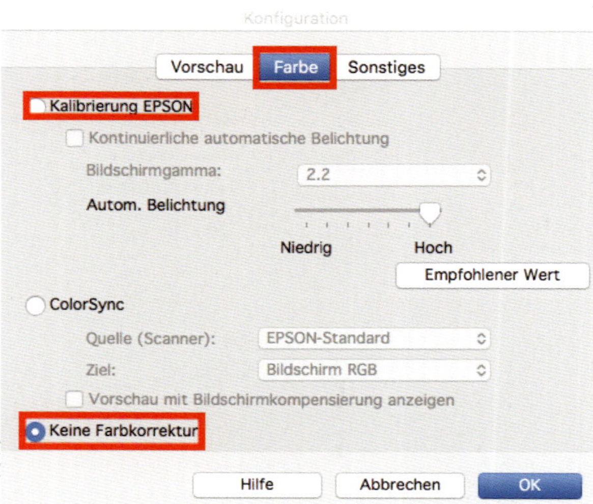

Farben

Leider entspricht die Farbe beim Scannen oft nicht dem Original. Daher müssen die meisten Bilder digital nachbearbeitet werden. Achtung: Viele Scanner bearbeiten Bilder automatisch digital nach! Das führt in der Regel zu einem verfälschten Ergebnis, das nur schwierig zu korrigieren ist.

Ich empfehle Ihnen, Ihre Bilder ohne Farbkorrektur zu scannen. Diese Option findet sich meistens unter „Einstellungen“ oder „Konfigurationen“.

Sollte Ihr Scan-Programm diese Funktion nicht haben, gibt es eine Fülle kostenloser Programme im Internet, die mit handelsüblichen Scannermarken kompatibel sind.

Im Vergleich zu der farbkorrigierten Version des Scanners (rechts) ist die unverfälschte (links) wesentlich dunkler und blasser. Mit Bildbearbeitungsprogrammen wie Photoshop, Gimp etc. lässt sich dieser Makel aber leicht beheben.

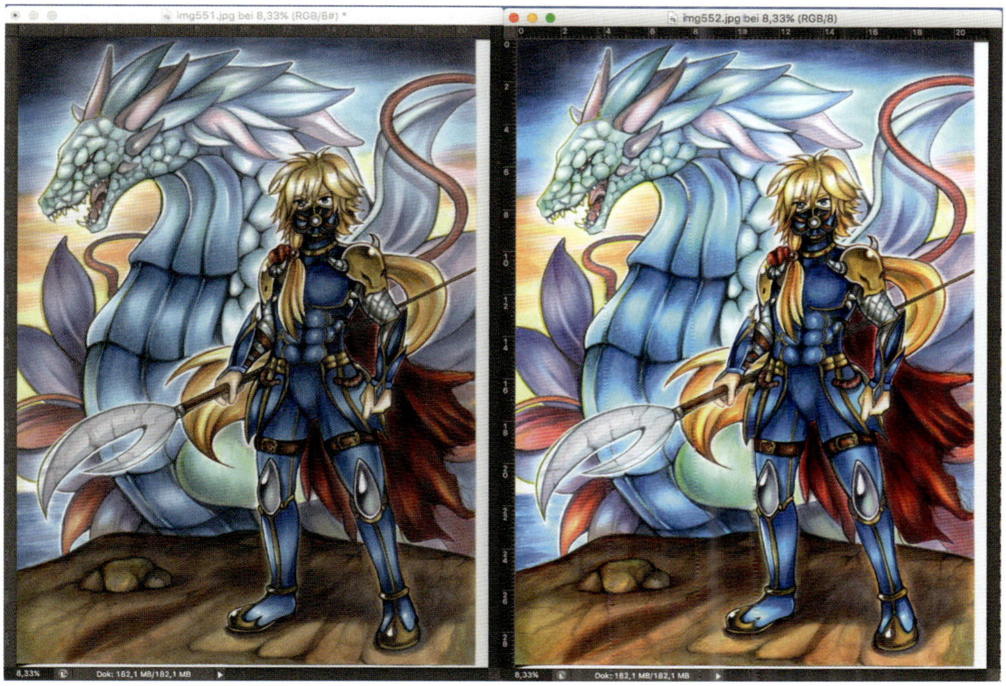

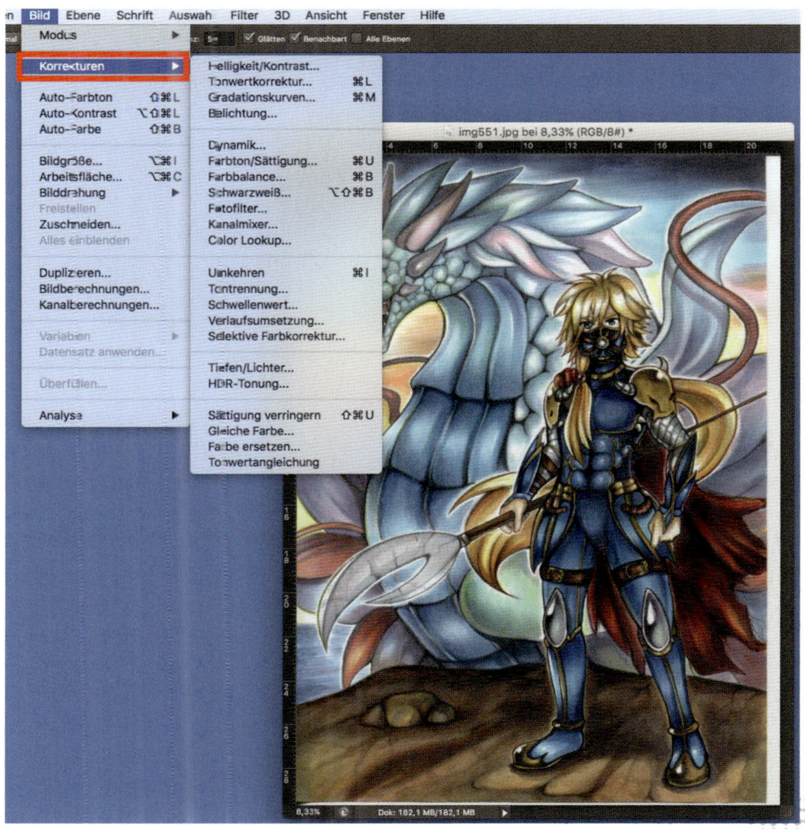

In diesem Fall habe ich Adobe Photoshop zur Bildbearbeitung verwendet. Aber auch die meisten anderen Bildbearbeitungsprogramme bieten eine Fülle von Funktionen an, mit denen Sie die Farben Ihres Bildes anpassen können. Sie finden sie unter Bild → Korrekturen. Helligkeit/Kontrast, Farbton/Sättigung und Tonwertkorrektur sind die einfachsten Funktionen, um Ihre Datei dem Original näherzubringen.

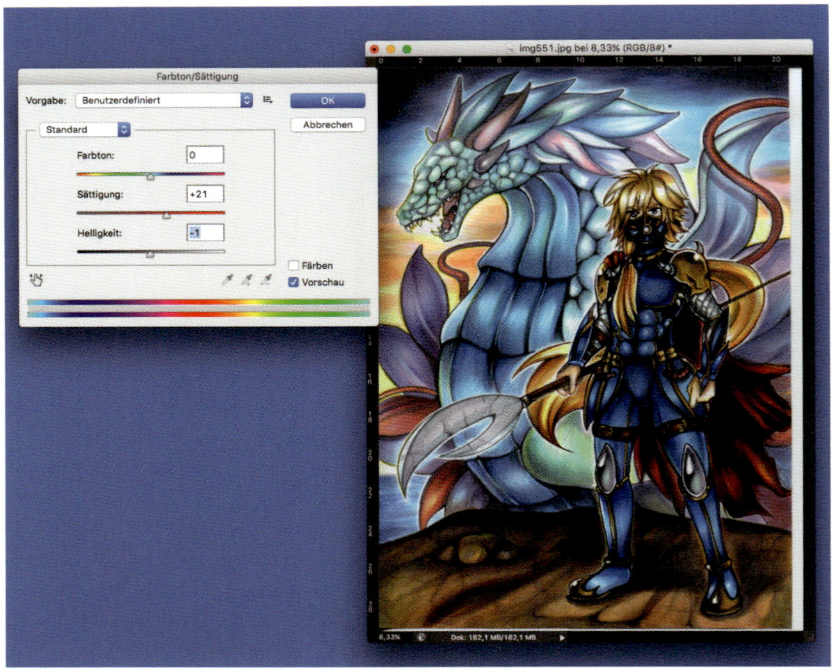

Die **Tonwertkorrektur** ist besonders wichtig bei Bildern mit weißen Hintergründen. Durch Verschieben der Riegel lässt sich aus einem grauen Hintergrund leicht ein strahlend weißer zaubern.

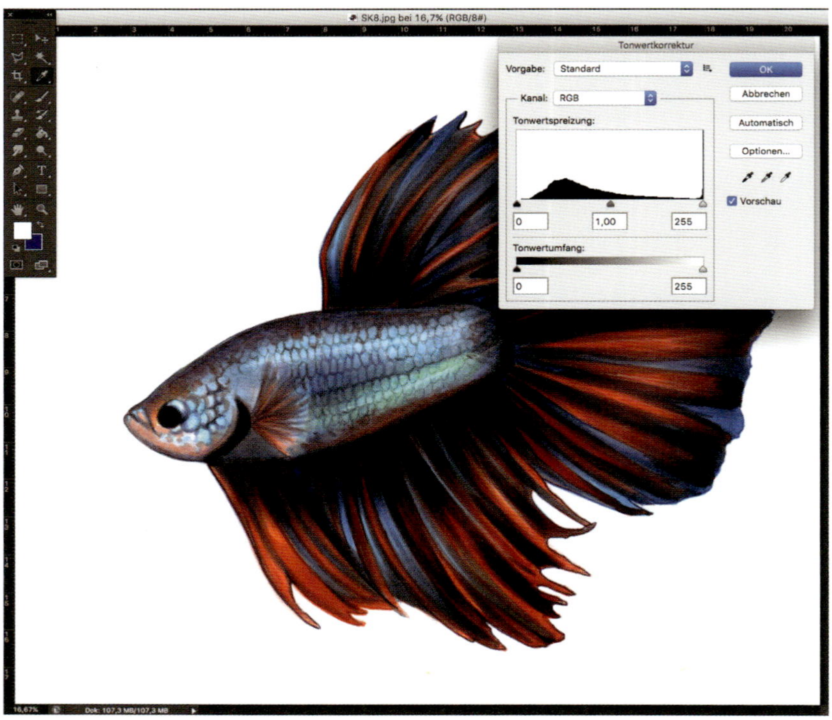

Bei bunten Bildern ist vor allem **Farbton/Sättigung** eine große Hilfe.

Fehlerkorrektur

Beim Scannen schleichen sich gelegentlich Staubkörner ein. Diese können mit dem sogenannten Kopierstempel entfernt werden.

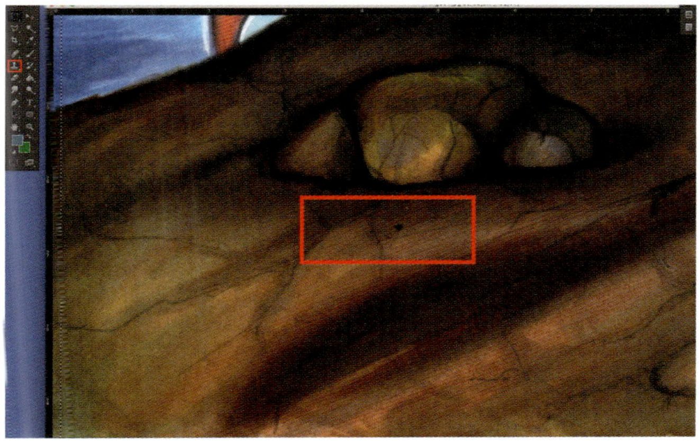

Bilder zuschneiden

Wollen Sie Ihr Motiv drucken, müssen Sie sich an die Maßvorgaben des Druckers halten. Da die Fläche des Scanners oftmals größer ist als das eigentliche Bild wird Ihr Scan einen weißen Rand haben. Mit „Auswahlrechteck-Werkzeug" können Sie Ihre Datei entsprechend zuschneiden. Dabei sollten Sie ein „Festes Seitenverhältnis" bestimmen, das dem gewünschten Format entspricht. In diesem Fall ist es DIN A4, 210 x 297 mm. Wählen Sie den gewünschten Bildbereich aus und gehen Sie danach auf „Bild → Freistellen", um es entsprechend zuzuschneiden.

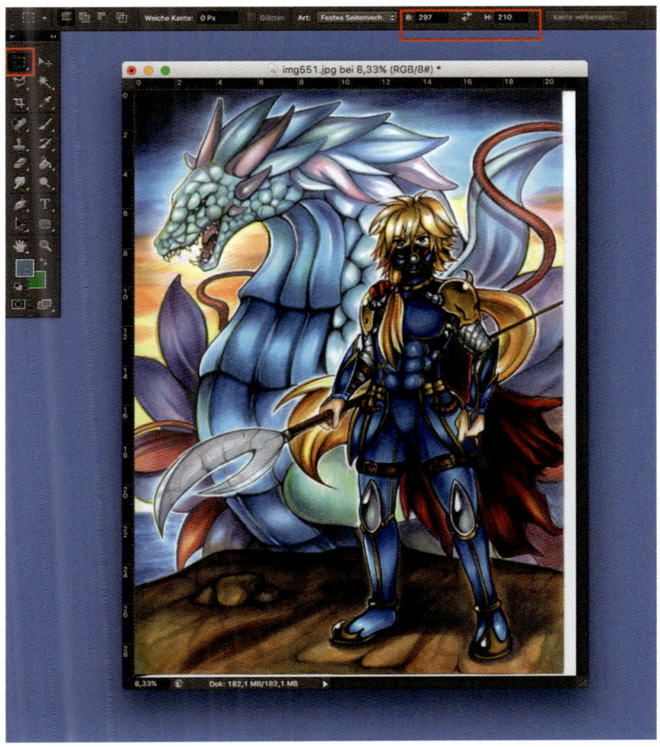

Anschließend gehen Sie auf „Bild → Bildgröße". Hier können Sie das Bild auf die gewünschte Größe bringen. Nachdem Ihr Bild bereits das entsprechende Seitenformat hat, sollten Sie die „Proportionen" beibehalten. Wenn Sie anschließend z. B. die Höhe verändern, verändert sich die Breite im selben Verhältnis.

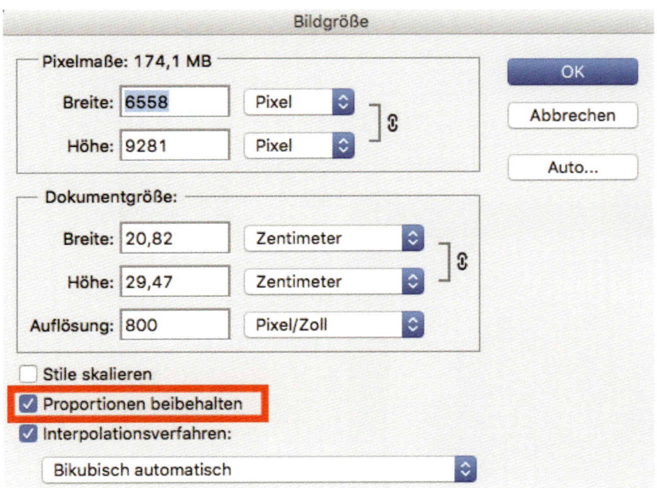

HINWEIS

Achtung beim Vergrößern von Bildern!
Bilder mit sehr hoher Auflösung, wie in diesem Fall 800 dpi (Pixel/Zoll), können leicht vergrößert werden. Wenn Sie dieses DIN-A4-Bild in A3 drucken, brauchen Sie nur einfach die Größe verändern. Gleichzeitig sollten Sie aber auch die Auflösung verringern (z. B. auf 400 dpi), da sonst das Bild pixelig wird.

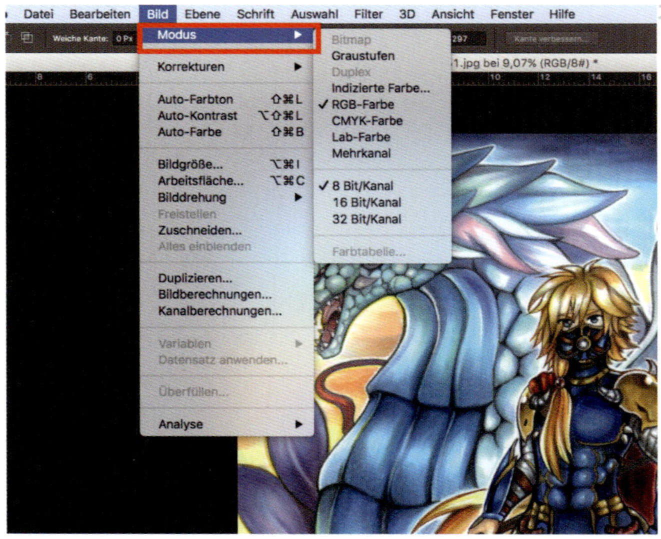

Bildmodus

Druckereien verlangen Bilder immer im sogenannten CMYK-Modus. In der Regel wird Ihr Bild aber RGB haben. Unter „Bild → Modus" können Sie das einfach ändern.

INFO

Der Begriff „Ebene" kann für Laien verwirrend sein. Stellen Sie sich jede Ebene wie ein Blatt Papier vor. Mehrere Ebenen sind wie ein Stapel Papier. Sie können jedes Blatt einzeln bemalen und verändern, ohne die anderen zu beeinflussen.

Digitale Collage

Bei vielen Bildbearbeitungsprogrammen gibt es die Möglichkeit, mit verschiedenen Ebenen zu arbeiten. So können Sie digitale Collagen erstellen.

Für eine Collage brauchen Sie mehrere Bilder und Ebenen. Eine davon ist Ihr Hintergrund, der die Bildbasis darstellt und auf der untersten Ebene zu finden ist.

Möchten Sie vor diesem Hintergrund nun ein anderes Bild/Motiv einfügen, müssen Sie die entsprechende Datei zuerst freistellen.

1. Öffnen Sie die Bilddatei für das Motiv, das im Vordergrund stehen soll. Der Hintergrund dieser Datei sollte möglichst weiß sein. Andernfalls können Sie mit „Tonwertkorrektur" den Hintergrund weiß zaubern (Seite 114).

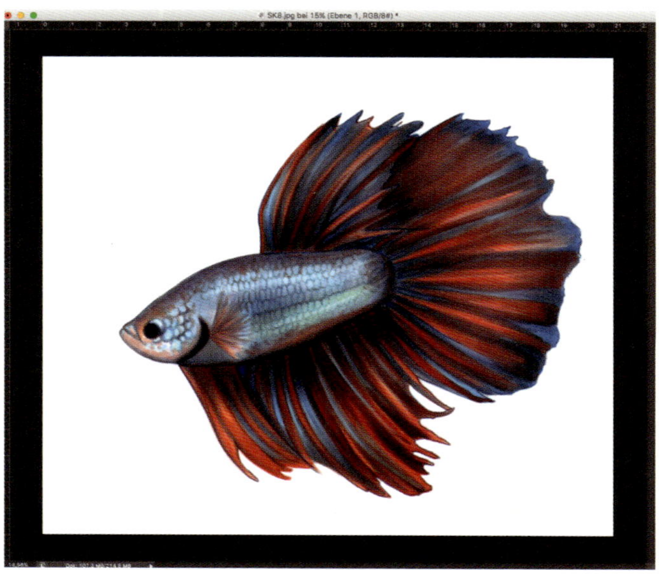

2. In der Regel ist die Hintergrundebene, auf der sich Ihr Bild befindet, „gesperrt“ (Symbol Schloss). Bei Dateien mit der Endung „.jpg“ können Sie dadurch keine transparenten Stellen erzeugen. Mit einem Rechtsklick auf diese Ebene können Sie jedoch diese Ebene duplizieren.

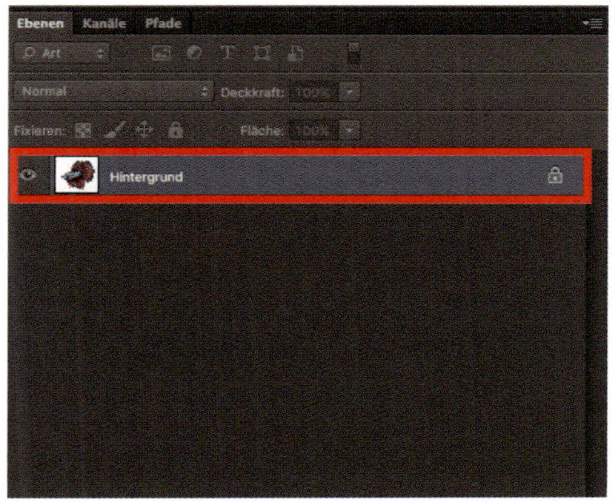

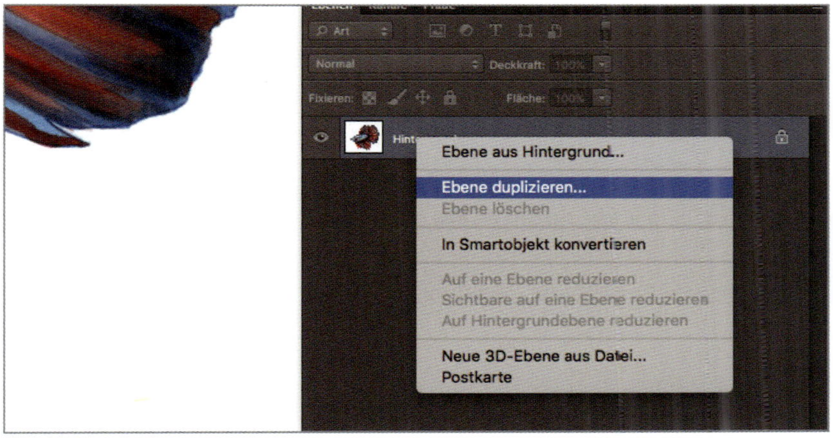

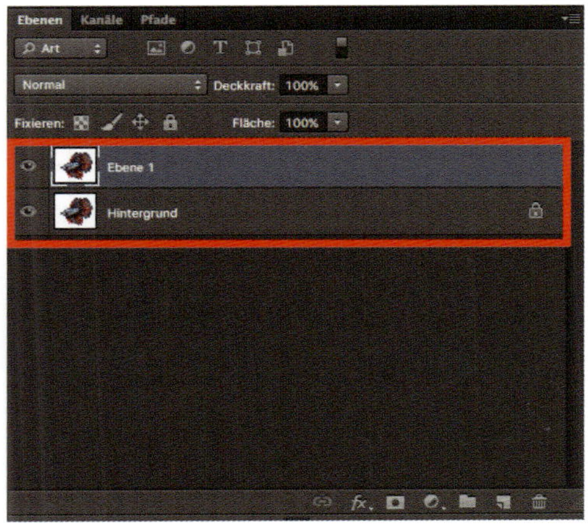

3. Es gibt nun mehrere Möglichkeiten, Ihr Motiv freizustellen. Für Laien ist es am einfachsten, den Farbbereich auszuwählen. Unter „Auswahl → Farbbereich“ können Sie eine Farbe auswählen. Klicken Sie zum Beispiel auf den weißen Hintergrund, so wird alles ausgewählt, was weiß ist. Je nach Toleranz erfasst die Auswahl dabei eine oder mehrere Farbnuancen. Eine hohe Toleranz bedeutet, dass bei Weiß z. B. auch zart graue Farben oder Bereiche mit aufgenommen werden. Unter „Bearbeiten → Ausschneiden“ (oder „Löschen“) können Sie den ausgewählten Bereich löschen.

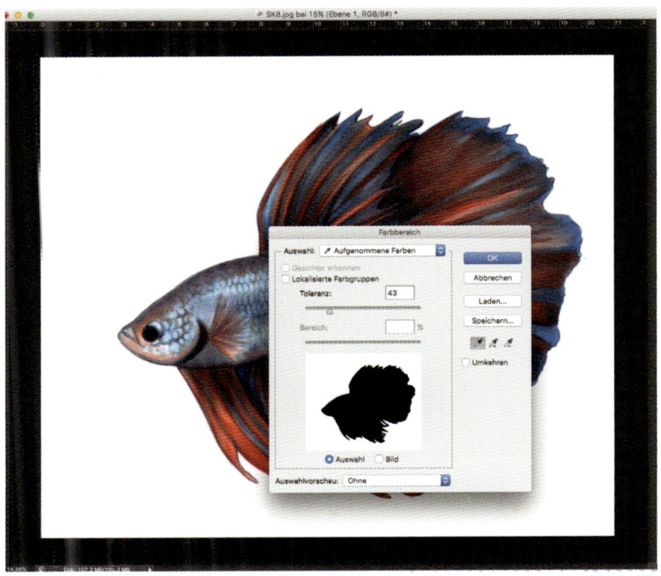

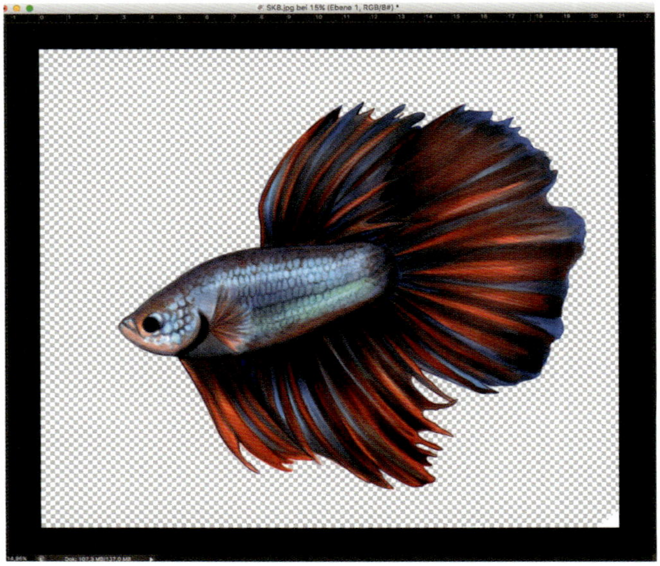

4. Der Hintergrund Ihres Motives sollte nun grau-weiß gekachelt sein, was bedeutet, dass er transparent, also nicht sichtbar ist. Sollte die Auswahl nicht alle weißen Stellen gelöscht haben, können Sie mit „Zauberstab“ und „Radiergummi“ weitere Korrekturen machen.

5. Nun gehen Sie auf „Auswahl → Alles auswählen“ und dann auf „Bearbeiten → Kopieren“. Öffnen Sie anschließend Ihre Hintergrundbilddatei.

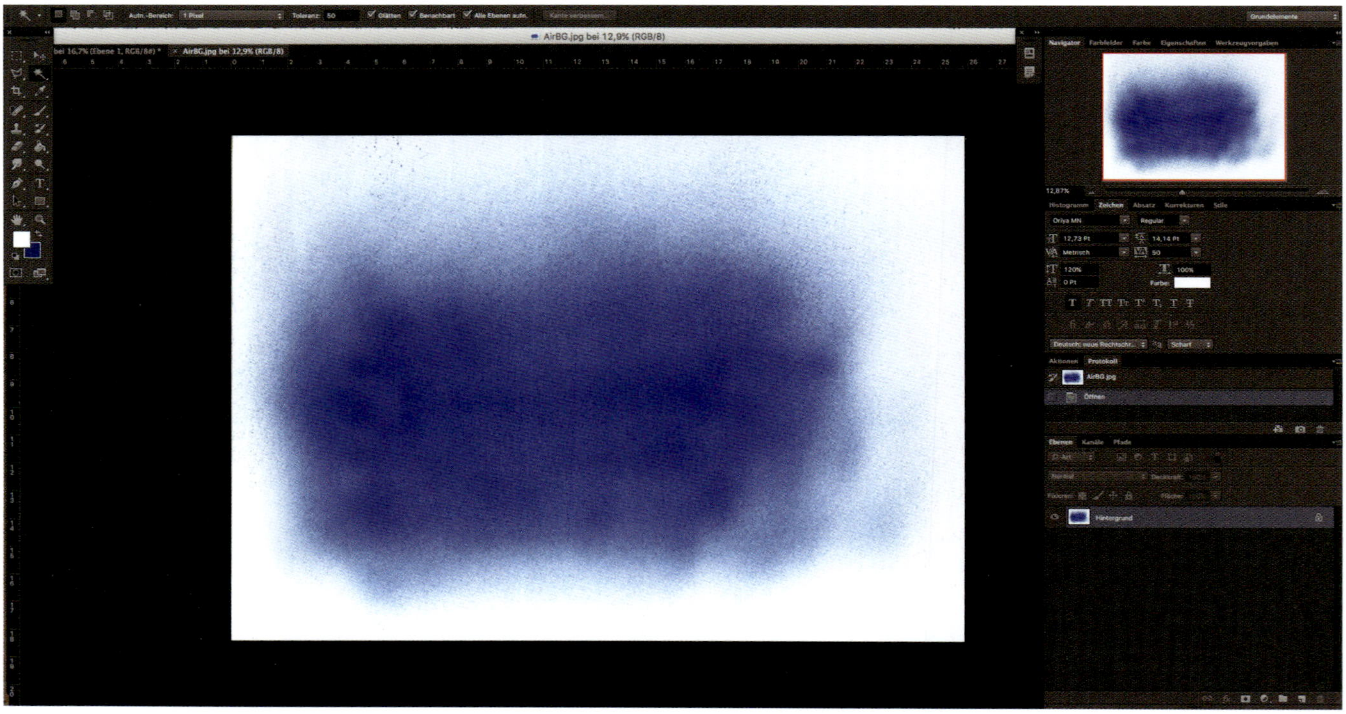

6. Jetzt gehen Sie auf „Bearbeiten → Einfügen“. Es erscheint nun eine zweite Ebene, auf der sich Ihr Vordergrundmotiv befindet.

7. Klicken Sie auf die Ebene mit dem Vordergrundmotiv. Danach gehen Sie auf „Auswahl → Alles auswählen", dann auf „Bearbeiten → Transformieren". Es erscheint nun ein Rahmen um Ihr Motiv herum mit kleinen Vierecken. Wenn Sie auf eines dieser Kästchen klicken und die Maustaste gedrückt halten, können Sie durch Bewegen der Maus die Größe verändern. Ihr Motiv können Sie nun positionieren, indem Sie mit dem Cursor in die Mitte des Rahmens gehen, die linke Maustaste gedrückt halten, während Sie die Maus entsprechend bewegen.

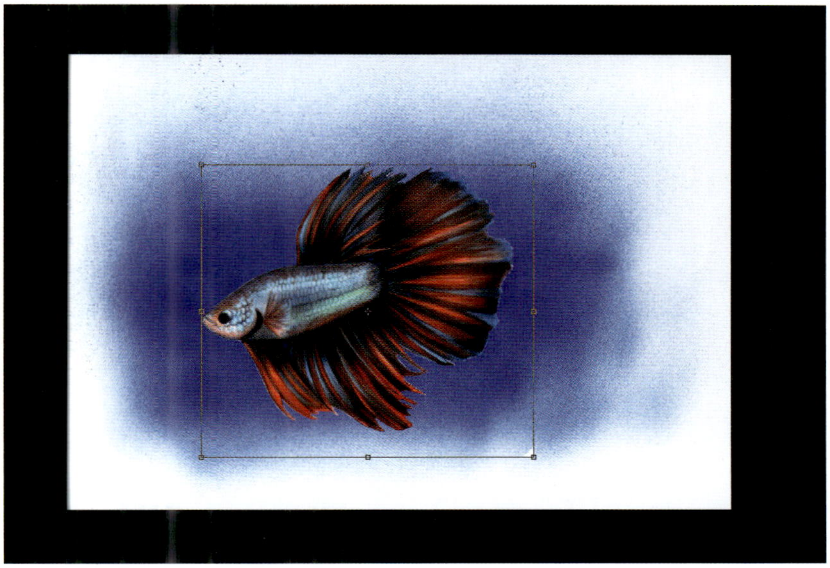

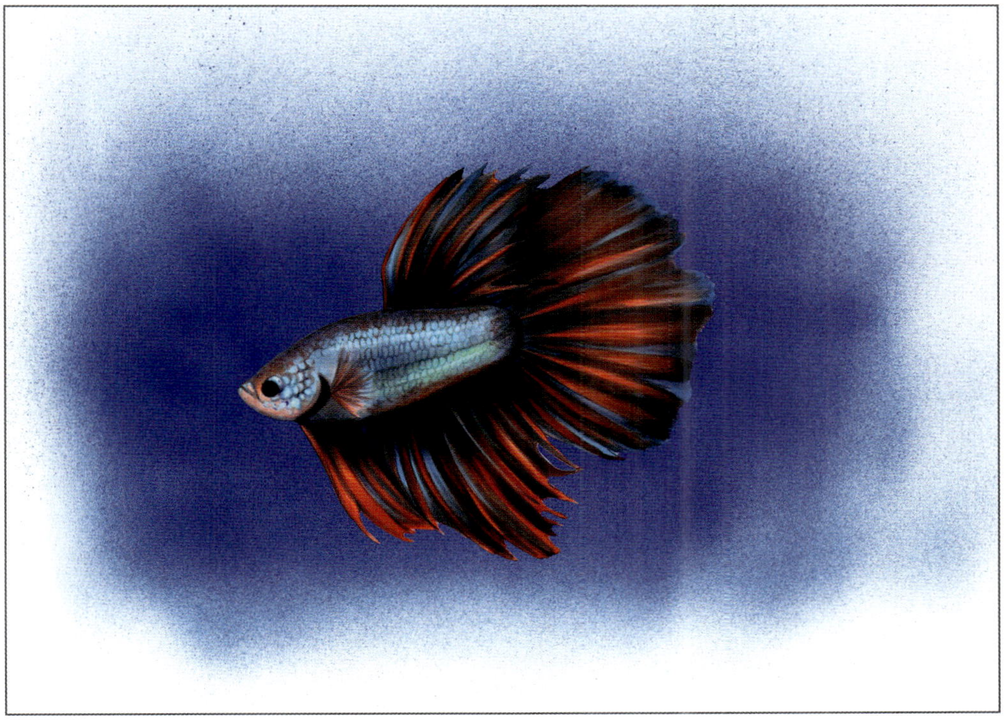

8. Anschließend speichern Sie Ihr fertiges Werk unter „Datei → Speichern". Wenn Sie Ihre Datei unter dem Format Photoshop (.psd) speichern, bleiben die Ebenen erhalten und Sie können Ihr Bild jederzeit weiterbearbeiten. Allerdings ist dieses Format nicht für Druckereien oder das Hochladen im Internet geeignet. Deswegen sollten Sie zusätzlich eine Kopie in einem Format wie .jpg, .png, .tiff abspeichern.

Inspiration

Inzwischen haben Sie eine Fülle von Techniken gelernt und vielleicht erscheint Ihnen nicht jedes Thema auf den ersten Blick nützlich. In diesem Kapitel bekommen Sie nun einen kleinen Einblick, wie und wo Sie das Gelernte einsetzen und praktisch anwenden können. Außerdem zeige ich Ihnen, wie Sie an große Illustrationen herangehen.

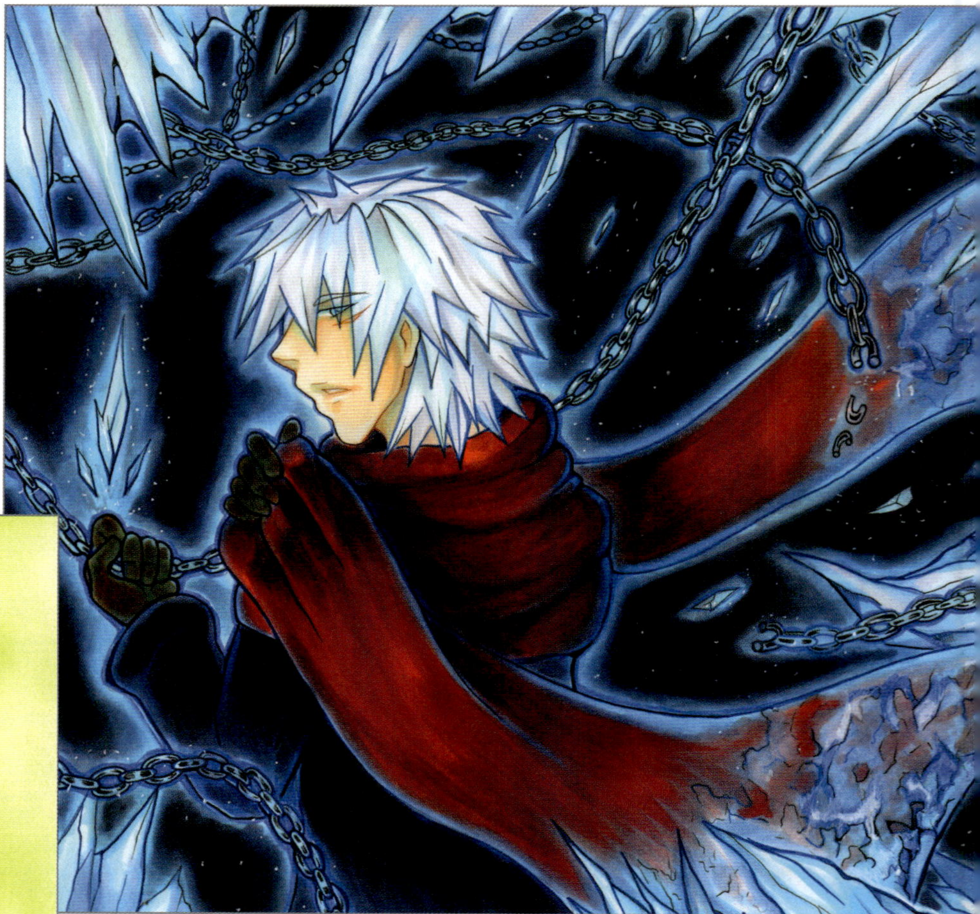

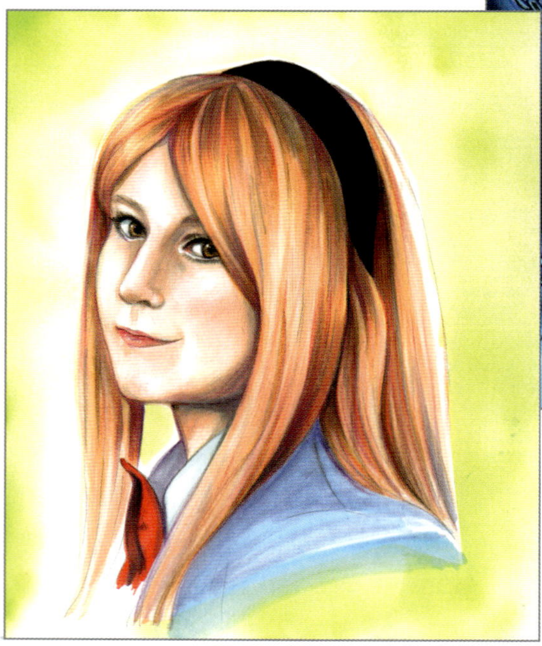

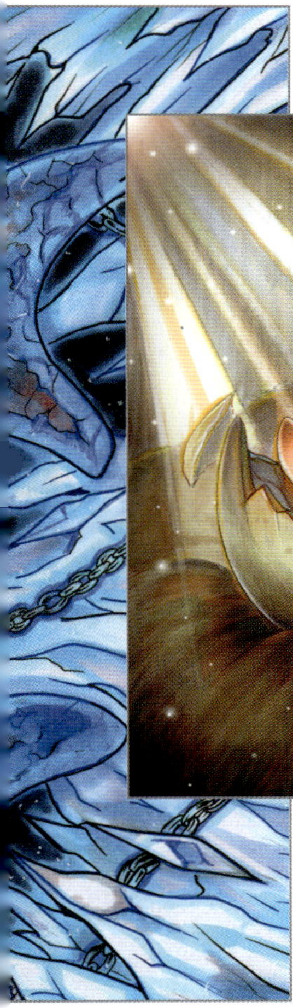
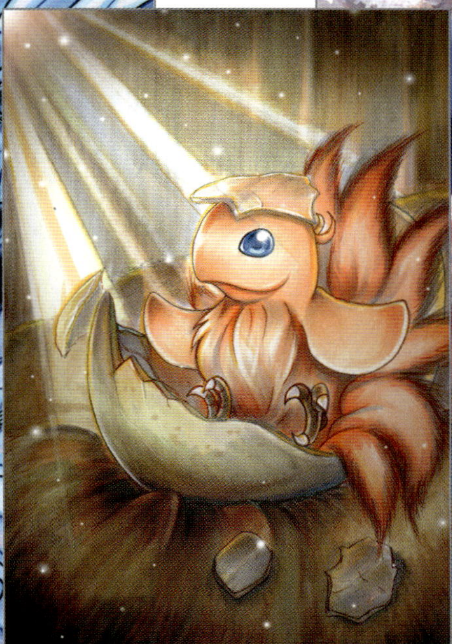
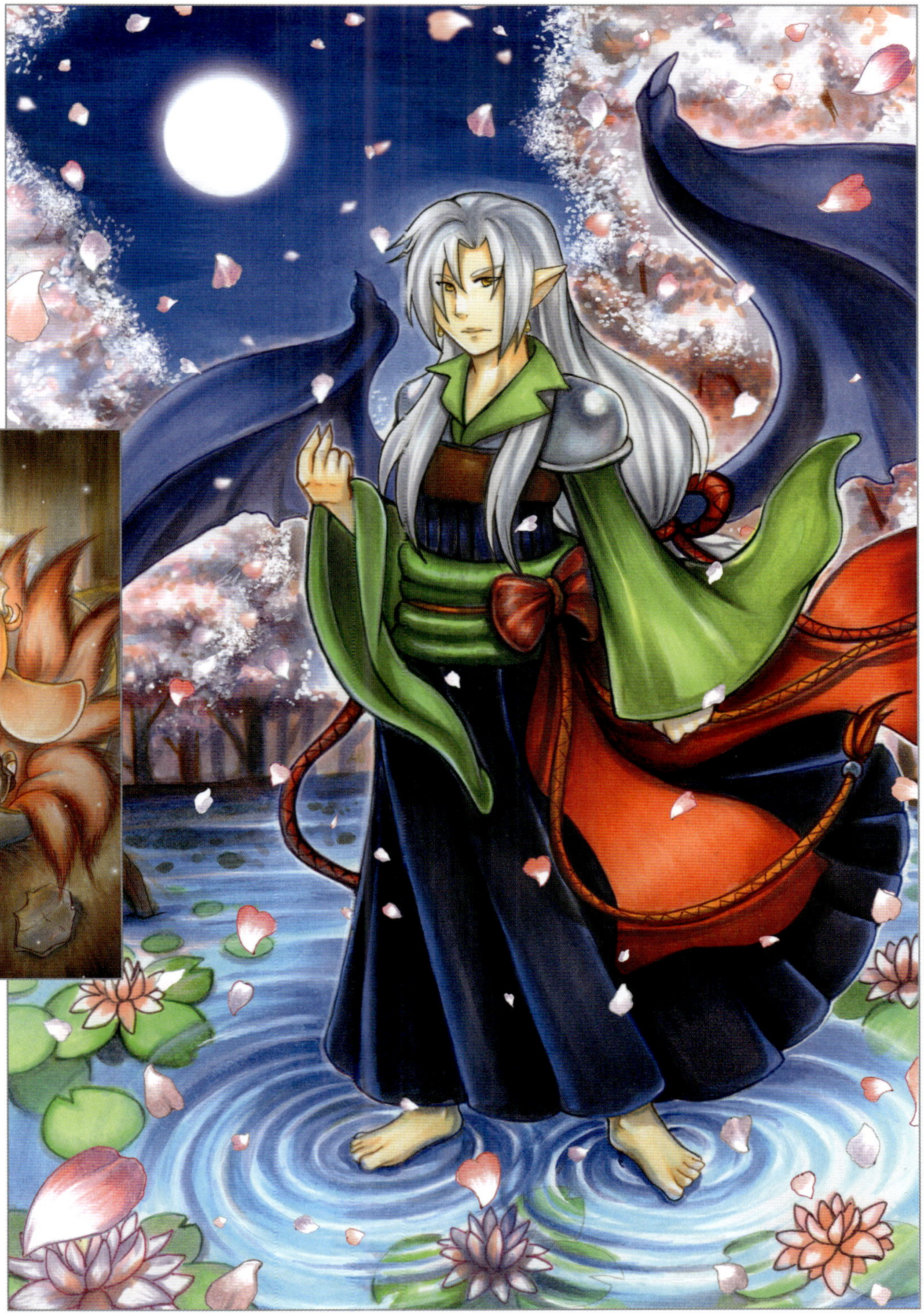

Akt

COPIC MARKER

C1 C3 C5

MULTILINER

Schwarz

Klassisch werden Aktzeichnungen mit Aquarellfarben, Kreiden oder Buntstiften koloriert. Allerdings können auch COPIC Marker ein tolles Medium für diese Form der Kunst sein. Damit können Sie schnell und einfach, ohne viel Materialaufwand, Skizzen schattieren und kolorieren.

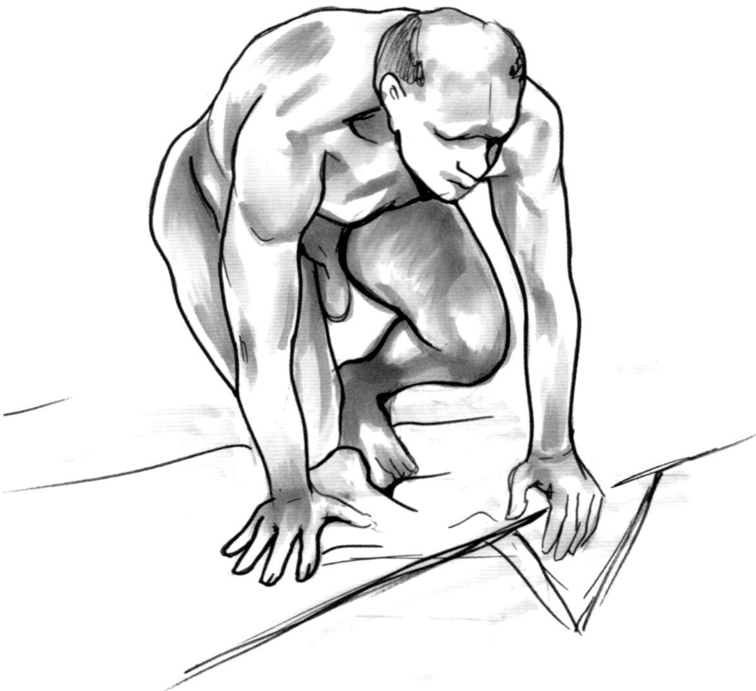

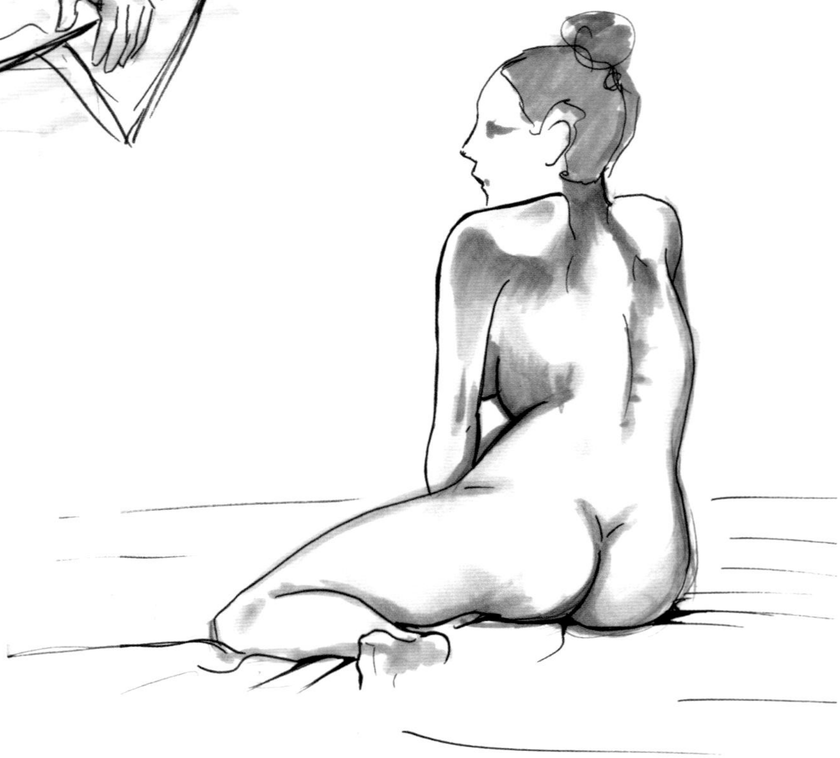

Porträt

Auch für Porträts eignen sich COPIC Marker hervorragend. Dabei bietet sich der Einsatz von Mixed-Media-Techniken an. Im folgenden Porträt kommen Airbrush, Polychromos und weißer Gelliner zum Einsatz. Dementsprechend habe ich ein stärkeres Papier gewählt (156 Gramm), das für Mixed Media Techniken geeignet ist.
Als Referenz für das Porträt diente ein Foto der Cosplayerin Blueberry.

Modell: Fotovorlage Blueberry, www.facebook.com/berrycheecosplay
Fotograf: Hagakure Photography, www.facebook.com/Hagakurepictures

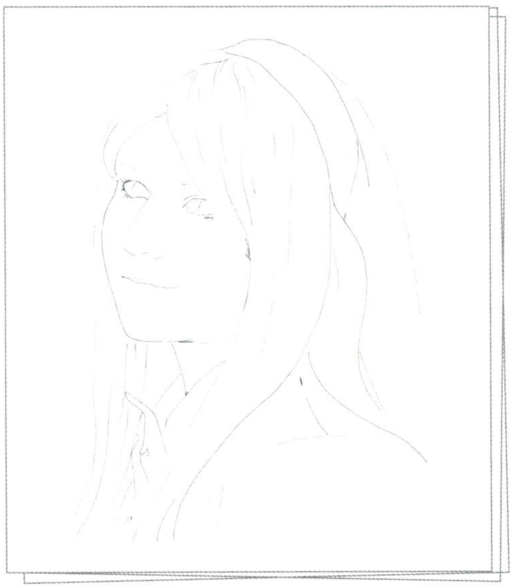

1 Im ersten Schritt die Konturen mit einem grauen Multiliner ziehen. Falls Sie weiche Konturen wünschen, können diese auch alternativ mit einem Buntstift gezeichnet werden.

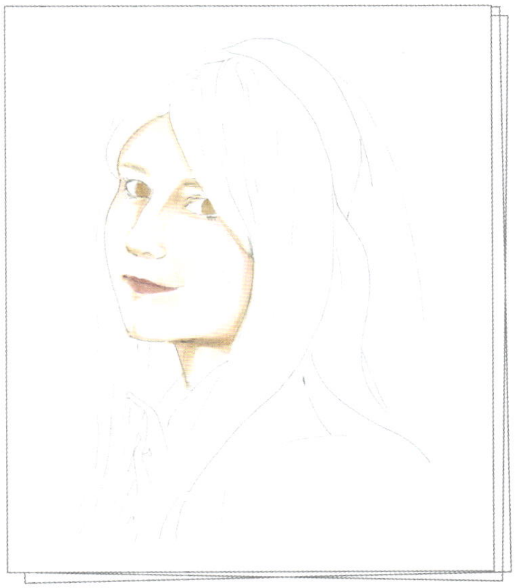

2 Im zweiten Schritt die Haut mit E000 grundieren und erste Schatten setzen.

COPIC MARKER

E000 E00 E02
E04 E51 E41
E43 YR61 E29
E33 E37 100
B00 B32 B34
R02 R12 R22
R27 R37 R43
R83 C1 C3
BV00 BV01 BV20
BV31 BV25 YG03
YG11

MULTILINER

Warm Grey · Cool Grey
Sepia

PAPIER

Mixed Media

VERWENDETE MATERIALIEN

Polychromos von Faber Castell · Weißer Gelliner
Pan Pastell® · Airbrush

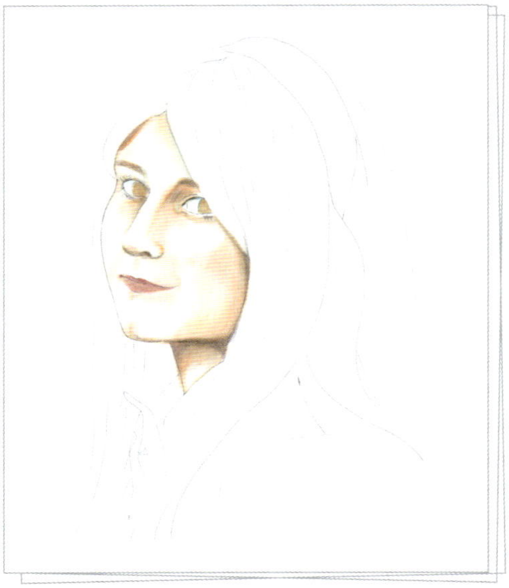

3 Nun vertiefen Sie die Schatten.

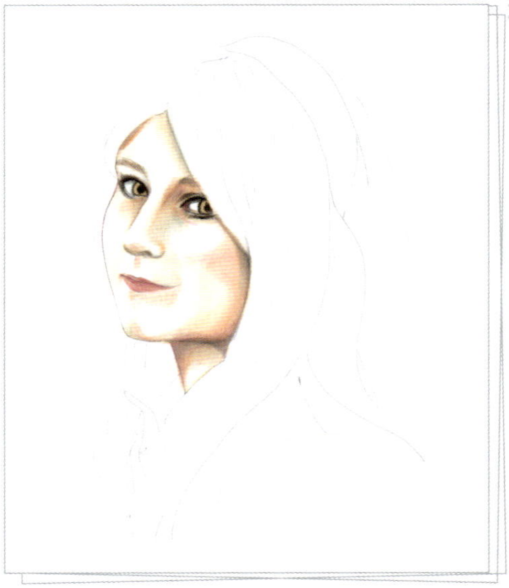

4 Mit Polychromos die Haut weiter schattieren sowie Wimpern und Augen umranden.

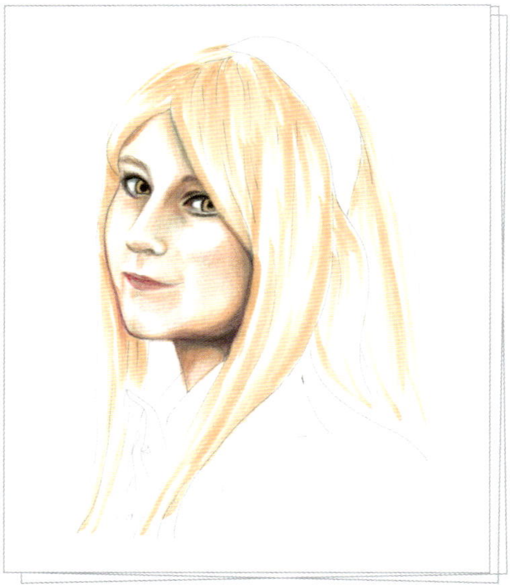

5 Als Nächstes das Haar im Pinselstrich mit YR61 grundieren.

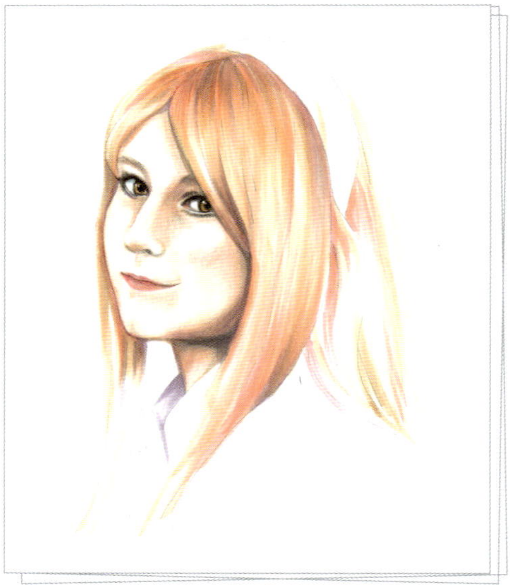

6 Jetzt kommen weitere Haarfarben zum Einsatz. Anschließend mit Polychromos die Haarstruktur weiter ausarbeiten.

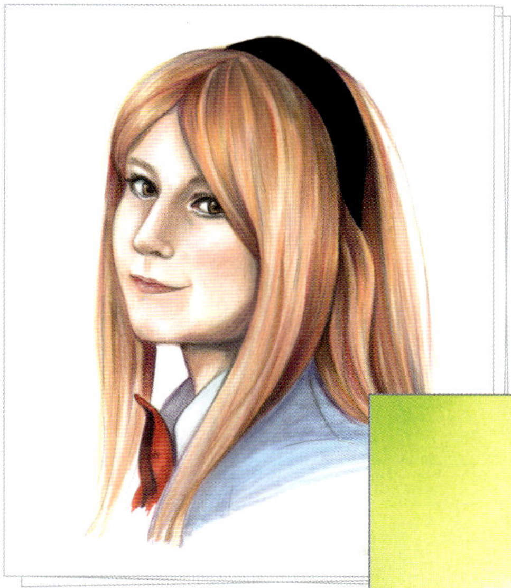

7 Mit PanPastels® die Haut glätten. Außerdem die Kleidung ausarbeiten.

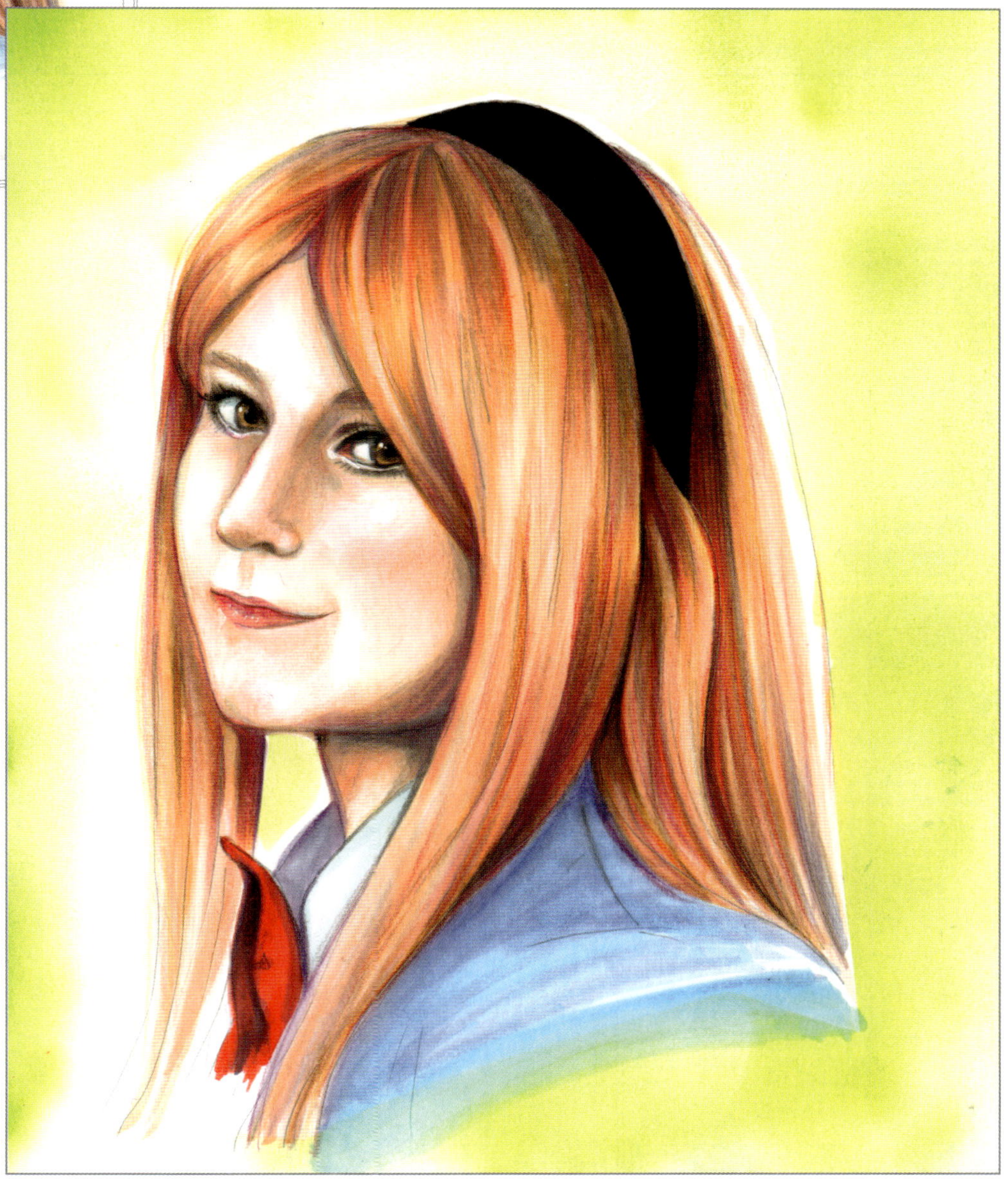

8 Im letzten Schritt kleben Sie das Porträt mit Maskierfolie ab und besprühen den Hintergrund mit Airbrush.

Phönixküken

COPIC MARKER

Y000	Y00	Y02
Y06	Y11	Y26
Y32	YR61	YR00
YR01	YR20	YR61
E01	E000	E00
E02	E11	E13
E21	E25	E31
E33	E43	E55
W5	W3	C4
BV00	BV01	BV02
BV13	BV20	BV23
BV25	B01	B24
BG01		

MULTILINER

Warm Grey · Cool Grey
Sepia · Cobalt Blue
Black

Blender 00

COPIC Marker sind nicht nur ein tolles Medium für Mangazeichner und Stempelkünstler, sondern auch für Illustratoren. Ein Beispiel hierfür ist diese Illustration für eine Geburtstagskarte.

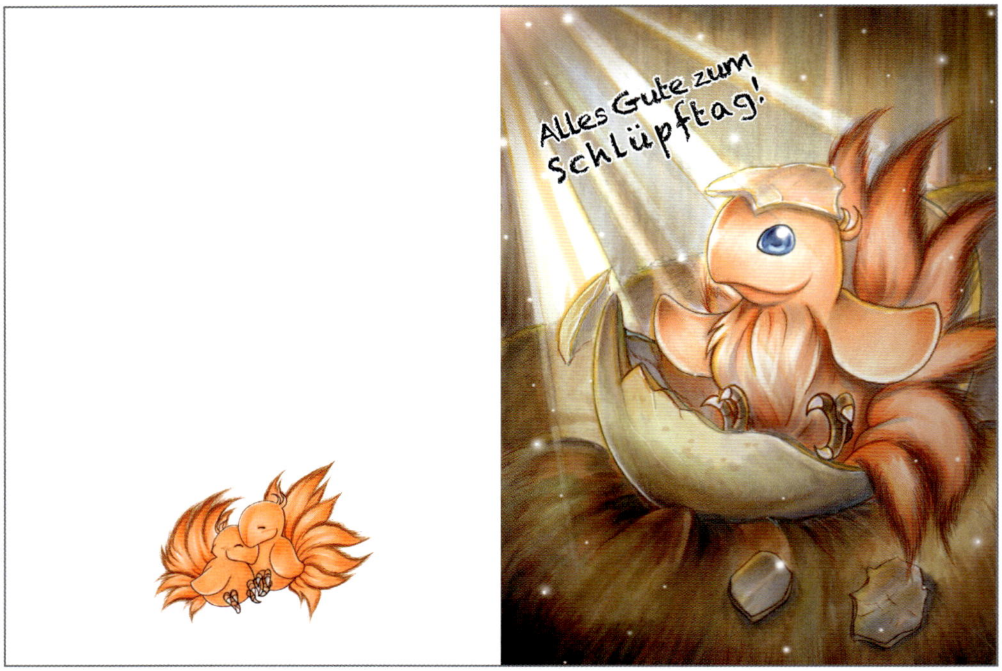

Mit dem richtigen Papier lassen sich auch interessante Lichteffekte mit COPIC Markern zaubern.

Für dieses Bild habe ich das Perfect Colouring Paper verwendet. Dies ist ein beliebtes Papier unter Stempelkünstlern, da es sehr stabil und schwer ist. Das Verhalten von COPIC Markern auf dem Perfect Colouring Paper unterscheidet sich stark zu Layout-Papiersorten. Die Farbe wirkt blasser und trockener. Der Blender kann auf diesem Papier ähnlich wie ein Tintenkiller verwendet werden und die Farbe anlösen. So lassen sich z. B. Lichtstrahlen einfach darstellen.

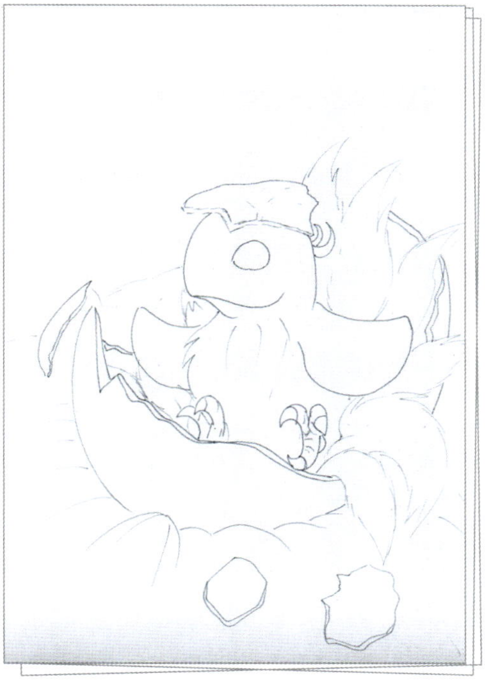

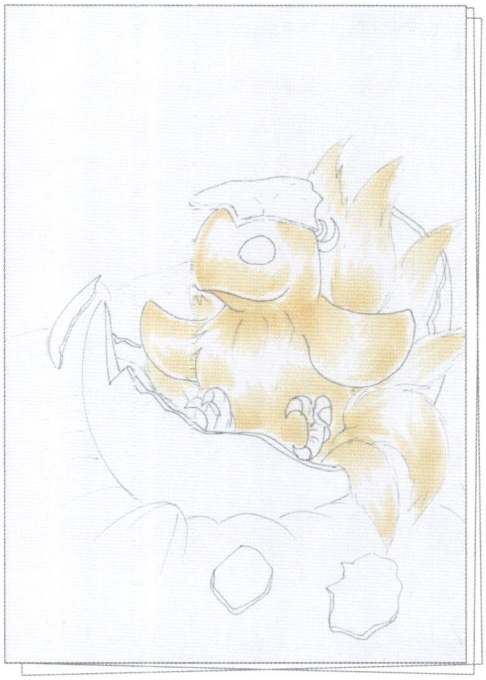

1 Um die Vorzeichnung auf das Perfect Colouring Paper zu übertragen, ist ein Leuchttisch wichtig, da es mit 250 Gramm wesentlich schwerer als gewöhnliches Papier ist.

2 Im nächsten Schritt kolorieren Sie das Küken samt Eierschale. Bei diesem Papier bietet sich die „Dunkel-nach-Hell“-Technik **nicht** an, da der Farbauftrag sehr trocken ist und dunkle Farben deswegen kaum verschmieren.

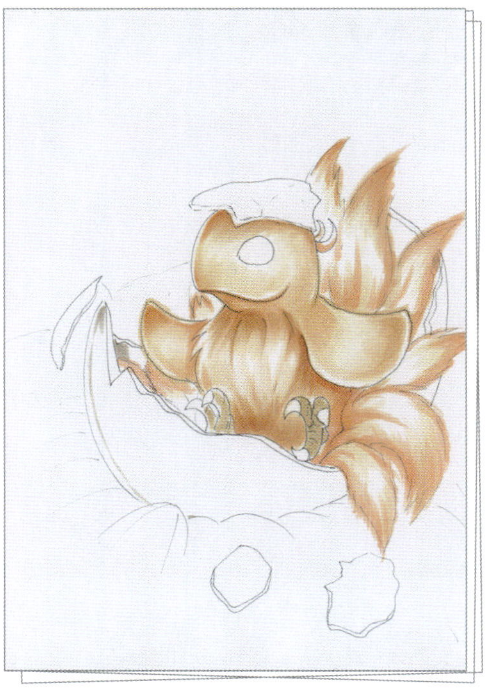

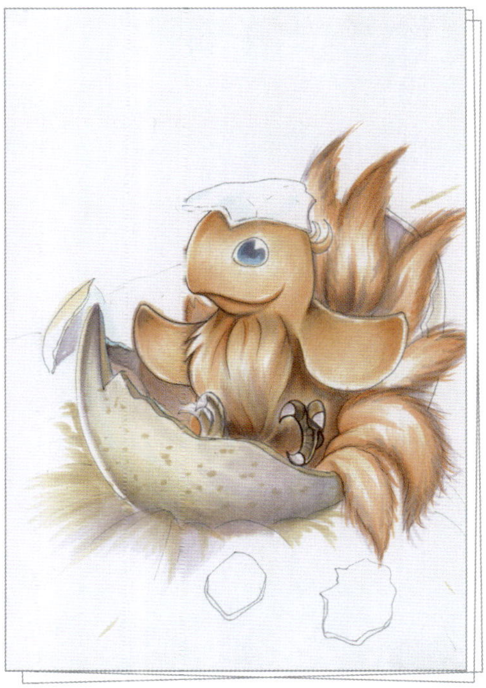

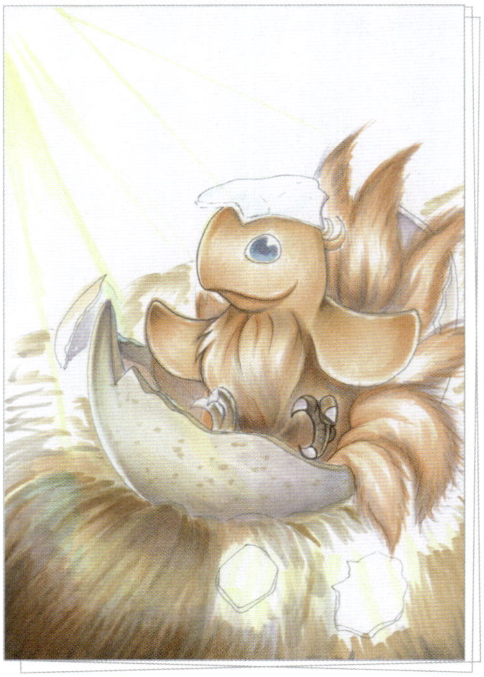

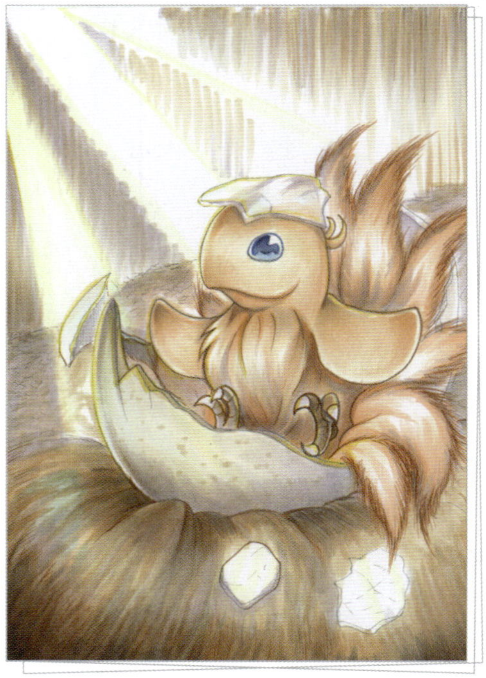

3 Anschließend den Hintergrund ausarbeiten. Mit Y00 die Lichtstrahlen zuerst markieren, damit sie später ausgespart werden können. Danach die Schatten vertiefen und die Details weiter ausarbeiten.

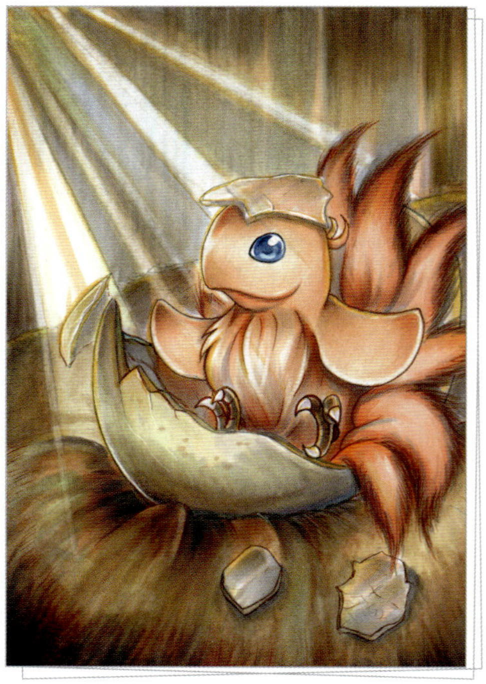

4 Mit Hilfe des Blenders die Lichtstrahlen aufhellen.

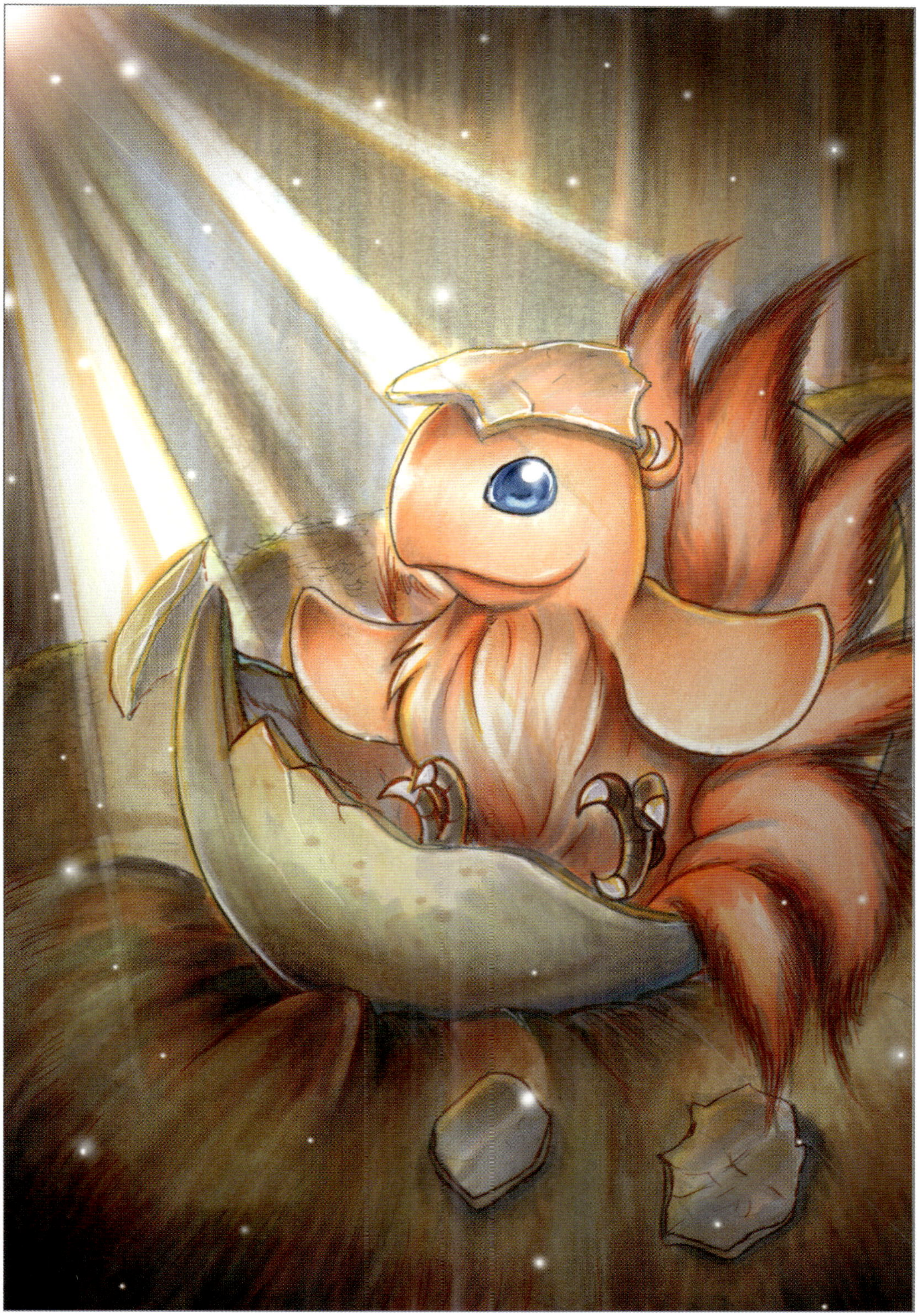

5 Zuletzt weitere Lichteffekte mit Photoshop einfügen.

Ritter und Drache

Diese Illustration im Mangastil vereint viele der Themen aus Kapitel 3: Haare, Metall, Schuppen, Himmel und Kleidung.

COPIC MARKER

HAUT

E50 E00 E02

HAARE

Y11 Y21 E02

W1 W3

RÜSTUNG

C1 C3 C5

B00 B01 B05

B06 B12 BG02

Y26 Y28 W3

BV23 BV25 BV31

UMHANG

R22 R27 R46

R59

DRACHE

G00 BG11 BG15

BG23 BG34 BG53

R21 R22 R32

BV00 BV23 BV31

B60 V00

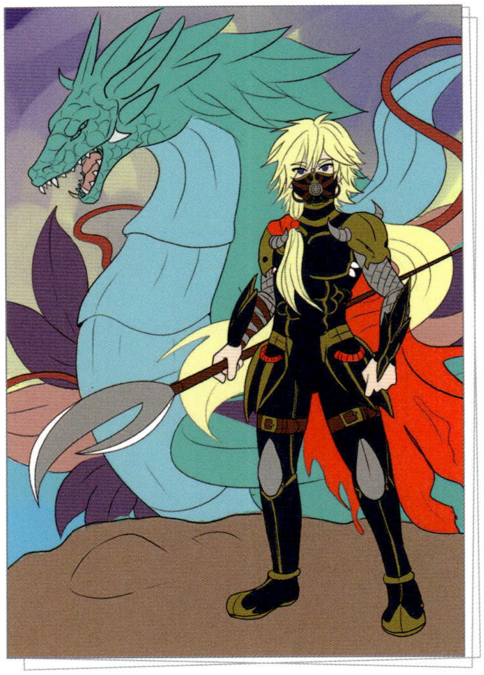

1 Bei umfangreichen Illustrationen kann es eine große Hilfe sein, das Farbschema bereits bei der Skizze vorzugeben. Dazu eignen sich Aquarell und Buntstifte sowie in diesem Fall digitale Kolorationen besonders.

2 Anschließend übertragen Sie die Vorzeichnung mithilfe eines Leuchttisches auf das Layoutpapier.

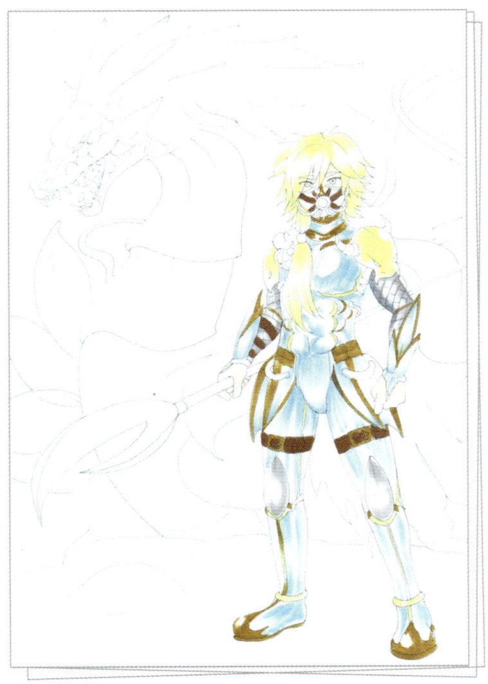

3 Als Nächstes die Farben des Ritters sowie Lichtreflexe festlegen. Dabei den rote Umhang bewusst aussparen, da Rot eine sehr pigmentreiche Farbe ist und leicht verschmieren kann.

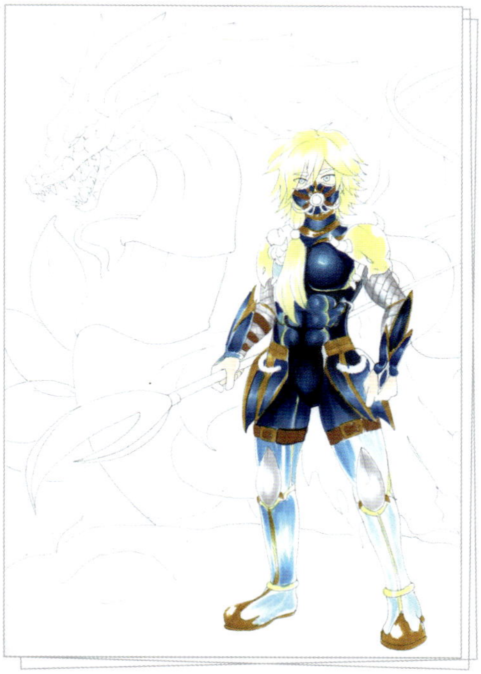

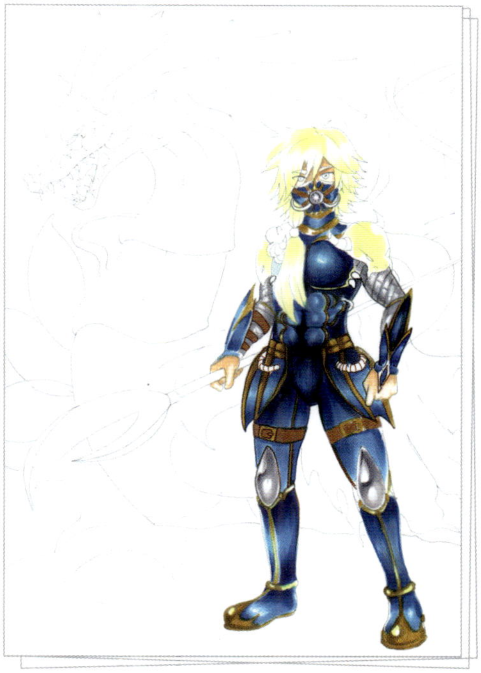

4 Nun arbeiten Sie das Motiv weiter aus.

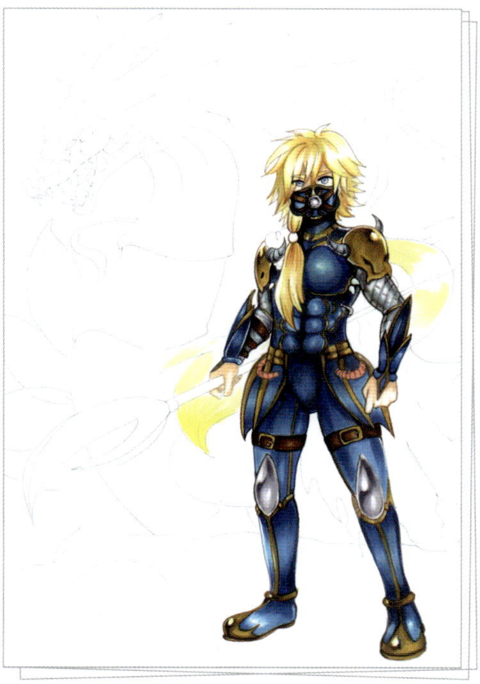

5 Die Konturen mit verschiedenfarbigen Multilinern nachziehen.

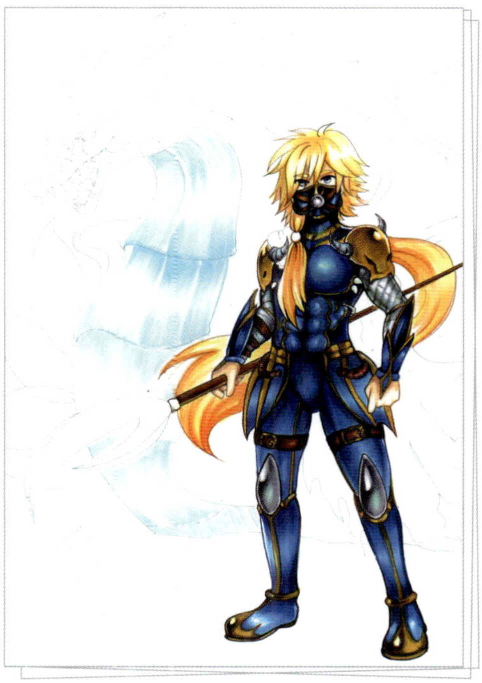

6 In den nächsten Schritten den Drachen sowie den Hintergrund weiter ausarbeiten ...

COPIC MARKER

BODEN

E31 E33 E35

E71 W3 BV23

MULTILINER

Turquoise · Sepia
Warm Grey · Cool Grey
Yellow · Black
Cobalt Blue · Sky Blue

PAPIER

Copic Selection
No. v2 (Japan Import)

TIPP

Für einen besseren Kontrast kann man helle bis weiße Ränder zwischen den einzelnen Bildelementen stehen lassen. Dies sollten Sie bereits bei der Koloration beachten.
Zum Schluss können Sie den Rand mit einem weißen Gelliner korrigieren und weiter hervorheben. Allerdings sollte dies mit Bedacht geschehen Vermeiden Sie es unbedingt, Ihre Figuren mit einem harten weißen Rand zu umranden. Dies wirkt meist unnatürlich und künstlich.

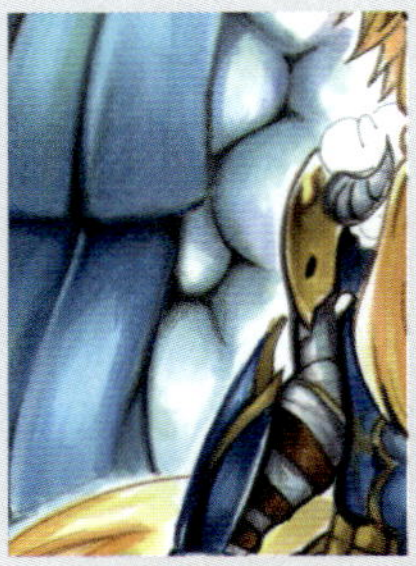

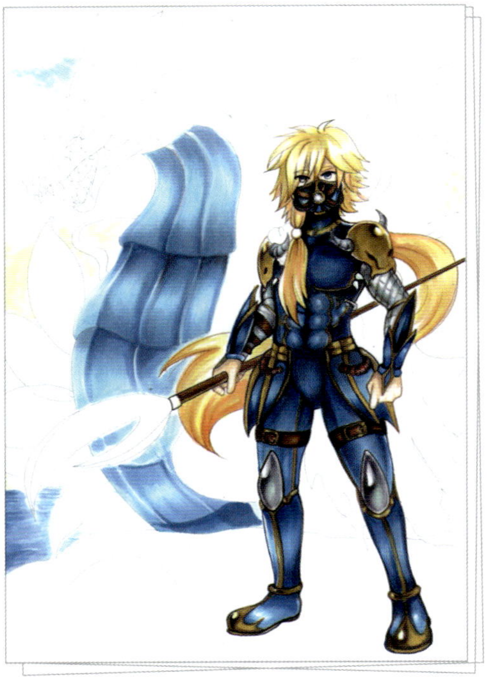

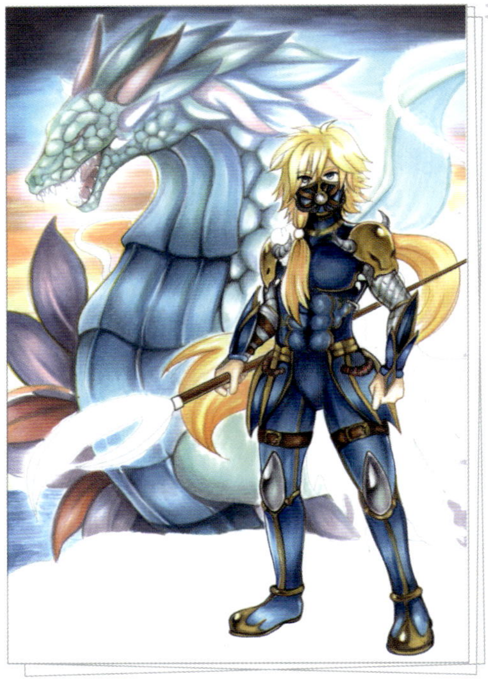

... dabei kommen dieselben Techniken wie in Kapitel 3 zum Einsatz. Bei der Koloration achten Sie darauf, einen leichten Rand zum Ritter zu lassen.

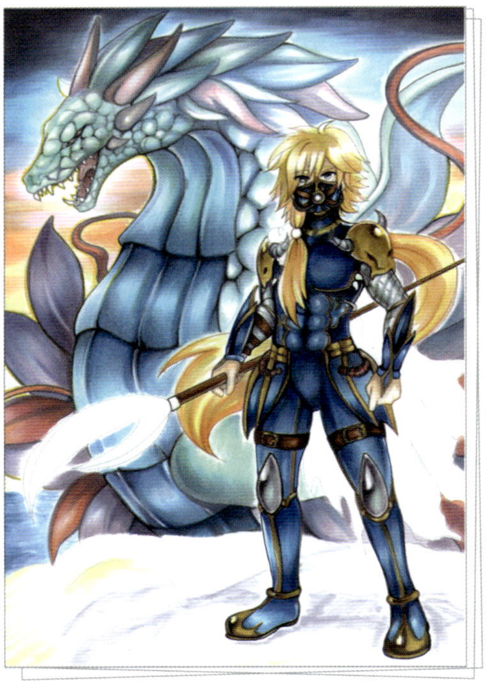

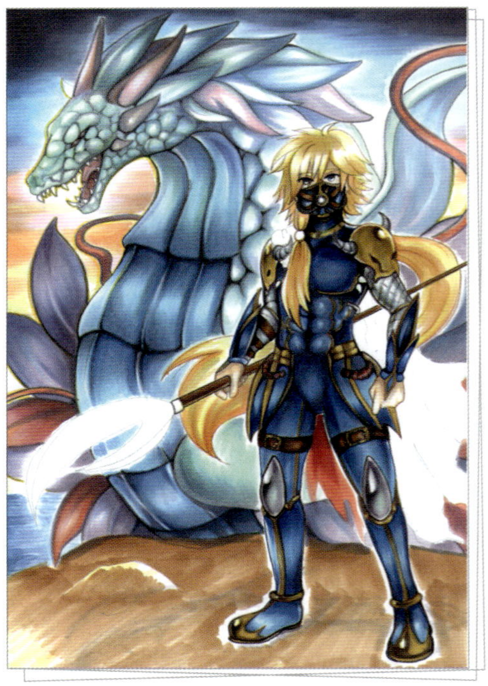

7 Erst jetzt den roten Umhang ergänzen. Abschließend die Konturen weiter ausarbeiten sowie Highlights mit einem weißen Gelliner setzen.

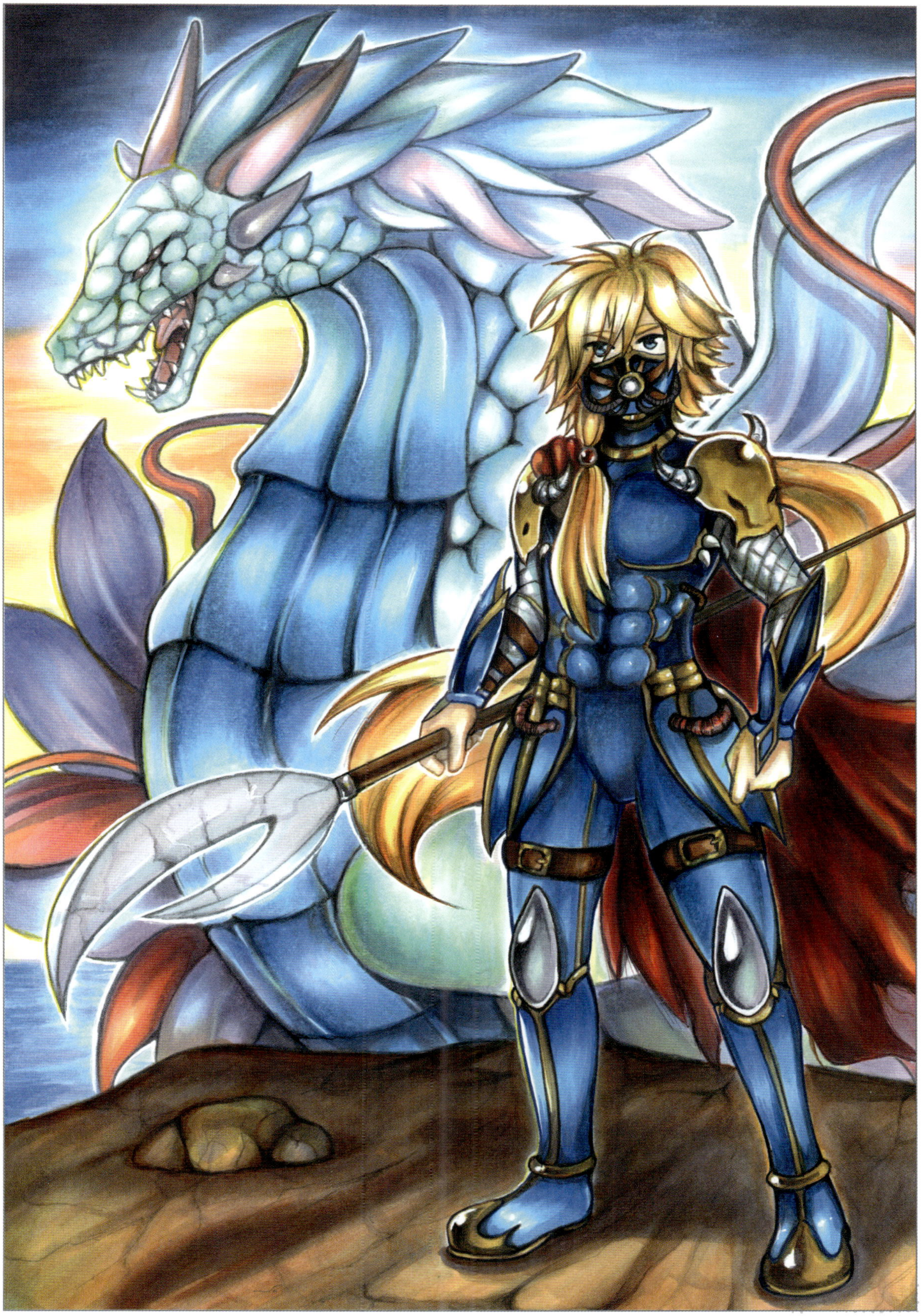

Ifiris

Auch bei dieser Illustration finden Sie viele Themen aus Kapitel 3 wieder: Blumen, Kleidung, Wasser, Himmel und Bäume. Zudem kommt hier die Mixed-Media-Technik der digitalen Collage (siehe Seite 116) zum Einsatz.

COPIC MARKER

HAUT

E50 E51 E02

HAARE

C1 C3 BV31
B60

WASSER

B00 B02 BG02
B24

HIMMEL

B21 B23 B24
B26 B29

PFLANZEN

RV00 RV32 RV34
R83 BV000 BV00
YG03 G00 G21

FLÜGEL

BV02 BV11 BV13
BV17 B63

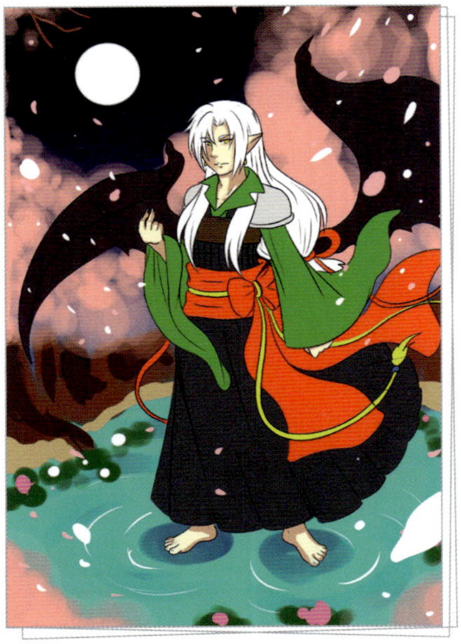

1 Auch dieses Bild zunächst digital skizzieren und ein Farbschema festlegen.

2 Im nächsten Schritt die Konturen mit einem Leuchttisch auf ein Layoutpapier übertragen und den Mond mit Maskierfolie abkleben.

3 Da der blaue Nachthimmel sehr pigmentreich ist und somit leicht verwischen kann, kolorieren Sie zuerst die Haut und die angrenzenden weißen Haare. Anschließend den Nachthimmel im linearen Strich malen.

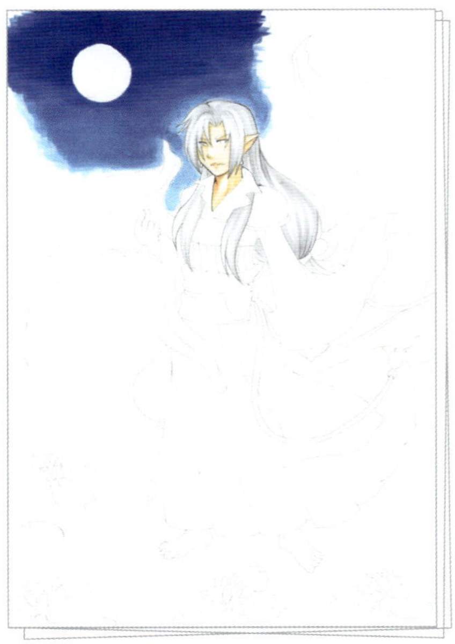

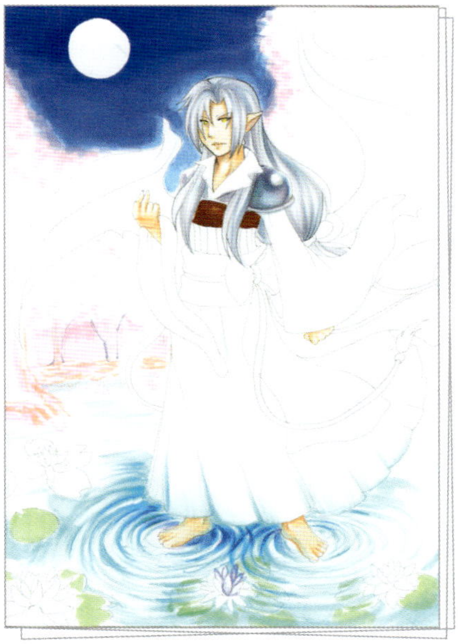

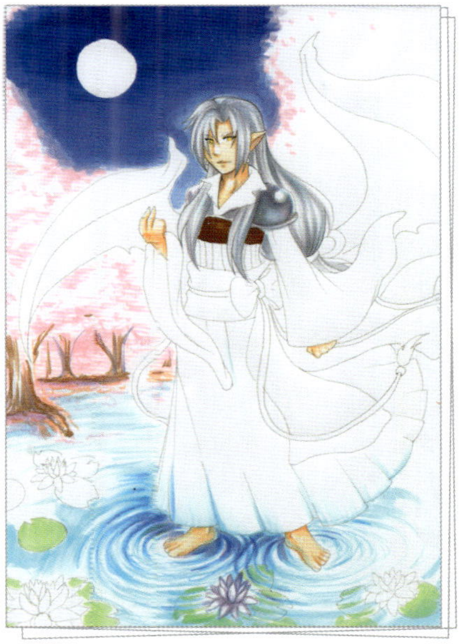

4 Jetzt die hellen Elemente wie Hände und Füße ausarbeiten.

5 Im Anschluss daran grundieren Sie zuerst den Hintergrund, da die Kleidung der Figur sehr dunkel ist. Dies hat zwei Vorteile: Wenn Sie die Konturen übermalen, werden diese später von der dunkleren Kleidung kaschiert. Außerdem kann die dunklere Farbe so nicht verwischen und den Hintergrund verschmutzen.

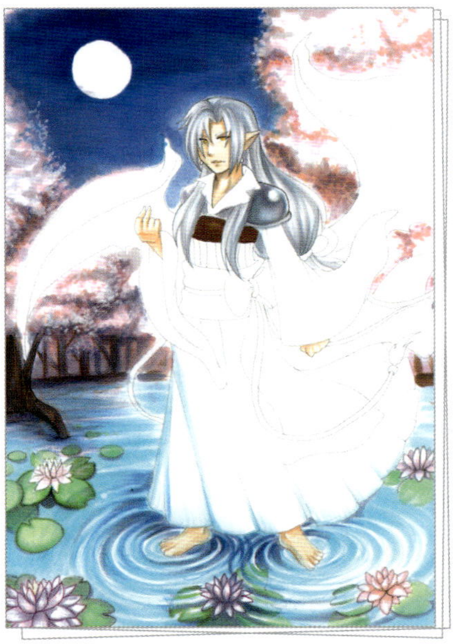

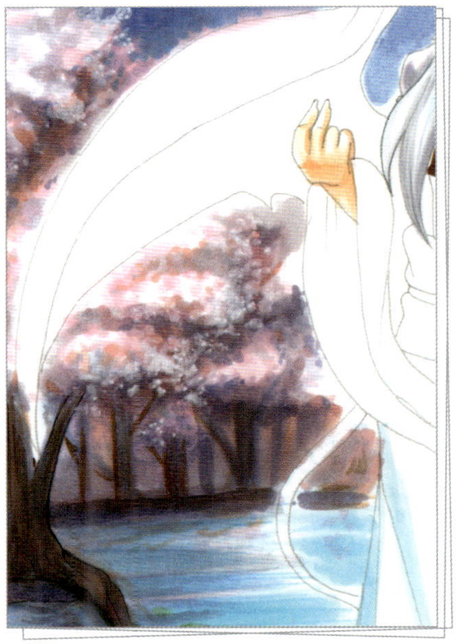

6 Bei der Koloration ähnlich wie beim Ritter darauf achten, dass ein Rand stehen bleibt.

COPIC MARKER

KLEIDUNG

C1 · C3 · C5
BV23 · BV25 · BV29
BV31 · B00 · R22
R27 · R46 · R59
YG03 · YG06 · W1
W3 · G21 · YR04

MULTILINER

Turquoise · Cool Grey
Sepia · Wine
Sakura

PAPIER

Copic Selection
No. v2 (Japan Import)

ZUSATZMATERIALIEN

Photoshop · COPIC Opaque
White Gelliner

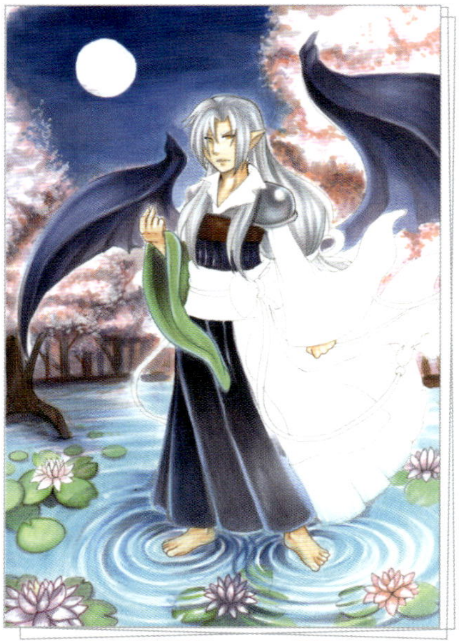

7 Nun Kleidung und Flügel kolorieren. Um einen Leuchteffekt zu erzielen, Teile der Kleidung mit B00 grundieren und später aussparen.

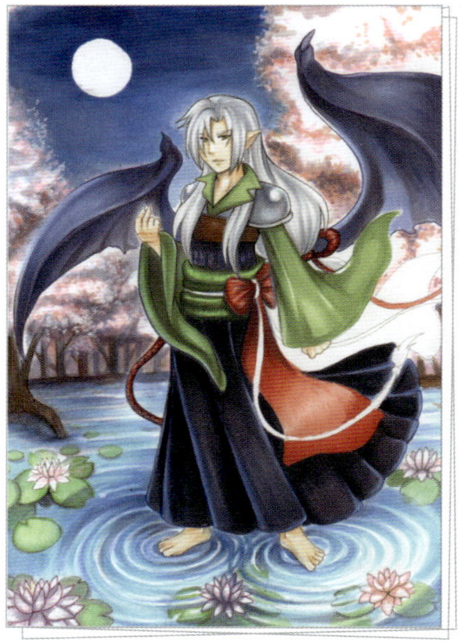

8 Da Rot eine pigmentreiche Farbe ist, die zum Verschmieren neigt, wird sie ganz zum Schluss aufgetragen. …

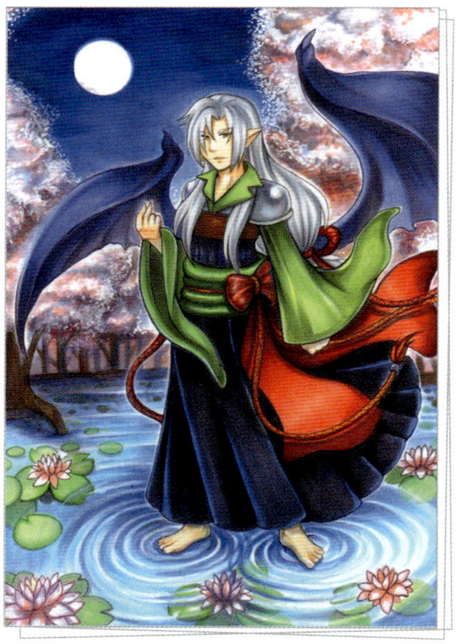

… Für die Konturen sowie die weißen Blüten kommen farbige Multiliner und COPIC Opaque White zum Einsatz.

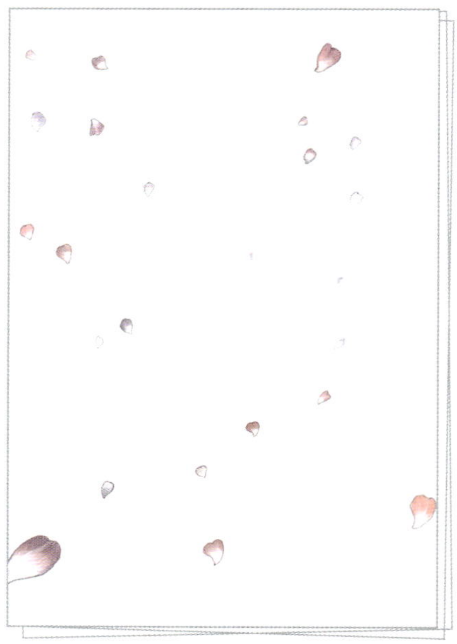

9 Die Kirschblüten auf einem separaten Blatt zeichnen und digital einfügen.

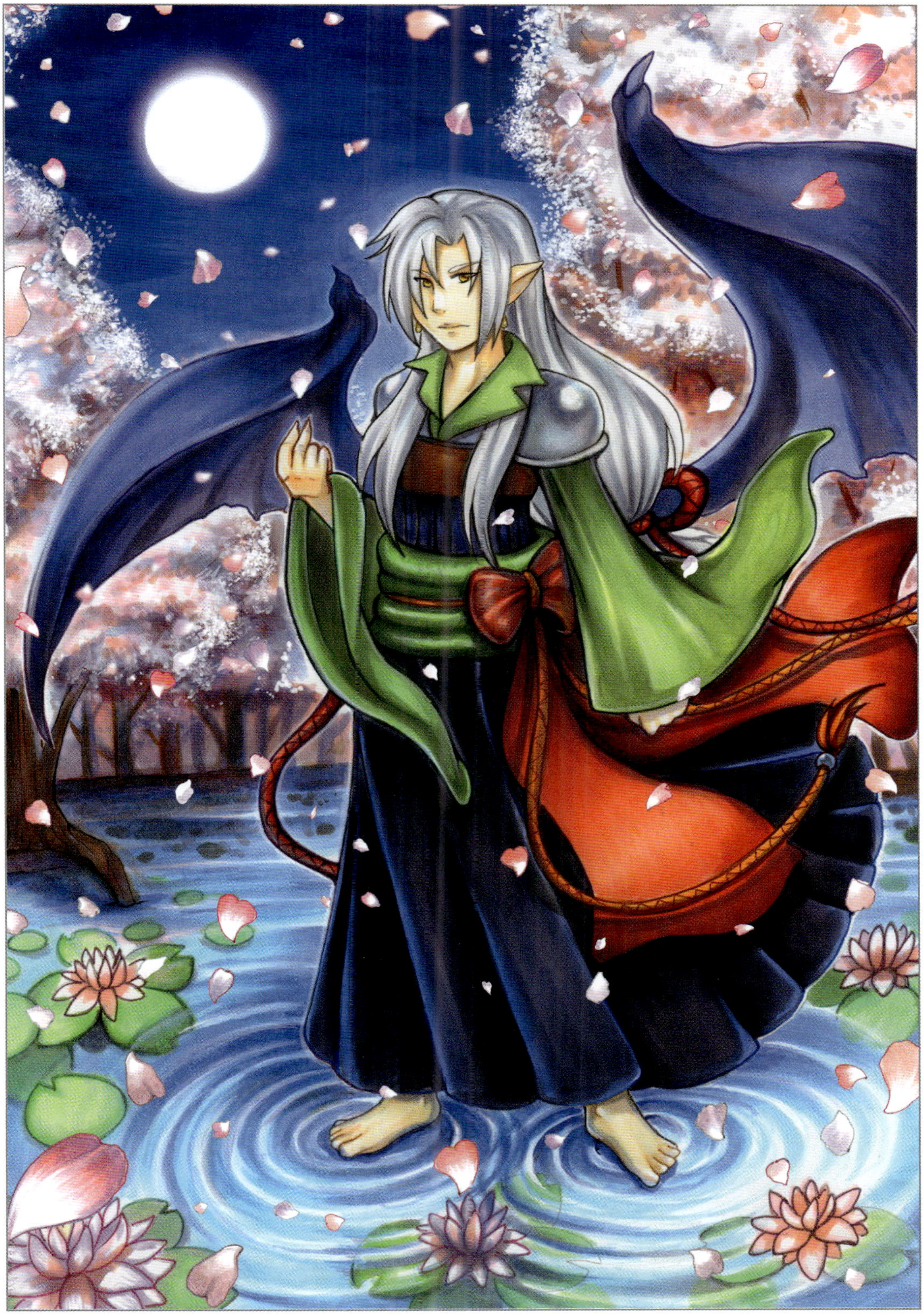

10 Mithilfe von Photoshop cie Kirschblüten freistellen (siehe Seite 117) und einfügen. Zum Schluss den Leuchteffekt mit dem Filter „Gaußscher Weichzeichner“ ergänzen.

Beast of Ice

COPIC MARKER

HAUT

E50 E51 E02

SCHAL

R22 R32 R46 R59

EIS

B000 B00 B01 B12 B41 BG01 BV20 BV31 BV00 BV02 G00

LEUCHTEFFEKT

B000 B00 BG01 BV00

HINTERGRUND

BV23 BV25 BV29 100

MANTEL

BV00 BV02 BV13 BV23 BV25 BV29 C5

COPIC Marker sind ein hervorragendes Medium zum Illustrieren von Büchern, Comics und Mangas. Bei diesem Bild handelt es sich um eine Coverillustration für einen Manga. Bei der Bildkomposition habe ich bereits Buchrücken, Beschnitt, Logo, sowie Inhaltsangabe berücksichtigt.

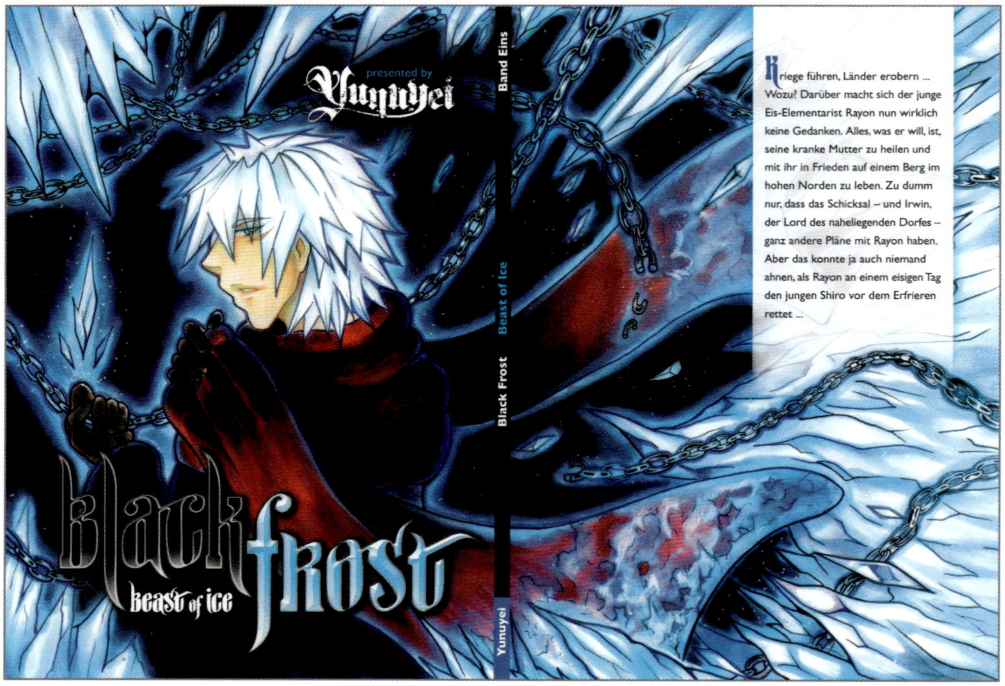

Zwischenschritte

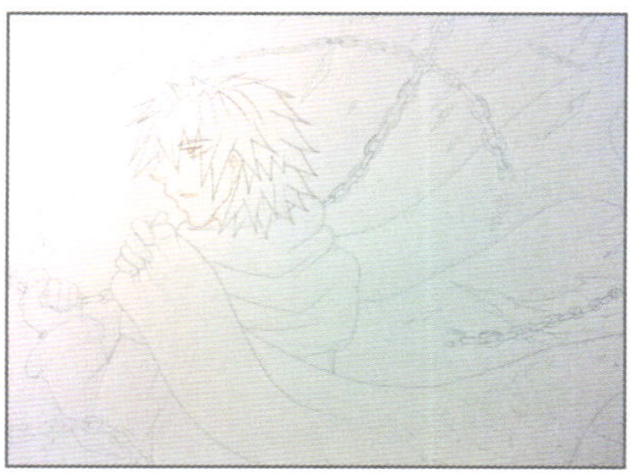

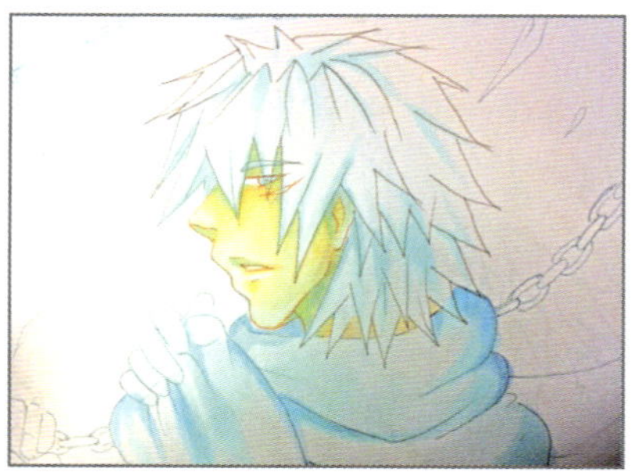

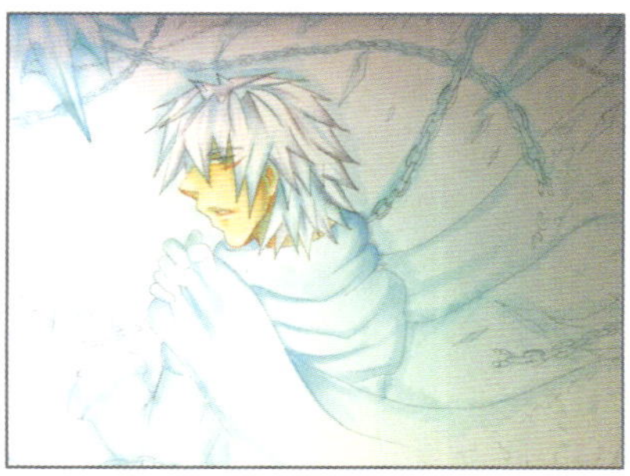

Um einen Leuchteffekt zu erzielen, ist die Figur sowie das Eis in den ersten Schritten mit B00 umrandet worden. Diese Farbbereiche sind anschließend ausgespart worden.

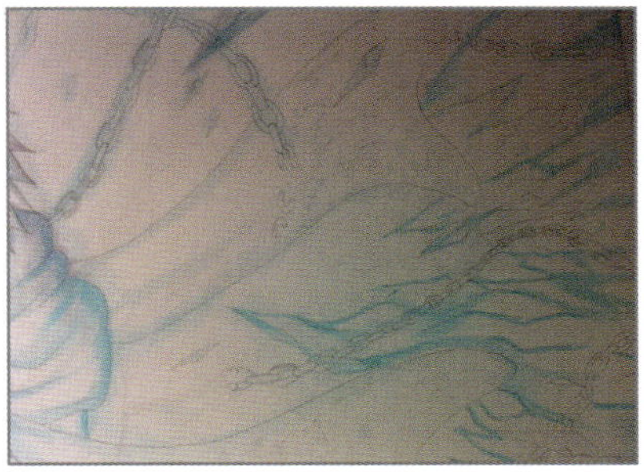
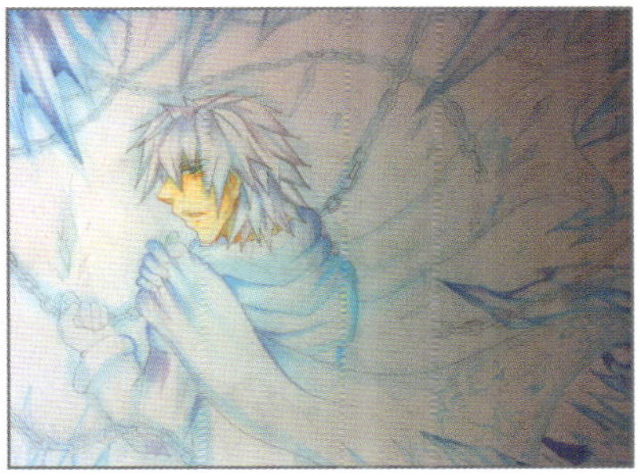
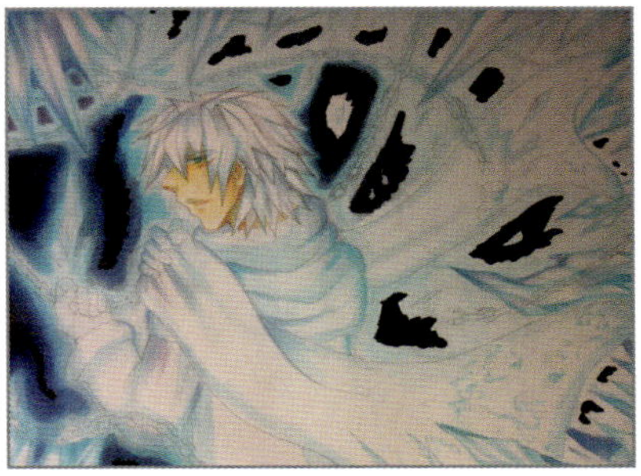
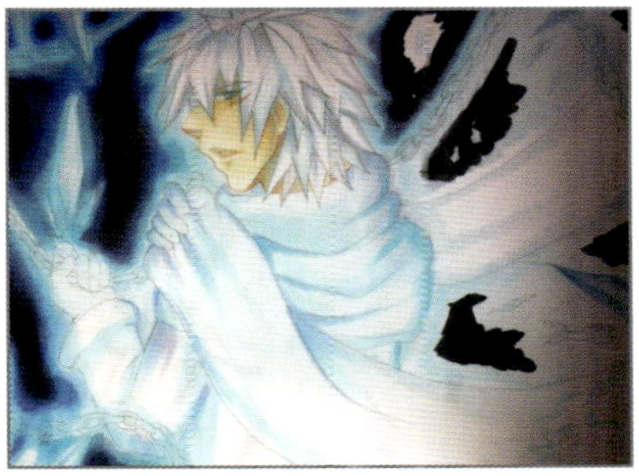
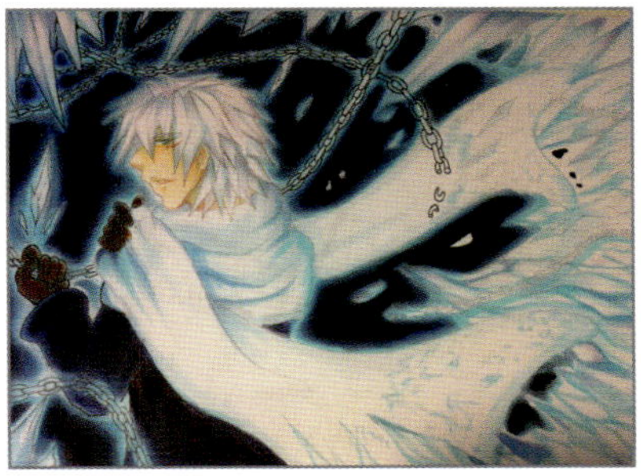
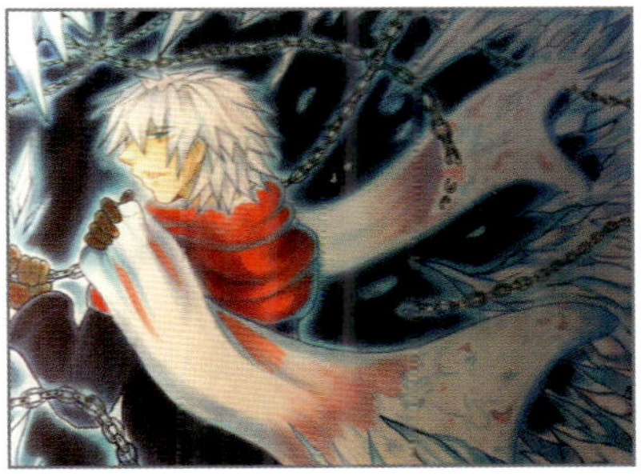

COPIC MARKER

HAARE

BV31 B60 N1

KETTEN

C1 C3

MULTILINER

Cobalt Blue · Sky Blue
Sepia · Cool Grey
Schwarz

PAPIER

Schoellershammer
Layoutpapier

ZUSATZMATERIALIEN

Photoshop · COPIC Opaque
White Gelliner

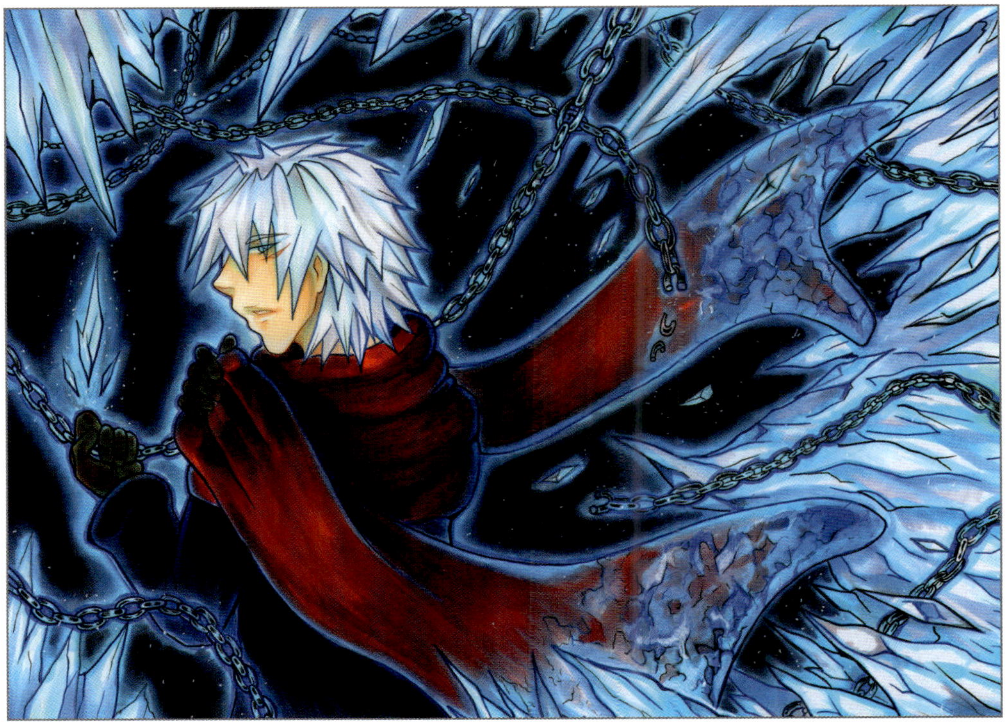

Irwin

COPIC MARKER

HAUT

E50 E51 E53

HINTERGRUND

B01 B12 B24
B26 B39 BV00
BV20 BV23 BV25
BV29 Y00 YR01
YR20 YR61 100

HAARE

BV31 B60 N1

KLEIDUNG

B00 B01 B91
B93 B97 B99
BV23 BV25 G43
R46 R59 E25
E71

Elemente wie Schneeflocken können einen großen Einfluss auf die Bildwirkung haben, wie in diesem Beispiel zu sehen ist. Hier werden die Schneeflocken zum Schluss mit COPIC Opaque White ergänzt.

Darüber hinaus zeigt dieses Bild sehr gut den Einsatz und die Wirkung verschiedener Strichtechniken:

- Kreisstrich und Pinselstrich für den Himmel
- Konfettistrich für Bäume und Handschuhe
- Linear- und Federstrich für den Mantel

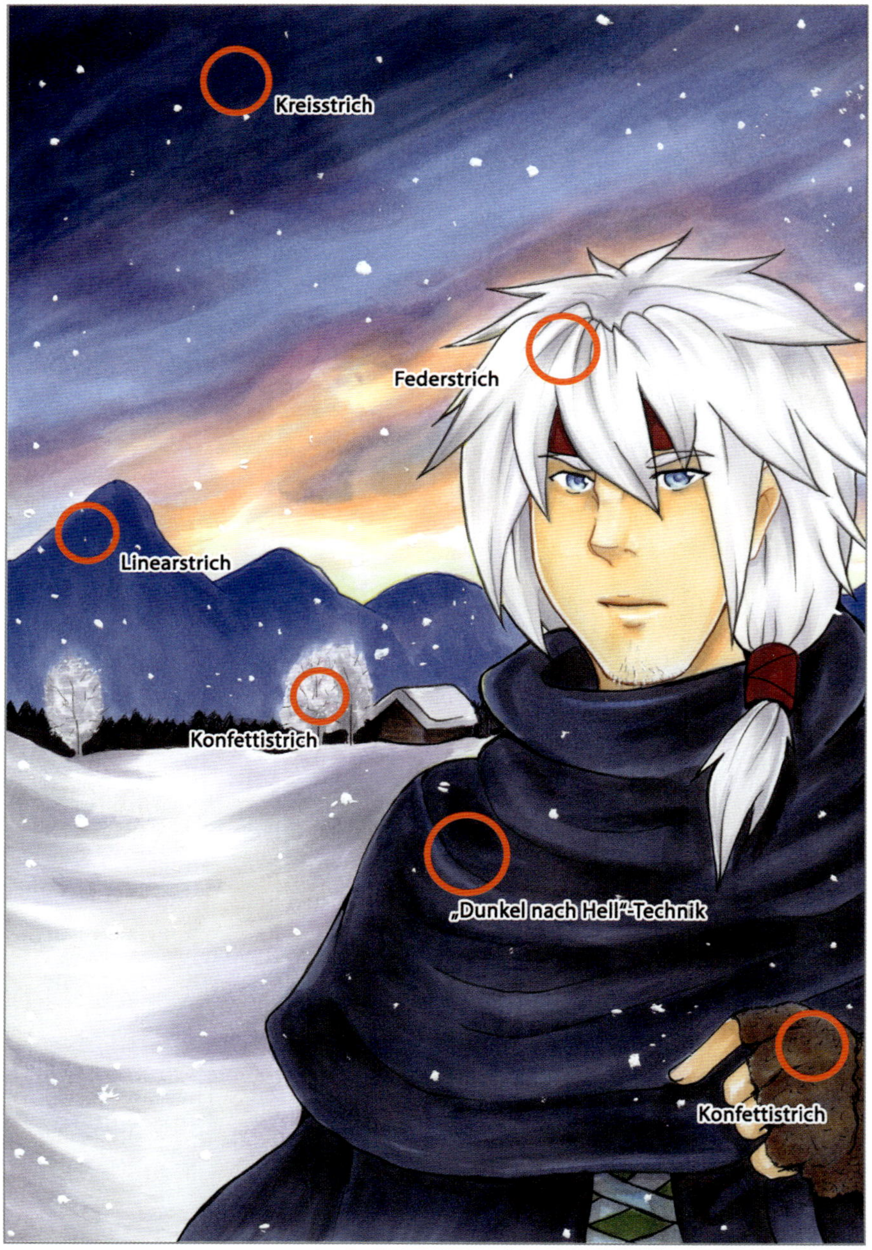

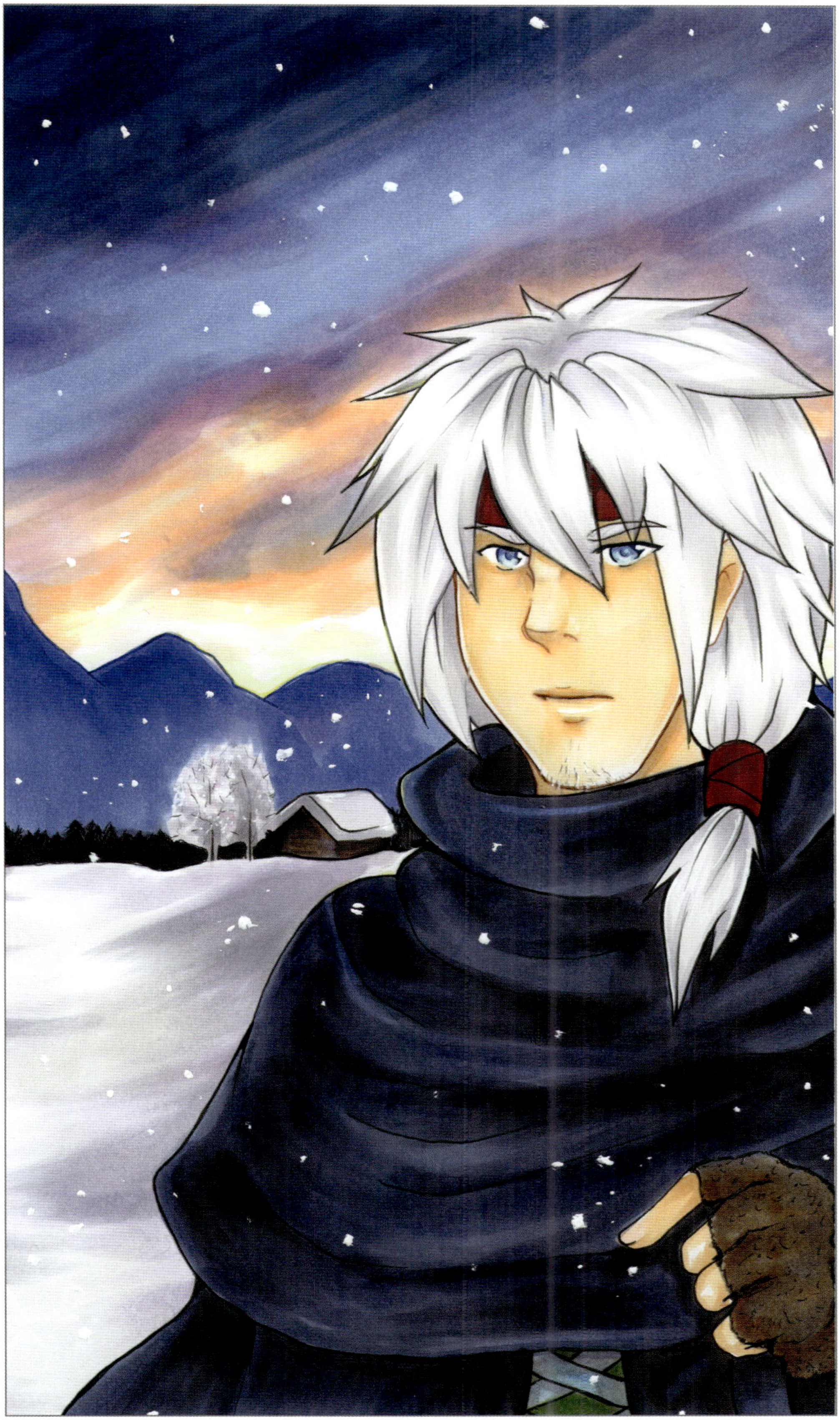

MULTILINER

Cool Grey · Schwarz
Sepia

PAPIER

Hahnemühle
Layoutpapier

ZUSATZMATERIALIEN

COPIC Opaque · White
Gelliner

Buchempfehlungen für Sie

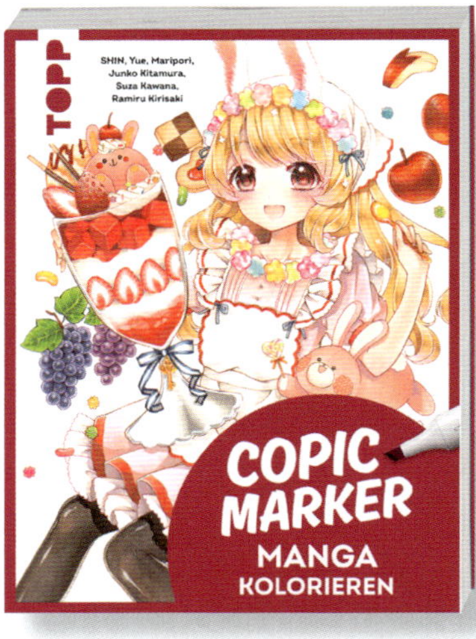

ISBN 978-3-7358-8100-7

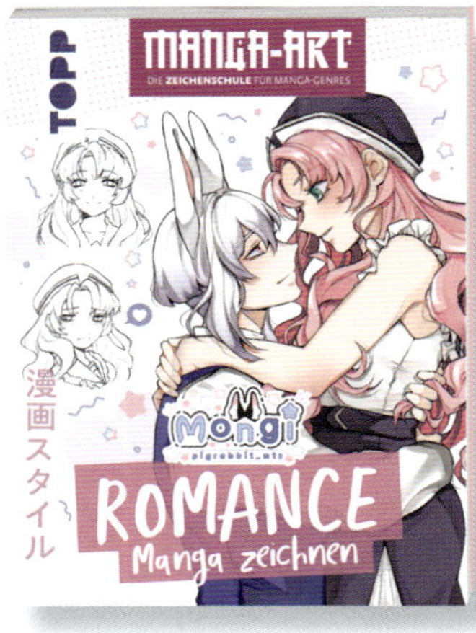

ISBN 978-3-7358-8087-1

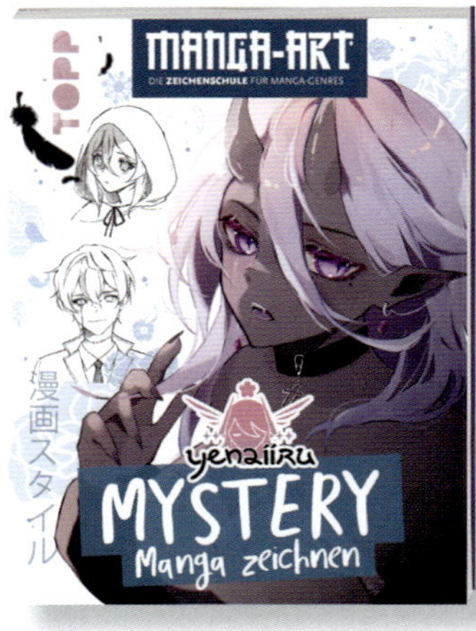

ISBN 978-3-7358-8088-8

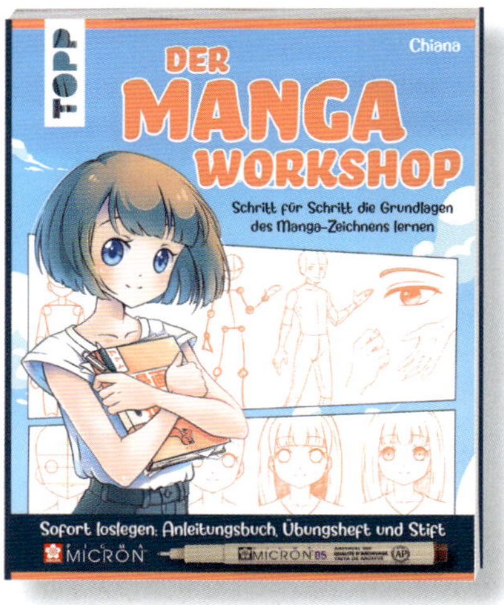

ISBN 978-3-7358-8050-5

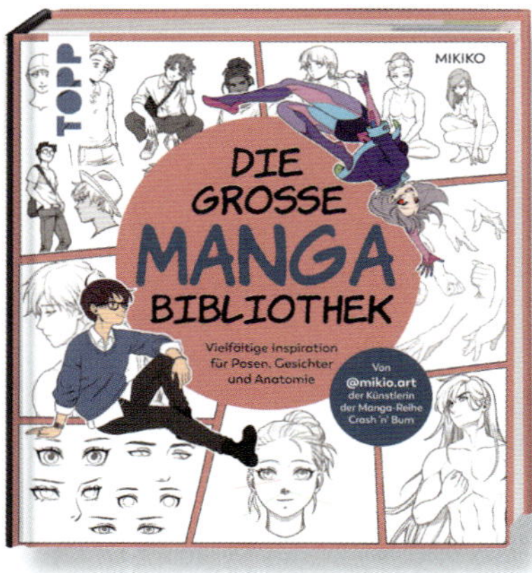

ISBN 978-3-7358-8061-1

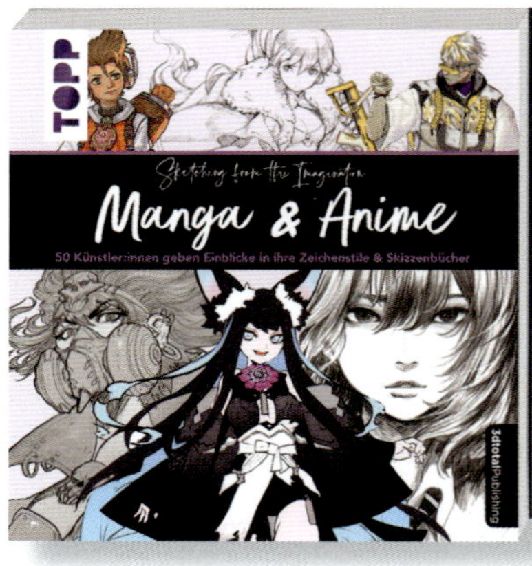

ISBN 978-3-7358-8093-2

Weitere Ideen zum Selbermachen gesucht?

Lieblingsstücke von einfach bis einfach genial finden Sie bei TOPP! Lassen Sie sich auf unserer Verlagswebsite, per Newsletter oder in den sozialen Netzwerken von unserer Vielfalt inspirieren!

Website

Verlockend: Welcher Kreativratgeber soll es für Sie sein? Schauen Sie doch auf **www.TOPP-kreativ.de** vorbei & stöbern Sie durch die neusten Hits der Saison!

TOPP-Autoren

Sie wollen wissen, wer die „Macher" unserer Bücher sind? Wer Ihnen nützliche Tipps & Tricks gibt? Auf **www.TOPP-kreativ.de/Autor** warten jede Menge spannender Infos zum jeweiligen Autor auf Sie. Finden Sie heraus, welches Gesicht hinter Ihrem Lieblingsbuch steckt!

Facebook

Werden Sie Teil unserer Community & erhalten Sie brandaktuelle Informationen rund ums Handarbeiten auf **www.Facebook.com/Mitstrickzentrale**
Wer sich für Basteln, Bauen, Verzieren & Dekorieren interessiert, ist auf **www.Facebook.com/Bastelzentrale** genau richtig!

Pinterest

Sie sind auf der Jagd nach den neusten Trends? Sie suchen die besten Kniffe? Die schönsten DIY-Ideen? All' das & noch vieles mehr gibt es von TOPP auf **www.Pinterest.com/Frechverlag**

Newsletter

Bunt, fröhlich & überraschend: Das ist der TOPP-Newsletter! Melden Sie sich unter: **www.TOPP-kreativ.de/Newsletter** an & wir halten Sie regelmäßig mit Tipps & Inspirationen über Ihr Lieblingshobby auf dem Laufenden!

Extras zum Download in der Digitalen Bibliothek

Viele unserer Bücher enthalten digitale Extras: Tutorial-Videos, Vorlagen zum Downloaden, Printables & vieles mehr. Dieses Buch auch? Dann schauen Sie im Impressum des Buches nach. Sofern ein Freischaltcode dort abgebildet ist, geben Sie diesen unter **www.TOPP-kreativ.de/DigiBib** ein. Nach erfolgreicher Registrierung erhalten Sie Zugang zur digitalen Bibliothek & können sofort loslegen.

YouTube

Sie wollen eine ganz neue Technik ausprobieren? Sie arbeiten an einem spannenden Projekt, aber wissen nicht weiter? Unsere Tutorials, Werbetrailer, Interviews & Making Of's auf **www.YouTube.com/Frechverlag** helfen Ihnen garantiert dabei, den passenden Ratgeber von TOPP zu finden.

Instagram

Sie sind auf Instagram unterwegs? Super, TOPP auch. Folgen Sie uns! Sie finden uns auf **www.Instagram.com/Frechverlag**
Möchten Sie uns an Ihrem Lieblingsprojekt teilhaben lassen? Am besten posten Sie gleich ein Foto mit dem Hashtag **#frechverlag** & wir stellen Ihr Werk gerne unserer Community vor – yeah!

Alles in einer Hand gibt's hier:

Kreativ-Bücher finden Sie auf www.TOPP-kreativ.de

Über die Autorin

Nadya Knops/Yunuyei lebt in Österreich und Deutschland. Sie studierte an der Wirtschaftsuniversität Wien Betriebswirtschaftslehre und war bereits neben ihrem Studium als Künstlerin tätig.
Unter dem Künstlernamen Yunuyei ist sie vor allem als Mangazeichnerin bekannt und veröffentlichte ihre ersten Werke bei einem österreichischen Kleinverlag. Nach dessen Auflösung publiziert sie ihre Mangas seit 2013 selbst.
COPIC Marker gehören zu ihrem Lieblingsmedium und seit 2013 arbeitet sie als COPIC Instructor und gibt Kurse und Workshops in ganz Österreich.
Als Künstlerin ist sie regelmäßig auf Manga- und Comic Conventions im deutschsprachigen und österreichischen Raum anzutreffen.
Ihre Werke finden Sie auf vielen Social Media Plattformen.

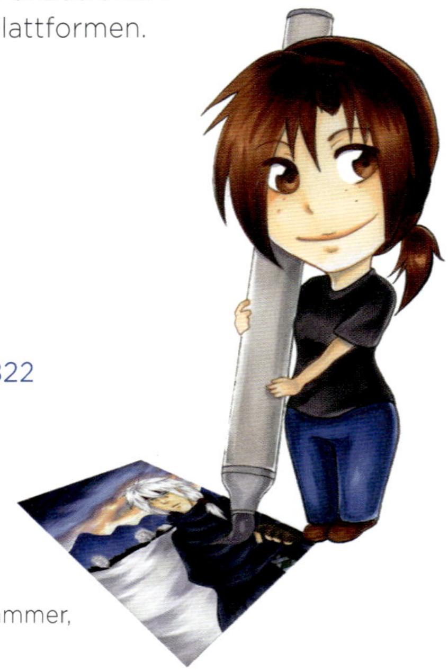

Website: www.yunuyei.com
Blog: http://yunuyei.blogspot.co.at
Facebook: www.facebook.com/Yunuyei
Instagram: www.instagram.com/yunuyei
Deviantart: http://yunuyei.deviantart.com

Der Freischalte-Code für die Videos lautet: 17822

Impressum

PROJEKTMANAGEMENT: Nicole Mering

REDAKTION UND LEKTORAT: Redaktionsbüro Niethammer, Ludwigsburg

UMSCHLAG- UND INNENGESTALTUNG/SATZ:
www.two-up.de Meerbusch/Düsseldorf, Sibylle in der Schmitten

FOTOS: frechverlag GmbH, 704839 Gerlingen; HOLTZ OFFICE SUPPORT GmbH, Wiesbaden, (Seite 1, 6-13, 15 oben, 16-18, 19 unten, 21-24, 31 oben, 106 oben, 107 unten); Nadya Knops, Wien (alle Motive, alle Schrittbilder sowie die restlichen Produktfotos)

DRUCK UND BINDUNG: PNB Print Ltd, Lettland

6. Auflage 2024

ISBN 978-3-7724-8294-6 • Best.-Nr. 8294

FSC MIX Papier | Fördert gute Waldnutzung FSC® C084698 www.fsc.org

Penguin Random House Verlagsgruppe
FSC® N001967

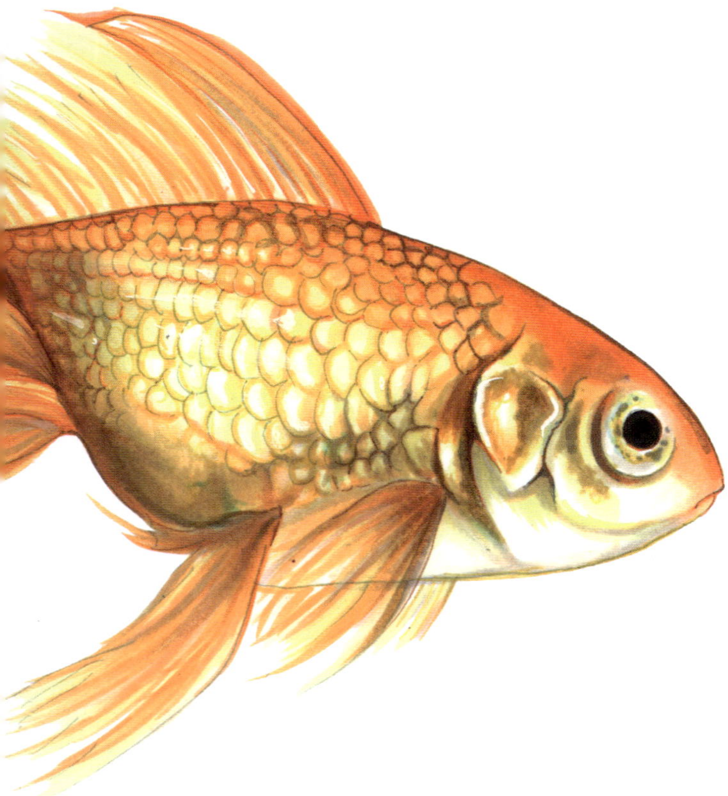